Sistema de Gestão de Continuidade de Negócios

Sergio da Silva Manoel

Sistema de Gestão de Continuidade de Negócios

Esteja preparado para salvar a sua vida e os seus negócios em caso de um incidente ou desastre

Tenha um "plano B" profissional

Rio de Janeiro
2019

Editor: Sergio Martins de Oliveira
Gerente de Produção Editorial: Marina dos Anjos Martins de Oliveira
Editoração Eletrônica: SBNigri Artes e Textos Ltda.
Capa: Use Design

Dados Internacionais de Catalogação na Publicação (CIP)
Agência Brasileira do ISBN – Bibliotecária Priscila Pena Machado CRB-7/6971

M285   Manoel, Sergio da Silva.

Sistema de gestão de continuidade de negócios / Sergio da Silva Manoel. —— Rio de Janeiro : Brasport, 2019.

356 p. ; 24 cm.

"Esteja preparado para salvar a sua vida e os seus negócios em caso de um incidente ou desastre : tenha um "plano B" profissional.
Inclui bibliografia.
ISBN 978-85-7452-931-8

1. Administração de empresas. 2. Planejamento empresarial. 3. Negócios - Administração. I. Título.

CDD 658.4

BRASPORT Livros e Multimídia Ltda.
Rua Teodoro da Silva, 536 A – Vila Isabel
20560-005 Rio de Janeiro-RJ
Tels. Fax: (21) 2568.1415/3497.2162
e-mails: marketing@brasport.com.br
           vendas@brasport.com.br
           editorial@brasport.com.br

site: **www.brasport.com.br**

Filial SP
Av. Paulista, 807 – conj. 915
01311-100 – São Paulo-SP

Agradecimentos

A Deus, por todos os dias que estamos aqui a celebrar mais um dia de vida bem vivido.

Ao carinho e ao amor da minha mãe, Izilda da Silva Manoel, e ao meu pai, Sergio Christino Manoel (*in memoriam*), pelos valores e princípios que levarei para o resto da vida no coração.

Ao amor da minha vida, minha esposa, Aline Felizardo Manoel, pelo carinho dedicado a mim e pela incrível paciência de aturar minhas intermináveis horas de estudo e trabalho.

Aos familiares e amigos que me incentivaram e apoiaram nessa empreitada de escrever um livro com o intuito de transmitir minha experiência e meu conhecimento.

Aos professores dos diversos treinamentos realizados nessa caminhada em querer aprender cada vez mais os seus ensinamentos.

Aos alunos do curso de Pós-Graduação e *Master of Business Administration* (MBA) em que ministro aulas sobre o tema Gestão de Continuidade de Negócios – que me ensinam muito, através de suas experiências, sabedoria e conhecimento, e de quem tiro o incentivo em elaborar esta obra para também ser lecionada em sala de aula.

E a todos os colegas de trabalho que me deram a oportunidade de aprender e de ensinar sobre o tema Continuidade de Negócios.

Sergio da Silva Manoel

Sobre o Autor

Sergio Manoel é um profissional com mais de 20 anos de experiência em Governança, Gestão e Planejamento Estratégico. Especialista com sólidos conhecimentos em Gestão de Continuidade de Negócios, Segurança da Informação, Segurança Cibernética, Proteção de Privacidade de Dados, Tecnologia da Informação, Gestão de Riscos, Auditoria de Sistemas de Gestão e Gestão de Projetos.

Possui Pós-Graduação em Auditoria de Tecnologia da Informação, MBA em Arquitetura e Governança de Tecnologia da Informação, além de MBA em Gestão de Negócios. É Mestrando em Desenho, Gestão e Direção de Projetos.

É certificado *Project Management Professional* (PMP) pelo PMI, Auditor Líder de Segurança da Informação (ISO 27001) e Auditor Líder de Gestão de Continuidade de Negócios (ISO 22301).

Possui ainda a certificação em Governança, Riscos e *Compliance Professional*, em MCSO – Módulo *Certified Security Officer*; BCMF EXIN *Business Continuity Management Foundation based on ISO 22301*, ISFS *Information Security Foundation based on ISO IEC 27001*; PDPE EXIN *Privacy and Data Protection Essentials* – LGPD; PDPF EXIN *Privacy and Data Protection Foundation* – GDPR; Cobit Foundation; e ITIL® Foundation.

Atualmente é Sócio Diretor da empresa Trinity Cyber Security, empresa criada em 2013 na cidade do Rio de Janeiro, inicialmente focada na criação de soluções para contribuir com os objetivos estratégicos de seus clientes, que conta hoje com um portfólio abrangente no setor de Segurança e Tecnologia da Informação, provendo soluções em Governança de Segurança da Informação, Gestão de Continuidade de Negócios e na Lei Geral de Proteção de Dados.

Além disso, é membro do grupo de trabalho (GT) para Norma ISO 22300 da ABNT, responsável pela revisão da norma no âmbito do Brasil.

Professor do curso de Pós-Graduação – NCE/UFRJ – *Master of Information Security*, em 2012; do MBA de Segurança da Informação do IBMEC, desde 2014; da Pós-Graduação em Segurança de Redes de Computadores da faculdade Estácio de Sá, desde 2014; do MBA em Gestão Empresarial – Foco em Tecnologia da Informação da UFF, também desde 2014; da Pós-Graduação de Segurança da Informação da UNISUAM, desde 2016; do MBA de Segurança da Informação do Instituto Infnet, desde 2018; e do MBA de Gestão Empresarial da Universidade Castelo Branco, desde 2018.

Ademais, é autor de sucesso no mercado de Segurança e Tecnologia da Informação com o livro "Governança de Segurança da Informação", também publicado pela Brasport em 2014.

Objetivos do Livro

Tudo na vida precisa ter um objetivo. Como disse o filósofo romano Sêneca: "enquanto o homem não souber para que ponto quer ir, nenhum vento será vento certo".

O principal objetivo deste livro é descrever tudo o que é preciso para implementar o SGCN – Sistema de Gestão de Continuidade de Negócios – e explicar a sua implementação, não ficando apenas nas dicas, mas demonstrando o que fazer com exemplos práticos e concretos. Além disso, este livro disponibiliza todos os modelos de documentos necessários para que o leitor obtenha sucesso na implementação do SGCN.

Todas as organizações – administração pública, empresa privada, instituições e empresas sem fins lucrativos – devem proteger os seus processos de negócios críticos, aqueles que são essenciais para a sobrevivência da organização. Além da proteção, a Continuidade de Negócios pode contribuir para a obtenção de resultados positivos, pois você trabalha naquilo que é o mais o importante para o negócio da sua organização.

Outro objetivo é descrever uma proposta de modelo de simples implementação do Sistema de Gestão de Continuidade de Negócios. Um modelo adaptável a qualquer tipo de negócio, que demonstre todos os benefícios e resultados positivos que a Continuidade de Negócios pode trazer em curto, médio e longo prazos.

O livro visa detalhar os propósitos de um Sistema de Gestão de Continuidade de Negócios e das normas internacionais utilizadas na implantação desse sistema; e ensinar como executar uma auditoria em conformidade com boas práticas, explicando o quê e quais processos são necessários para conquistar a tão sonhada certificação em Continuidade de Negócios.

Se bem feito, como exposto no livro, esse sistema de gestão trará benefícios para a organização, que poderá obter vantagens competitivas no mercado em que atua.

Você estará apto a identificar os processos críticos de negócios e protegê-los em caso de um incidente grave que ocasione a interrupção desses processos, podendo trazer prejuízos e até mesmo a extinção da organização.

O livro esclarece de forma didática e simples todas as ferramentas necessárias para que a Continuidade de Negócios se torne um diferencial nas organizações brasileiras.

Como se trata de um assunto novo, o autor explica afinal o que é "Gestão de Continuidade de Negócios" e todos os seus conceitos correlatos que devem ajudar no perfeito entendimento do tema, esclarecendo de forma didática e simples todas as ferramentas necessárias para que a Continuidade de Negócios se torne um diferencial nas organizações brasileiras. Neste livro, também desvendaremos um dos principais mitos sobre Continuidade de Negócios: como executar um BIA – *Business Impact Analysis* (Análise de Impacto no Negócio) – por meio de estudos de casos e exemplos práticos.

Deve-se ainda, durante a leitura, avaliar a importância da Continuidade para as organizações, destacando os benefícios esperados para as organizações que têm uma forte resiliência organizacional. De acordo com que a norma ISO 22316:2017 *Security and resilience – Organizational resilience – Principles and attributes* afirma, a resiliência organizacional permite que uma organização atinja seus objetivos. Organizações mais resilientes podem se antecipar a problemas e responder a ameaças e oportunidades, decorrentes de mudanças súbitas ou graduais em seu contexto interno e externo. Ela também é o resultado de boas práticas empresariais e da gestão efetiva dos riscos.

Por último, e não menos importante, este livro tem a intenção de capacitar o leitor para a conquista da certificação profissional da EXIN *Business Continuity Foundation* – uma importante certificação para a carreira de todo profissional da área. Todo o escopo dessa certificação é tratado neste exemplar.

Estrutura dos capítulos

Na Introdução são descritos os principais conceitos e princípios básicos da Continuidade de Negócios; o que é contingência, crise, desastre, planos de continuidade e análise de impacto no negócio. É muito importante entendê-los para se fazer um nivelamento de conhecimento sobre os termos que serão utilizados nesta obra.

No Capítulo 1, "Estrutura do Sistema de Gestão de Continuidade de Negócios", desvendam-se quais são os fatores críticos para a implementação do SGCN, sua estrutura e recursos necessários, dicas de implantação e equipe necessária.

O Capítulo 2, "Estabelecer o SGCN", explica como elaborar o documento de declaração de escopo do SGCN, que contém o contexto interno e externo da organização – que é a definição do escopo e quais são as partes interessadas do SGCN. Este capítulo diz como elaborar uma Política de Continuidade de Negócios, os seus objetivos, metas, controles, processos e procedimentos pertinentes para a melhoria da Continuidade de Negócios, de forma a ter resultados alinhados com os objetivos estratégicos de uma organização.

No Capítulo 3, "Implementar e Operar o SGCN" – este é sem dúvida o tema principal da obra, o coração do SGCN –, são descritos todos os processos e documentos necessários para implementação e operação do Sistema de Gestão de Continuidade de Negócios; são eles: Análise de Impacto no Negócio, Processo de Análise e Avaliação de Riscos, Estratégia de Continuidade de Negócios, Planos de Continuidade de Negócios e os Exercícios e Testes.

O Capítulo 4, "Monitorar e Analisar Criticamente o SGCN", mostra como reportar os resultados para a Alta Direção para analisar criticamente os resultados esperados do SGCN; como realizar a auditoria interna; e como definir e autorizar ações de melhorias e correções de não conformidades.

O Capítulo 5, "Manter e Melhorar Continuamente o SGCN", descreve como implantar ações corretivas e preventivas com base nos resultados da análise crítica feita pela Alta Direção e na auditoria interna, reavaliando o contexto interno e externo do SGCN, e as Políticas, os Objetivos e os Planos de Continuidade de Negócios.

O Capítulo 6, "Estudos de Casos", retrata como algumas organizações implementaram o seu SGCN e quais foram as novas oportunidades de negócios que elas conquistaram com a implantação do sistema de gestão.

Quem deve ler o livro?

VOCÊ!

Pense bem: você já imaginou a sua organização ficando sem internet por um dia ou uma semana, sem rede de telecomunicações ou energia elétrica por horas? Sem vender absolutamente nada por um dia? Sem entregar os produtos de seus clientes por uma semana?

O que poderia acontecer?

Provavelmente, esses eventos poderiam levá-lo a algum prejuízo financeiro. A concorrência ganharia uma fatia considerável dos seus clientes, o que poderia levar sua organização à falência. Enfim, você poderia perder o seu emprego. Mais uma vez, pense bem. O seu emprego pode estar em risco.

Este livro é escrito para todos os profissionais que se perguntam quais são os principais riscos e ameaças para os processos críticos de negócio da organização em que estão inseridos. O que fazer caso esses riscos se concretizem? Pois, a cada dia que passa, as organizações se preocupam com o prejuízo financeiro de uma parada na operação de seus processos ou de seus principais sistemas tecnológicos.

Tendo em vista os eventos citados, este livro explica de forma prática como os objetivos de Continuidade de Negócios são alinhados com os objetivos estratégicos de negócio para que a organização se torne mais segura e resiliente, contribuindo para o surgimento de oportunidades e o retorno sobre os investimentos.

Portanto, este livro é direcionado para os seguintes profissionais:

✓ Executivos e gerentes do setor de Gestão de Continuidade de Negócios, Tecnologia da Informação, Gestão de Riscos, Segurança da Informação, Controles Internos, Segurança Física e Prevenção à Fraude e Sabotagem que buscam conhecer e implantar melhorias nos processos críticos de negócios em suas organizações.

✓   Executivos e gerentes responsáveis pelo planejamento estratégico de suas organizações.

✓   Profissionais responsáveis pela implementação e gestão das normas brasileiras ABNT NBR ISO 22301 – Segurança e Resiliência – Sistema de Gestão de Continuidade de Negócios – Requisitos, da ISO/IEC 27001:2013 – Tecnologia da Informação – Técnicas de Segurança – Sistemas de Gestão de Segurança da Informação – Requisitos e ABNT NBR ISO/IEC 20000-1:2011 – Tecnologia da Informação – Gestão de Serviços Parte 1: Requisitos do sistema de gestão de serviços.

✓   Executivos atuantes que se preparam para assumir responsabilidades mais abrangentes.

✓   Alunos de pós-graduação e MBA que aspiram a responsabilidades de alta gerência de Tecnologia, Continuidade de Negócios e de Segurança da Informação.

✓   Estudantes de carreiras de tecnologia e administração que queiram garantir a sobrevivência das suas organizações após um desastre.

✓   Público em geral, interessado em entender e aprender como ser resiliente em mundo competitivo dos negócios.

Incentiva-se a leitura deste livro para implantação de um Sistema de Gestão de Continuidade de Negócios nas organizações. A palavra organização foi utilizada no livro meramente para simplificar o aprendizado. Por isso, as ideias e recomendações propostas valem igualmente para todas as ditas organizações, sejam elas da administração privada, pequenas, grandes, com ou sem fins lucrativos, ou da administração pública, federal, estadual e municipal.

Preparatório para a certificação profissional internacional

Hoje, no Brasil, é reconhecido e notório que não existem profissionais capacitados em Gestão de Continuidade de Negócios no mercado de trabalho. Ainda que as organizações precisem de pessoas capacitadas, não há muitos cursos bons – e os poucos que existem são caros demais, tornando muito difícil que um profissional invista do próprio bolso em cursos de certificação.

Pensando nisso, o instituto EXIN criou uma importante certificação de *Business Continuity Foundation*.

Essa certificação é credenciada pelo EXIN, um instituto independente internacional, que tem como objetivo fornecer a melhor certificação independente e a acreditação para gerenciamento da informação no mundo, segundo explicado em sua página na internet.

Por conter em seu escopo cem por cento do conteúdo da certificação, este livro é direcionado, pois, a tais candidatos. A certificação *Foundation* é indicada para profissionais que necessitem obter um conhecimento global na norma ABNT NBR ISO 22301 e em todos os seus requisitos técnicos de Continuidade de Negócios.

Então o leitor pode juntar o útil ao agradável; aprender sobre Gestão de Continuidade de Negócios e conquistar uma certificação que o ajudará a se diferenciar no mercado de trabalho.

O final de cada capítulo deste livro conterá informações do escopo da certificação, destacadas com o título de "Resumo de estudo para certificação Fundamentos em Gestão de Continuidade de Negócios". Observe e estude.

Ao final desta obra você encontrará um cupom de desconto para a prova.

Para detalhes de inscrição e taxa de certificação, acesse o site: <https://www.exin.com/br-pt/>.

Boa sorte!

Lista de Abreviaturas e Siglas

Lista, em ordem alfabética, das abreviaturas e siglas utilizadas no livro, seguidas das palavras ou expressões correspondentes por extenso.

ABNT – Associação Brasileira de Normas Técnicas

BIA – *Business Impact Analysis* (Análise de Impacto no Negócio)

BC – Banco Central

BCI – *Business Continuity Institute*

BSC – *Balanced Scorecard*

BSI – *British Standards Institution*

CEO – *Chief Executive Officer* (presidente de uma organização)

CBCO – *Chief Business Continuity Officer* (Chefe de Continuidade de Negócios)

CN – Continuidade de Negócios

IEC – *International Engineering Consortium*

ISO – *International Organization for Standardization*

GCN – Gestão de Continuidade de Negócios

GDPR – *General Data Protection Regulation*

OMCN – Objetivo Mínimo para a Continuidade de Negócios

ONU – Organização das Nações Unidas

PAC – Plano de Administração de Crises

PCO – Plano de Continuidade Operacional

PDCA – *Plan, Do, Check, Act* (planejar, fazer, checar e agir)

PDCL – *Plan, Do, Check, Learn* (planejar, fazer, checar e aprender)

PMBOK – *Project Management Body of Knowledge*

PGI – Plano de Gerenciamento de Incidentes

PRD – Plano de Recuperação de Desastres

PTV – Plano de Teste e Validação

RPO – *Recovery Point Objective* (Ponto Objetivado de Recuperação)

RTO – *Recovery Time Objective* (Tempo Objetivado de Recuperação)

SGSI – Sistema de Gestão de Segurança da Informação

SGCN – Sistema de Gestão de Continuidade de Negócios

SI – Segurança da Informação

TI – Tecnologia da Informação

UE – União Europeia

Sumário

Introdução

Você está no prédio da sua empresa e começa um incêndio; o alarme soa alto de forma estridente. O que é necessário fazer? Ligar para os bombeiros, chamar o elevador e descer por ele ou tentar sair do prédio pela escada de emergência? Se você conhece o assunto, já escolheu a opção correta. Caso tenha participado de um treinamento de evacuação de prédio, por exemplo, certamente escolheu a opção de descer pela escada de emergência.

Um plano de evacuação de prédio é um conjunto de procedimentos que fazem parte de um Plano de Continuidade de Negócios. Sim, questões de emergências que acontecem todos os dias provocadas por simples acidentes estão contempladas na Continuidade de Negócios. A evacuação o mais rápido possível do prédio poderá salvar a sua vida.

Portanto, a Gestão de Continuidade de Negócios pode salvar a sua vida!

E as informações dos clientes da sua organização, viraram pó? Embora todas as informações estivessem armazenadas em um *datacenter*, não foi possível evitar que o fogo se alastrasse e queimasse todos os equipamentos – ou seja, nada restou.

Qual será o futuro dessa empresa? Sem nenhuma informação vital dos seus clientes e dos seus funcionários, como começar a trabalhar? Em qual local? Com quais equipamentos? Por onde começar a retornar à normalidade?

2 Sistema de Gestão de Continuidade de Negócios

Toda vez que ficamos sem o fornecimento de um simples serviço, presenciamos *in loco* um incidente de Continuidade de Negócios, pois estamos diante da falha de disponibilidade daquele serviço, produto, atividade ou processo.

Pare para pensar, caro leitor. Quantas vezes você ficou sem utilizar um serviço de uma organização?

Inúmeras?

Testemunham-se todos os dias acidentes, desastres, incidentes que causam perdas graves, que poderiam ter seus impactos minimizados. Mas como?

Uma vez estava trabalhando em casa em um projeto utilizando o software AutoCAD, cujos arquivos finais são muito grandes, de vários *megabytes* de tamanho. No exato momento em que iria transferir os arquivos para o cliente em um servidor na nuvem, o serviço de internet parou de funcionar, em virtude de uma falha técnica da operadora. Ao entrar em contato para abrir um chamado para consertar esse problema deram o prazo de retorno do serviço para 48 horas.

Resultado: como a internet 3G do meu celular não dava conta de transmitir arquivos tão grandes, tive que negociar com o cliente uma nova data de entrega dos produtos do projeto. Por isso, o pagamento pela entrega do serviço também foi postergado pelo cliente; quanto mais rápido entregasse, mais rápido receberia. Em consequência, troquei a operadora do serviço de internet. Igual a mim, imagino que muitas pessoas também tenham trocado de prestadora de serviço. Quanto de prejuízo causou esse incidente? E o abalo na imagem da organização após esse tipo de interrupção? Creio que tenha sido considerável.

Algum tempo atrás fui chamado para prestar serviço de consultoria em uma organização. Eles haviam sofrido um ataque cibernético. Um tipo de vírus chamado *ransomware* que criptografava os arquivos e dados em computadores havia afetado toda a operação de trabalho dos funcionários. A infestação da praga virtual era tamanha que levou ao desligamento de todas as máquinas.

O que chamava atenção era que a organização dispunha de um site *backup* para armazenamento das suas informações vitais em pleno funcionamento, replicando os dados de hora em hora. Mas isso não foi o suficiente para conter o vírus. As informações replicadas também estavam contaminadas, logo, os dados armazenados no ambiente alternativo também continham o vírus. O tratamento desse incidente demorou semanas para ser finalizado até a organização voltar a funcionar plenamente. Por causa disso, muitos dos clientes deixaram a organização, e as perdas financeiras foram incalculáveis.

Tomando por base esse exemplo, a tecnologia estava implantada, mas faltavam procedimentos de tratamento para o incidente. Faltou uma correta avaliação para identificar e tratar esse tipo de risco, bem como o treinamento para os funcionários sobre segurança da informação – pois muitos funcionários, por falta de conhecimento, ajudaram a propagar os vírus, abrindo e enviando e-mails contaminados.

Nessa organização havia continuidade dos recursos, mas faltavam **gestão e coordenação**.

Nós, seres humanos, vemos sempre o lado positivo das coisas e pensamos que incidentes nunca vão acontecer conosco. É uma pena que muitos executivos em cargos de tomada de decisão pensem assim quando conduzem os seus negócios e ignorem completamente o fato de que ter um plano "B" pode salvar as organizações em um momento de adversidade.

Há algum tempo, uma organização que trabalha com atendimento remoto para seus clientes na região oeste da cidade do Rio de Janeiro estava preocupada com o verão que se aproximava. A probabilidade de uma epidemia de dengue era considerável à época – essa mesma região fora um foco permanente da doença nos anos anteriores. Diante dessa ameaça, foi elaborado um Plano de Continuidade de Negócios que consistia basicamente em implantar uma estação de trabalho remota em outros pontos da cidade – e contava com a possibilidade de utilização de *home office* dos seus funcionários.

Felizmente a epidemia de dengue foi controlada mediante os esforços da prefeitura e da população, que contribuíram para acabar com os focos dos mosquitos. Mas nesse mesmo verão choveu acima do normal. Em uma segunda-feira de manhã, os rios que passam em volta dessa organização transbordaram e os seus funcionários não conseguiram chegar ao trabalho. Como estava estabelecido um plano para a ameaça dos mosquitos da dengue, e como os contextos eram parecidos, ou seja, impossibilitando que os funcionários trabalhassem fisicamente na organização, o mesmo plano foi acionado para tratar o incidente da enchente. Sendo assim, não foi relatado nenhum prejuízo para a empresa, pois ela estava preparada para enfrentar um incidente de ausência de funcionários. Nesse contexto, podemos afirmar que Continuidade de Negócios pode ser eficaz em lidar tanto com incidentes repentinos de interrupção (por exemplo, um incêndio), como aqueles graduais (por exemplo, epidemias de dengue ou zika vírus).

2018, o ano da Gestão de Continuidade de Negócios no Brasil

O ano passado foi especial para o tema de Gestão de Continuidade de Negócios. Desde os atentados de 11 de setembro no *World Trade Center* nunca se falou tanto sobre o assunto. Está duvidando?

A seguir, na ordem cronológica dos acontecimentos, serão descritos esses importantes incidentes críticos, que podem ser considerados desastres, com algumas pitadas sobre como a Continuidade de Negócios é percebida em cada um deles.

Dia 06 de março de 2018 – *Datacenter* destruído por um incêndio em Porto Alegre

A empresa BRDigital, do grupo gaúcho Compuline, especializada em projetos de telecomunicações, teve um dos seus *datacenters* destruído por um incêndio em Porto Alegre.

Os bombeiros foram chamados logo em seguida. Evacuaram as pessoas e desligaram a energia elétrica de todo o edifício Sul América – um prédio de 13 andares ao lado da Praça da Alfândega, no centro de Porto Alegre.

Não houve feridos, o fogo foi logo controlado, mas alguns clientes da BRDigital sofreram indisponibilidade de serviços, segundo a companhia informou em comunicado.

Um desses clientes afetados foi a empresa de plano de saúde Unimed, de Porto Alegre, que ficou várias horas com seu sistema de informação referente a consultas e exames indisponível, causando transtorno para milhares de clientes que desejavam utilizar o seu plano, com um prejuízo incalculável. A empresa divulgou a indisponibilidade de serviços diretamente na rede social Facebook.

Outro cliente importante que sofreu com o incêndio do *datacenter* foi o Sport Club Internacional. Naquela semana, o time estava vendendo ingressos para o jogo contra o seu maior rival, o Grêmio, em partida pelo campeonato estadual. As vendas foram interrompidas por mais de 24 horas, gerando prejuízo financeiro para cerca de seus 110 mil sócios, os quais não conseguiram fazer *check-in on-line* para garantir seus assentos no jogo de futebol.

Para um clube de futebol, isso é um prejuízo descomunal, pois enquanto o número de associados interessados nos ingressos não fica determinado até a data de conclusão do *ckeck-in on-line*, não é possível abrir a venda para o público geral. Além disso, há prejuízos para o marketing do clube no relacionamento com seus torcedores, com patrocinadores, fornecedores, imprensa, incluindo o prejuízo para a imagem da instituição.

Como ficou incontestável, não havia planejamento, planos e treinamento para tratar esse desastre, com estratégias de Continuidade de Negócios visando minimizar as perdas para a BRDigital e seus clientes.

Algumas perguntas para pensar:

- ✓ Como uma grande empresa de telecomunicações não tem um Plano de Administração de Crises para tratar esse desastre?
- ✓ Por que não foi realizada uma avaliação de riscos para identificar, analisar, avaliar e tratar os riscos de incêndio no seu *datacenter*?
- ✓ Por que a gestão de *backup* não foi implementada ou testada, para replicar em outro ambiente as informações dos clientes?

Dia 21 de março de 2018 – Apagão atinge todas as regiões do Brasil – 70 milhões de pessoas sem energia elétrica

Às 13h48m um apagão deixou 14 estados do Norte e do Nordeste, além do Rio de Janeiro, São Paulo e Minas Gerais sem luz e teve reflexos em outras regiões, com cortes isolados para reequilibrar a frequência da rede de transmissão. A energia só foi completamente reestabelecida depois das 21hs.

Durante esse período, os principais impactos noticiados foram:

- ✓ Trânsito virou um caos em várias cidades, os semáforos pararam de funcionar, inclusive nas avenidas mais movimentadas.
- ✓ As empresas tiveram que parar de funcionar por causa da falta de energia, acumulando prejuízos.
- ✓ Várias estações de metrô foram fechadas, os passageiros precisaram sair dos vagões e seguir a pé, causando transtorno para quem queria voltar para casa no final da tarde.
- ✓ Em várias cidades a queda de energia ocasionou a falta d'água.
- ✓ Mesmo com geradores, alguns grandes hospitais suspenderam exames e cirurgias que estavam marcadas havia muito tempo. A prioridade foi manter os respiradores dos pacientes funcionando até a volta completa da energia elétrica.

Como é possível que em pleno ano de 2018 mais de 70 milhões de brasileiros fiquem sem energia elétrica por quase 8 horas?

Conforme divulgado no relatório preliminar do Operador Nacional do Sistema Elétrico, o blecaute foi provocado por falha humana na programação de um disjuntor da subestação da BMTE – Belo Monte Transmissora de Energia –, empresa que opera as instalações onde o problema foi iniciado.

Segundo o responsável do ONS, o sistema de proteção do disjuntor estava programado de forma errônea para operar com corrente máxima de 4.000 amperes, enquanto sua capacidade chega até 5.000 amperes. Essa programação incorreta teria sido elaborada e implementada pela equipe técnica da BMTE e não informada ao operador do sistema, procedimento padrão após a programação de qualquer disjuntor. Quando a corrente superou o teto programado, o disjuntor caiu, derrubando a ligação entre Belo Monte e o resto do país.

"A proteção enxergou como se houvesse uma sobrecarga, mas não era sobrecarga", disse o responsável do ONS. O Norte caiu porque a rede ficou com mais energia do que consegue consumir. Já o Nordeste ficou com menos energia do que a demanda naquele momento, já que a região importava do Norte volume equivalente a 23% de seu consumo.

Por isso, a falha no sistema de proteção da hidroelétrica de Paulo Afonso (BA) derrubou duas unidades geradoras dessa usina e contribuiu para o blecaute total em um momento em que apenas 50% da carga da região havia sido cortada.

Algumas perguntas para pensar:

- ✓ Como uma programação de uma usina elétrica não é revisada?
- ✓ Por que não foi realizado teste de capacidade do disjuntor e dos demais equipamentos críticos da subestação de Belo Monte?
- ✓ Qual é o risco de uma nova falha e um blecaute na região que é atendida por Belo Monte?
- ✓ Porque não existe Plano de Continuidade de Negócios para falhas nos equipamentos de Belo Monte?

02 de abril de 2018 – Terremoto atinge São Paulo, Brasília e a cidade do Rio de Janeiro

Prédios da Avenida Paulista e do centro de SP foram esvaziados após relatos de tremores às 10h40m. Abalo de magnitude 6,8 na Bolívia foi sentido em seis estados e DF. Tremor de terra foi sentido em São João de Meriti, no estado do Rio de Janeiro, às 10h41m daquela segunda-feira.

Equipes do corpo de bombeiros foram acionadas e chegaram aos locais, entre prédios particulares e públicos, avaliando se eles sofreram algum dano na sua infraestrutura física.

Agentes da defesa civil fizeram vistorias para ver se tinha algum indício de rachadura nos prédios. Recomendou-se que as pessoas só retornassem ao local após atestarem que não havia mais risco.

Conforme orientações do Corpo de Bombeiros, em casos de tremor, deve-se evacuar o prédio o mais rápido possível, preferencialmente utilizando as escadas de emergência, mantendo uma distância considerável do prédio, pois pode haver o risco de queda de detritos ou de destroços com fogo. Na sequência, acionar a brigada de incêndio para auxiliar na evacuação, mantendo o prédio esvaziado até a checagem de toda a edificação.

Algumas perguntas para pensar:

- ✓ O que você faria se não pudesse entrar no prédio da sua empresa para trabalhar?
- ✓ Quanto tempo a sua empresa pode ficar sem funcionar antes que aconteçam prejuízos financeiros graves?
- ✓ Você participou de algum treinamento de evacuação do prédio ou de emergências nos últimos 12 meses?

Dia 21 de maio de 2018 até o dia 31 de maio de 2018 – Greve dos caminhoneiros

Ainda há vários desdobramentos da greve dos caminhoneiros que assolou o país. Estima-se que o prejuízo financeiro calculado pelo governo federal seja de 16 bilhões de reais. Mas o prejuízo calculado por setores da economia consultado pelo jornal "O Estado de São Paulo" é bem maior, chegando a 75 bilhões de reais.

A principal pergunta que todos se faziam durante a greve era: será que não dava para negociar com os caminhoneiros antes de começar a greve? O que há para se fazer antes, durante e depois da greve? Uma coisa é certa: o governo federal sabia da possibilidade de greve.

Há mais ou menos um ano antes do início da greve, a FETCESP – Federação das Empresas de Transporte de Cargas do Estado de São Paulo – divulgou um vídeo intitulado de "Como seria nossa vida sem os caminhões". Nesse vídeo, é descrito qual seria o impacto com uma parada da utilização dos caminhões do primeiro até o quinto dia sem caminhões. Segue a análise de impacto feita pela FETCESP:

- ✓ **1º dia** – Alimentos frescos essenciais se esgotam no mercado; cartas se acumulam nos correios.
- ✓ **2º dia** – Restaurantes reduzem seus menus, obras param por falta de materiais e as farmácias ficam sem medicamentos.
- ✓ **3º dia** – Postos de gasolina já não têm combustível para vender. No campo, as produções de alimentos estão estragando porque não há transporte.

✓ **4º dia** – Os aeroportos são fechados, pois sem combustível os aviões não podem decolar; o lixo se acumula por toda a cidade, indústrias de vários segmentos já não conseguem produzir por falta de insumos.

✓ **5º dia** – O caos está por todo lado, a sociedade brasileira entra em colapso, não há transporte público, nem hospitais e escolas em funcionamento; as pessoas não conseguem seguir sua rotina.

Conforme podemos constatar, o governo federal conhecia essa ameaça feita pelos caminhoneiros e mesmo assim não tomou nenhuma providência para mitigar o risco de greve. O resultado foi sentido por toda a população brasileira.

Algumas perguntas para pensar:

✓ Se o principal processo da sua empresa parar, você está preparado para trabalhar sem ele?

✓ Quais são os principais fornecedores da sua empresa? Se eles entrarem em greve ou deixarem de entregar o serviço contratado, quais são os seus planos para mitigar esse risco?

25 de maio de 2018 – Novas leis e regulamentações exigindo requisitos de Continuidade de Negócios

A lei GDPR – *General Data Protection Regulation* – é um novo padrão de privacidade de dados que foi acordado pelos países da União Europeia. É muito mais rigoroso do que qualquer proteção que temos no Brasil, como a Lei nº 12.965/2014, conhecida como o Marco Civil da internet, por exemplo. Mas em 29 de maio de 2018, a Câmara dos Deputados aprovou o Projeto de Lei nº 4.060/2012, conhecida como a Lei Geral de Proteção de Dados – LGPD, que estabelece regras para o tratamento de dados pessoais pelo poder público e por empresas privadas brasileiras, com previsão de entrada em vigor em 2020. É muito parecida com a lei europeia, a GDPR.

O GDPR aplica-se a empresas que têm presença em um país da União Europeia ou que processam os dados pessoais de residentes desses países. O resultado é que todas as empresas que fazem negócios na Europa ou manipulam os dados dos residentes da UE terão de cumpri-la, incluindo as empresas brasileiras e as empresas europeias que possuem filiais no Brasil.

Essa lei contém dois objetivos principais: propiciar aos cidadãos da UE mais poder sobre os seus dados pessoais e agilizar negócios internacionais envolvendo dados pessoais. As penalidades para o descumprimento podem ser altas: até 4% da receita anual global da organização ou 20 milhões de euros.

Na seção sobre segurança de dados pessoais existem dois artigos que abrangem requisitos de Continuidade de Negócios. São eles:

✓ **Artigo 32 – Segurança no Tratamento**

> A capacidade de restaurar a disponibilidade e o acesso a dados pessoais em tempo hábil no caso de um ou incidente técnico.

> Um processo para testar, acessar e avaliar regularmente a eficácia dos aspectos técnicos e organizacionais medidos para garantir a segurança do tratamento.

✓ **Artigo 33 sobre notificação de uma violação de dados pessoais à autoridade de supervisão** – Descreve as ações necessárias para empresas que enfrentam um incidente de violações de dados.

> Informe suas respectivas autoridades de supervisão.

> Informe os residentes da UE com dados pessoais afetados negativamente.

> Ofereça recomendações para atenuar os efeitos.

> Pessoas que residem na União Europeia podem obter mais informações sobre seus dados pessoais e sensíveis.

> Documente todo o evento (para garantir a conformidade regulamentar).

> Tudo isso tem que ser feito dentro de 72 horas após a violação. Com o tempo como um fator tão importante, é fácil entender por que a preparação para possíveis incidentes é essencial.

Em se tratando de uma legislação brasileira, no dia 26 de abril de 2018, o Banco Central do Brasil divulgou a Resolução nº 4.658, que "dispõe sobre a política de segurança cibernética e sobre os requisitos para a contratação de serviços de processamento e armazenamento de dados e de computação em nuvem a serem observados pelas instituições financeiras e demais instituições autorizadas a funcionar pelo BC".

Essa resolução também inclui vários artigos que referenciam diretamente a Continuidade de Negócios. Estão transcritos a seguir os mais importantes:

✓ 3º, parágrafo V, alínea a) a elaboração de cenários de incidentes considerados nos testes de continuidade de negócios;

✓ 8º, inciso § 1º, parágrafo IV, os resultados dos testes de continuidade de negócios, considerando cenários de indisponibilidade ocasionada por incidentes;

✓ 16, parágrafo IV, a instituição contratante deve prever alternativas para a continuidade dos negócios, no caso de impossibilidade de manutenção ou extinção do contrato de prestação de serviços.

✓ 19, as instituições referidas no art. 1º devem assegurar que suas políticas para gerenciamento de riscos previstas na regulamentação em vigor disponham, no tocante à continuidade de negócios, sobre: ...

➢ III – os cenários de incidentes considerados nos testes de continuidade de negócios de que trata o art. 3º, inciso V, alínea "a".

✓ 20. Os procedimentos adotados pelas instituições para gerenciamento de riscos previstos na regulamentação em vigor devem contemplar, no tocante à **continuidade de negócios** ...

Algumas perguntas para pensar:

✓ Na sua empresa existem planos para recuperação de dados?

✓ A sua empresa está preparada para tratar um incidente de vazamento de dados pessoais?

✓ A Alta Direção está treinada para gerenciar uma crise?

Dia 07 de junho de 2018 – Recomendação pública: brasileiros devem reiniciar roteadores domésticos para combater o vírus *malware* *VPNFilter*

A Comissão de Proteção dos Dados Pessoais do Ministério Público do Distrito Federal e Territórios (MPDFT), em parceria com a Delegacia Especial de Repressão aos Crimes Cibernéticos da Polícia Civil, publicou uma nota oficial que alerta os proprietários de roteadores domésticos para que reiniciem seus aparelhos para interromper temporariamente a propagação do *malware* conhecido como *VPNFilter*, o que poderá contribuir para a identificação de roteadores que estejam infectados. O pedido do MPDFT foi feito depois de um alerta global emitido pelo *Federal Bureau of Investigation* (FBI), no dia 25 de maio, de que os roteadores domésticos e de *home office* estão vulneráveis e podem ser infectados pelo vírus.

O vírus infecta roteadores domésticos e altera o *Domain Name System* (DNS) para redirecionar os usuários para páginas falsas de instituições bancárias e lojas *on-line* e assim obter os dados pessoais dos correntistas e senhas, além de roubar informações pessoais e bloquear a internet com o objetivo de cometer fraudes.

Os modelos de roteadores mais utilizados no Brasil que estão vulneráveis e podem ser infectados pelo vírus são: ASUS, D-LINK, HUAWEI, MIKROTIK, NETGEAR, UBIQUITI, TP-LINK e ZTE.

Uma rápida pesquisa no Google usando os termos de pesquisa "*VPNFilter*", é possível encontrar dezenas de resultados com sites e vídeos de criminosos vendendo o mencionado vírus e cometendo atitudes ilícitas. Por esse motivo foi aberta uma investigação oficial do Ministério Público e feita a recomendação para que os usuários brasileiros reiniciem os seus roteadores.

Algumas perguntas para pensar:

- ✓ A sua empresa dispõe de um Plano de Gerenciamento de Ataque Cibernético?
- ✓ A equipe de Tecnologia da Informação ou de Segurança da Informação está treinada para tratar ataques cibernéticos?

Conforme percebido com os exemplos citados, os processos de negócios podem ser interrompidos por uma grande variedade de incidentes, muitos dos quais são difíceis de prever. Ao concentrar-se sobre o impacto da interrupção e não a causa, a Continuidade de Negócios pode identificar os processos fundamentais para a sobrevivência da organização e permitir que se determine o que é necessário para continuar a cumprir as suas obrigações contratuais com os seu clientes e funcionários. Por meio da Continuidade de Negócios pode-se reconhecer o que precisa ser feito para proteger os seus ativos de informação (pessoas, instalações, tecnologia e processos), a cadeia de suprimentos, as partes interessadas e sua imagem antes que um incidente de interrupção ocorra.

Com esse reconhecimento, você será capaz de ter uma visão realista das respostas que possam vir a ser necessárias, caso e quando uma interrupção aconteça, e assim estar confiante para gerenciar as consequências e evitar impactos indesejados e inaceitáveis.

Motivações para a implantação de um Sistema de Gestão de Continuidade de Negócios

Sem dúvida, a principal motivação é proteger a segurança física de pessoas, clientes e funcionários. O que você faria primeiro durante um incêndio? Salvaria as pessoas, retirando-as o mais rápido possível do ambiente físico, ou acionaria o Plano de Continuidade de Negócios?

Compliance com leis e regulamentações também é importante. Muitas organizações devem cumprir legislação que exigem Continuidade de Negócios. Por exemplo, o Banco Central exige dos bancos brasileiros requisitos, tais como: *backup*, exercícios de testes de continuidade etc.; e a Superintendência dos Seguros Privados obriga as seguradoras privadas a adotar Planos de Continuidade de Negócios.

Outra motivação é conquistar maior confiança do mercado onde a organização atua e gerar um diferencial competitivo – é o que almejam 10 entre 10 gestores de negócios. Mas para isso é preciso que o gestor tenha conhecimento suficiente sobre como a Continuidade de Negócios pode contribuir para esse objetivo. Sem conhecimento, ele não terá motivação.

Muitas organizações fazem seguros, de pessoas a prédios e ativos valiosos. Quando a organização demonstra para a seguradora que tem um sistema de gestão preocupado em tratar os riscos, garantir a segurança das pessoas e a perenidade dos seus negócios, com certeza o valor pago pelo seguro diminui. Mas para isso a organização deve apresentar as evidências de que esses controles estão implementados.

E a última motivação, e não a menos importante, é a garantia de se manter a disponibilidade dos processos de negócio da organização.

Figura 1. Motivações do SGCN. Adaptado de Módulo Security Solutions.

Tendências e benefícios

E quais são as principais tendências a respeito da Continuidade de Negócios no ano de 2018?

O *Business Continuity Institute*, sediado no Reino Unido, é um instituto líder mundial em Continuidade de Negócios, fundado em 1994. O BCI estabeleceu-se como a associação de liderança de certificação para Continuidade de Negócios para profissionais, com o propósito de tornar o mundo um lugar mais resiliente. Com esse intuito, o instituto realiza uma pesquisa para identificar e entender quais são as maiores ameaças de negócios a curto e a longo prazos. No ano de 2018, o relatório BCI *Horizon Scan* avaliou 657 organizações em 76 países. As principais conclusões desse relatório são descritas nos próximos parágrafos.

Top 10 de principais ameaças aos negócios:

1. Ataque cibernético
2. Violação de dados
3. Interrupções não planejadas de tecnologia da informação e teleco-municações
4. Interrupção no fornecimento de serviços públicos
5. Clima adverso
6. Ato de terrorismo
7. Incidente de segurança da informação
8. Incêndio
9. Interrupção da cadeia de fornecimento
10. Interrupção da rede de transporte

A conclusão mais importante é que a ameaça de ataque cibernético continua a ser a principal preocupação para os profissionais de continuidade e resiliência dos negócios em todo o mundo, inclusive no Brasil.

Os ataques cibernéticos lideram, pois 53% dos entrevistados estão "extremamente preocupados" com eles; violação de dados (42%) e interrupções de TI ou telecomunicações não planejadas (36%) classificam-se em segundo e terceiro lugares. Olhando nos últimos 12 meses, com ataques como *Wanna-Cry* e *NotPetya*, é fácil ver por que as ameaças cibernéticas são uma grande preocupação.

Por outro lado, a segurança física continua a ser uma grande preocupação também para as organizações. Interrupção para fornecimento de serviços públicos e condições climáticas adversas (18%) são consideradas a quarta e quinta ameaças principais por profissionais. Essas duas preocupações muitas vezes podem ser conectadas entre si – por exemplo, um clima severo, como os furacões Irma e Harvey, exclui as pessoas dos serviços básicos.

Incidentes de segurança da informação (16%) caíram duas posições, mas ainda permanecem firmemente em sétimo lugar, em conjunto com atos de terrorismo, que subiu para o sexto. Isso reflete uma clara preocupação em relação à violência no local de trabalho.

A ameaça de incêndio (14%) está em oitavo lugar; finalmente, a cadeia de suprimentos que são os fornecedores (13%) e as interrupções da rede de transporte (13%) como nono e décimos lugares na pesquisa, possivelmente devido à crescente ameaça de interrupções físicas.

Diante dessas estatísticas, fica evidente que os ataques cibernéticos continuam a ser a maior preocupação tanto no longo como no curto prazo. Esse tipo de incidente em larga escala tem ocorrido nos últimos 12 meses, bem como o crescente número de dispositivos conectados à internet reafirma que é preciso construir organizações resilientes cibernéticas. A Continuidade de Negócios pode desempenhar papel decisivo nisso, pois garante o correto tratamento de ataques cibernéticos.

Os desafios de segurança física de diferentes tipos também são uma significativa ameaça às organizações. O clima e suas consequências, como, por exemplo, cortes de energia, são particularmente preocupantes para os profissionais, além de, é claro, a ameaça de ocorrer um incêndio. No entanto, incidentes de violência no local de trabalho, como ataques terroristas, também são considerados uma das principais ameaças. Por isso, planos de recuperação de desastres sobre o local de trabalho podem ajudar as organizações a estar mais preparadas para garantir a segurança física, melhorando a segurança das pessoas e tornando as operações menos vulneráveis.

Novos regulamentos e leis não são considerados um dos principais desafios para organizações a curto prazo. No entanto, com o GDPR – *General Data Protection Regulation* – entrando em vigor em maio de 2018 e várias mudanças políticas em diferentes áreas geográficas, parece que questões regulatórias podem afetar organizações dentro de pouco tempo. É importante ter atenção com essa crescente mudança em regulamentações.

O potencial surgimento de uma pandemia global é percebido como uma questão a longo prazo. No entanto, a recente crise do ebola na África Ocidental e o surto do zika vírus na América do Sul mostram que esse tipo de ameaça já existe e é provável que fique em evidência, pois o número de doenças infectocontagiosas subiu quatro vezes nos últimos sessenta anos.

Um número crescente de profissionais está se conscientizando dos benefícios da Continuidade de Negócios. A aceitação da norma ABNT NBR ISO 22301 está em alta, incluindo o investimento em um SGCN. Além disso, as organizações com um nível de maturidade mais alto incorporam a continuidade para tentar contribuir com o sucesso dos objetivos empresariais. É mais provável que essas organizações continuem investindo, sugerindo uma correlação positiva com o retorno sobre os investimentos em Continuidade de Negócios.

Tabela 1. Evolução das principais ameaças às organizações ao longo dos anos.

Ano	Top 5 de principais ameaças aos negócios
2016	1. Ataque cibernético 2. Violação de dados/Vazamento de informações 3. Interrupção de serviços de TI e telecomunicações 4. Terrorismo 5. Incidente de segurança
2017	1. Ataque cibernético 2. Violação de dados/Vazamento de informações 3. Interrupção de serviços de TI e telecomunicações 4. Incidente de segurança 5. Clima adverso
2018	1. Ataque cibernético 2. Violação de dados/Vazamento de informações 3. Interrupção de serviços de TI e telecomunicações 4. Interrupção no fornecimento de serviços públicos 5. Clima adverso

Em janeiro de 2018 foi divulgada uma pesquisa realizada pela Allianz Global Corporate, uma empresa de seguros, que contou com respostas de 1.911 empresários e corretores em oitenta países sobre os principais riscos corporativos de negócios. A principal conclusão da pesquisa diz que, para os empresários brasileiros, o risco de ser alvo de um ataque cibernético supera a preocupação com mudanças regulatórias na legislação brasileira e até mesmo a inflação.

A interrupção nos negócios vem em segundo lugar, mostrando a crescente relevância sobre o tema deste livro.

Em comparação com o resto do mundo, o maior risco corporativo identificado é a interrupção dos negócios. Era possível escolher até três tipos diferentes de riscos.

A seguir, a lista dos principais riscos corporativos para os empresários brasileiros.

Tabela 2. Pesquisa dos principais riscos corporativos para os empresários brasileiros.

Riscos corporativos	Índice da pesquisa
Incidentes cibernéticos	38
Interrupção dos negócios	36
Mudanças no mercado (concorrência)	26
Mudanças na legislação e regulamentação	23
Perda de reputação ou valor da marca	22
Catástrofes naturais	22
Roubo, fraude e corrupção	18
Mudanças climáticas	17
Fogo, explosão	16
Impacto de novas tecnologias	16

Prevenir é melhor do que remediar, diz o ditado popular.

Considerando mais uma estatística interessante: segundo a ONU, em seu Programa de Desenvolvimento, cada dólar investido em prevenção poupa sete dólares gastos em reconstrução. Para cada US$ 1 investido em prevenção é possível economizar até US$ 7.

No Brasil, onde a carga tributária de impostos é muito alta, de quanta economia estaríamos falando?

Geralmente, quando perguntados sobre Planos de Continuidade de Negócios, alunos e administradores respondem que existem planos em suas organizações. Mas diante de algumas perguntas básicas, como "quem é responsável pela ativação?" "Eles estão atualizados?" "Algum teste foi realizado?", as respostas são sempre as mesmas: um sonoro **não**.

Ter um Plano de Continuidade de Negócios elaborado e pronto para ser executado em determinadas circunstâncias pode não ser suficiente para manter os processos de negócios em um momento de guerra, ou seja, aquele momento em que a organização está no meio de um "furacão", tratando um incidente grave.

Muitas pessoas pensam que é simples e fácil elaborar um plano. Difícil é elaborar um plano correto, que vá salvá-lo em um momento de adversidade, que esteja atualizado, que defina as responsabilidades da alta gestão e da área operacional, que treine as pessoas envolvidas, que descreva os procedimentos de continuidade de forma correta e em uma sequência lógica de iniciação, e que determine os tempos de recuperação dos processos e informações de forma factível.

Isto é: elaborar um plano pode até ser fácil; elaborar de forma correta, de acordo com o que é mais crítico para os processos de negócios da organização, é que é difícil.

Antigamente, uma organização deveria garantir um preço baixo de seus produtos e performance alta em controle de qualidade. Hoje em dia, somente isso não basta para uma empresa ter uma vantagem competitiva no mercado, pois a maioria das organizações, para ganhar novos cliente e manter os atuais, já trabalha na implementação desses dois requisitos, preço e qualidade. Então, como obter um diferencial competitivo?

Implementar um SGCN – Sistema de Gestão de Continuidade de Negócios – é a resposta.

As organizações e as próprias pessoas estão expostas cada vez mais a ameaças que colocam em risco a produtividade ou a capacidade de prestar os seus serviços aos seus clientes, prontamente e de forma contínua. Várias inovações tecnológicas e tendências da sociedade e da economia contribuem para esses riscos. Por exemplo, o aumento da globalização, a dependência da internet, a centralização de serviços, a automação industrial e a dependência de seus fornecedores, pois uma falha de disponibilidade pode acarretar um incidente para o seu negócio.

Devido à crescente complexidade dos processos de negócio e sua crescente dependência de Tecnologia da Informação e Comunicações e externa dependência de fornecedores, eventos como incêndios, inundações, ou a perda de TI, prestadores de serviços, fornecedores ou funcionários podem ter um impacto significativo no seu negócio. Além disso, o risco de pandemias, extremas condições climáticas, ataques cibernéticos e até mesmo de terrorismo já é uma realidade e está aumentando.

A gestão eficaz de Continuidade de Negócios ultrapassa o desenvolvimento de planos de Continuidade de Negócios. Ela exige de todos reconhecer a incerteza como uma parte natural de planejamento de negócios. Todos precisam estar cientes de que as ameaças são inerentes a todas as tomadas de decisões e atividades e que alguns riscos têm o potencial de interromper os processos de negócio. É preciso estar preparado para responder e gerenciar tais interrupções.

Implementar o Sistema de Gestão de Continuidade de Negócios assegura que você é capaz de continuar a trabalhar mesmo após um desastre, uma crise, um incidente grave. Destina-se a construir uma alta resiliência em todos os serviços, produtos e processos de uma organização ao enfrentar os incidentes de Continuidade de Negócios. O SGCN também oferece oportunidades para entender como podemos criar valor e estabelecer relacionamentos diretos com funcionários, clientes, parceiros, fornecedores, pois você obterá uma visão holística de como funciona a sua organização. Isso ajuda a criar uma compreensão clara de como uma organização opera e onde a falha pode ocorrer e fornece pontos de melhoria para seus processos de negócios, construindo uma sustentabilidade corporativa.

Mas nada melhor do que levar um susto com as estatísticas de algumas importantes organizações sobre o assunto para acordar para a importância do tema Continuidade de Negócios:

- ✓ Conforme descrito pelo grupo de consultoria e pesquisa do Gartner Group, cerca de 40% das organizações que sofrem um desastre ou uma longa descontinuidade não voltam a operar, e 33% das que voltam fecham em torno de dois anos.

- ✓ Conforme descrito pelo *U.S. Bureau of Labor Statistics Latest Numbers,* 93% das organizações que sofrem uma perda significativa de informações, considerado um desastre, fecham dentro de cinco anos.

- ✓ Conforme descrito pela empresa de consultoria e auditoria PriceWaterhouseCoopers, 90% das organizações que sofreram um desastre computacional sem um plano preexistente de sobrevivência saem dos negócios em 18 meses.

- ✓ Conforme descrito pelo *National Archives/Records Administration in Washington,* 93% das organizações que perderam seu *datacenter* por 10 dias ou mais devido a um desastre faliram em um ano. E 50% das organizações que ficaram sem gerenciamento de dados por dez dias ou mais foram à falência imediatamente.

De acordo com que a norma ISO 22316:2017 – *Security and resilience – Organizational resilience – Principles and attributes* afirma, a resiliência organizacional permite que uma organização atinja seus objetivos. Organizações mais resilientes podem se antecipar a problemas e responder a ameaças e oportunidades, decorrentes de mudanças súbitas ou graduais em seu contexto interno e externo. Ela também é o resultado de boas práticas empresariais e da gestão efetiva dos riscos.

Em conformidade com a ISO 22316:2017, a resiliência de uma organização:

- ✓ é aprimorada quando a conduta e a atitude estão alinhadas com uma visão de futuro compartilhada e um objetivo comum;
- ✓ depende de um entendimento sempre atualizado do contexto interno e externo da organização;
- ✓ depende da capacidade de absorver, adaptar e responder eficazmente às mudanças, ou seja, ter uma boa gestão de mudanças enraizada na organização é fundamental;
- ✓ pode vir a depender da correta implementação dos princípios de uma boa Governança Corporativa (transparência, equidade, prestação de contas e responsabilidade corporativa) e da sua gestão;
- ✓ é apoiada por uma diversidade de habilidades, liderança, conhecimentos e experiência em processos de negócio;
- ✓ é reforçada pela coordenação entre os métodos de gestão e contribuições de áreas técnicas e científicas da organização;
- ✓ depende de uma gestão eficaz e eficiente dos riscos.

A fundação da resiliência é baseada em alguns princípios que são os fundamentos sobre os quais o sistema de gestão pode ser desenvolvido, implementado e avaliado. A seguir, os mais importantes:

- ✓ Os comportamentos de todos os funcionários precisam contribuir para a resiliência organizacional, e qualquer comportamento passivo ou contraproducente deve ser evitado. Isso também significa que a força de trabalho deve ser constituída de pessoas resistentes em si, construindo resiliência de baixo para cima. O não envolvimento dentro da força de trabalho, a existência de um alto grau de absenteísmo e a luta da força de trabalho contra absorção das diretrizes da gestão são comportamentos que não contribuem para a resiliência organizacional. É fundamental que a área de Recursos Humanos participe com a seleção de pessoas resilientes.

✓ A diversidade de habilidades é muito importante, pois novos desafios, ameaças e oportunidades podem ser originados de diferentes áreas de uma organização ou de seu contexto externo. Somente se a gestão e seus funcionários tiverem uma visão holística de 360 graus do que é possivelmente ameaçador, ou possivelmente uma oportunidade, uma organização pode aumentar seu nível de resiliência organizacional.

A seguir são detalhados alguns benefícios da implantação de um SGCN – Sistema de Gestão de Continuidade de Negócios:

✓ Vantagem competitiva com entrega de produtos e serviços garantida.

✓ Ao inter-relacionar o SGCN com os objetivos da sua organização haverá confiança de que os riscos corporativos e seus impactos serão mantidos em níveis aceitáveis, melhorando a identificação de riscos através da implantação de uma metodologia de gestão de riscos coerente em toda a organização.

✓ A organização estará preparada para tratar incidentes durante a interrupção de processos de negócios críticos.

✓ A organização adquire uma resposta eficiente às interrupções, o que minimiza um desastre ou uma crise, ou se já terá uma gestão de impactos.

✓ Tendo uma estrutura comum com outros sistemas de gestão, qualidade ou segurança da informação, por exemplo, haverá confiança de que no evento de uma interrupção a organização saberá contornar essa situação sem sofrer prejuízos.

✓ Ter planos de continuidade em vigor na organização permitirá que se atue no tratamento de desastres ou crises que possam abalar a imagem corporativa.

✓ Portanto, contribui para o aumento de investimento em seus negócios, pois poderá atrair mais investidores que terão mais confiança em uma organização que está preparada para lidar com grandes incidentes graves.

✓ Redução de custos através de impacto atenuante de desastres, diminuindo o impacto desses eventos. Consequentemente, o prejuízo da organização é menor.

✓ Fornece um método exercitado da sua habilidade em prover produtos e serviços em um nível e nos limiares de tempos acordados para permitir que a organização continue a manter seus negócios após uma interrupção organizacional, ou seja, um desastre.

✓ Aumento da credibilidade da organização envolvendo parceiros, clientes, fornecedores, acionistas e o público em geral.

✓ Contribui para melhorar e garantir a segurança dos funcionários, clientes e fornecedores nas suas instalações físicas.

Os resultados desejados com a implantação eficaz do SGCN são:

✓ Os principais produtos e serviços são identificados e protegidos de forma a garantir sua continuidade.

✓ A organização desenvolve uma capacidade de gerenciamento de incidentes de forma a fornecer uma resposta eficaz e efetiva.

✓ Identificam-se proativamente os impactos e responde-se eficientemente às interrupções nos processos de negócio.

✓ A equipe da organização é treinada de forma a responder de forma eficaz a um incidente ou interrupção por meio de testes apropriados.

✓ As necessidades das partes interessadas são entendidas e podem ser cumpridas.

✓ Protege-se a imagem da organização.

✓ A organização permanece em conformidade com suas obrigações legais e regulamentações aplicáveis.

Como vender a ideia para a implementação de um SGCN?

Vender a ideia da implementação de um SGCN não é fácil, mas terá mais sucesso caso seja explicado quais são os benefícios para a organização, ou seja, o que se ganha. Todos os benefícios e tendências já foram explicados nos itens anteriores deste livro, mesmo assim é oportuno explicar novamente. Caso não consiga vender a ideia, já era o SGCN.

O melhor a se fazer é tentar explicar de modo que a Alta Direção consiga enxergar além da lucratividade e comece a pensar no Sistema de Gestão de Continuidade dos Negócios como uma oportunidade única e não apenas como um sistema de prevenção de perdas e de recuperação de informações.

Tente sempre falar a linguagem do seu público-alvo. Isso é importante na arte da persuasão e do convencimento.

Uma história convincente é perguntar para os membros da Alta Direção quem ali adquire anualmente um seguro de carro. As respostas devem ser unânimes; a maioria das pessoas deve adquirir um seguro para o seu carro. Por que as pessoas compram seguros? Porque se acontecer algum incidente com o seu carro tem um seguro para prestar o primeiro atendimento, é possível pegar uma quantia financeira para contornar o seu prejuízo etc. O Sistema de Gestão de Continuidade de Negócios é a mesma coisa, um seguro para a organização.

Além disso, umas das ferramentas mais fantásticas de um SGCN é a análise de impacto no negócio, pois é uma ferramenta de tomada de decisão. Muitas vezes a Alta Direção não sabe onde terá que investir para conseguir um maior retorno do seu investimento, e essa ferramenta demonstra isso, informando quais os processos são mais críticos para a organização, portanto informa quais são os processos de negócios que arrecadam mais dinheiro e principalmente quais são os ativos que suportam esses processos e precisam ser protegidos.

Também deve-se demonstrar por que o SGCN é um diferencial na qualidade da prestação de serviços. Imagine a organização sem prestar o serviço, mas a concorrência prestando os mesmos serviços: o cliente vai fazer uma compra, ele não consegue, pois o sistema de vendas está fora do ar, ele vai no concorrente e compra na hora. Esse cliente nunca mais volta. Tem um prejuízo garantido, fora a imagem da organização, que também pode ser prejudicada.

Com um processo de avaliação de riscos implementado buscando a melhoria contínua, a tendência é uma diminuição de incidentes e uma maior disponibilidade dos serviços. Aumentar a performance dos serviços pode aumentar o retorno do investimento.

Os clientes ficam mais seguros e confiantes quando a organização demonstra preocupação com as suas informações particulares. Sem falar que isso vem se tornando um requisito obrigatório em virtude das diversas leis que estão surgindo em todo o mundo sobre privacidade e proteção de dados.

Explique para a alta direção que:

> **A sua única esperança é ter um Sistema de Gestão de Continuidade de Negócios operando na sua organização quando todas as suas ferramentas de proteção falharem, sejam elas controles de segurança da informação e *cyber security* ou medidas preventivas de TI.**

Alguns conceitos básicos

Neste item são descritos alguns conceitos básicos de Continuidade de Negócios. Para o perfeito entendimento deste livro, não serão detalhados conceitos técnicos, apenas os conceitos básicos. A maioria desses termos está descrita na Norma ABNT NBR ISO 22301 e na ISO 22300:2018 – *Security and resilience – Vocabulary*, e vale a pena a leitura.

A seguir são descritos os conceitos básicos de:

✓ **Ameaças**

   ➢ Todo agente ou situação capaz de desencadear um ou uma série de incidentes.

   ➢ Ameaças sempre existem. São as "coisas" palpáveis ou mensuráveis que devem ser conhecidas, estudadas e avaliadas em um projeto de elaboração de um Plano de Continuidade de Negócios.

✓ **Ativo de informação**

   ➢ Todo elemento que compõe os processos que manipulam e processam a informação, a contar da própria informação, o meio em que ela é armazenada e os equipamentos tecnológicos em que ela é manuseada, transportada e descartada. A seguir são descritas as categorias de ativos de informação:

      ▪ **Tecnologia:** equipamentos de conectividade, computadores, celulares etc.

      ▪ **Pessoas:** todos os funcionários de uma organização, prestadores de serviço, fornecedores etc.

      ▪ **Processos:** é uma sequência de tarefas (ou atividades) que, ao serem executadas, transformam insumos em um resultado com valor agregado. Pode-se citar como exemplo alguns processos de segurança: processos de gerenciamento de controle de acesso físico e lógico, gerenciamento de incidentes de segurança da informação, processo de cópias de segurança da informação (*backup*) etc.

- **Ambiente físico:** locais que armazenam informações a serem protegidas, como, por exemplo: sala técnica, sala de servidores, *datacenter*, escritório, etc.

✓ **Contingência**

➤ Recursos iguais que estejam disponíveis na falta do principal. São exemplos: mesas, cadeiras, computadores, equipamentos de conectividade, cofres, etc.

✓ **Continuidade de Negócios**

➤ Capacidade que uma organização tem em continuar a entregar os seus produtos ou serviços em um nível aceitável previamente definido após incidentes de interrupção.

✓ **Crise**

➤ "Uma interrupção significativa nos negócios de uma organização que estimula uma cobertura extensiva pela mídia. O resultado da opinião pública pode afetar suas operações e ainda pode ter impactos políticos, legais e financeiros em seus negócios". Fonte: *Institute for Crisis Management*.

✓ **Desastres**

➤ São resultados de eventos adversos, naturais ou provocados pela atividade dos seres humanos sobre um ambiente vulnerável, causando grave distúrbio ao funcionamento de uma comunidade ou sociedade envolvendo extensivas perdas e danos humanos, materiais, econômicos ou ambientais, e excedendo a sua capacidade de lidar com essa situação usando meios próprios.

✓ **Disponibilidade**

➤ Qualidade de tornar disponível para usuários, sempre que necessário e para qualquer finalidade, a informação gerada ou adquirida por um indivíduo ou organização. Uma informação disponível é a que pode ser acessada por aqueles que dela necessitam, no momento em que necessitam.

✓ **Disrupção**

➢ Interrupção do curso normal de um processo de negócio, serviço ou entrega de produto.

✓ **Incidente de Continuidade de Negócios = Incidente de interrupção**

➢ Situação que deve representar ou levar a uma interrupção de negócios, perdas, emergências ou crises. Esse incidente é a concretização de uma ameaça que ocasione perda ou dano ao ativo, causando indisponibilidade, interrupção ou comprometimento do processo.

✓ **Impacto**

➢ Consequência avaliada de um evento em particular.

➢ É a aferição dos impactos que define se um incidente tornou-se um desastre ou não. Sempre que ocorre, um incidente traz consigo um impacto também mensurável em diversos aspectos.

➢ A função da Gestão de Continuidade de Negócios é minimizar os impactos, evitando que se transformem em desastres.

✓ **Informação documentada**

➢ Informação que deve ser controlada e mantida por uma organização e o meio em que está contida.

▪ Informação documentada pode estar em qualquer formato e em qualquer mídia de qualquer tipo.

▪ Informação documentada pode se referir a: sistema de gestão, incluindo processos relacionados; informação criada para que a organização funcione (documentação); e evidência de resultados atingidos (registros).

✓ **Gestão de Continuidade de Negócios**

➢ Processo abrangente de gestão que identifica ameaças potenciais para uma organização e os possíveis impactos nas operações de negócio caso essas ameaças se concretizem. Este processo fornece uma estrutura para que se desenvolva uma resiliência organizacional que seja capaz de responder eficazmente e salvaguardar os interesses das partes interessadas, a reputação e a marca da organização e suas atividades de valor agregado.

✓ **MBCO (***Minimum Business Continuity Objective***) – OMCN (Objetivo Mínimo de Continuidade de Negócios)**

➢ Níveis mínimos aceitáveis de serviços e/ou produtos para a organização alcançar seus objetivos de negócios durante uma interrupção.

✓ **MTPD (***Maximum Tolerable Period of Disruption***) – Período máximo de interrupção tolerável**

➢ Tempo necessário para que os impactos adversos se tornem inaceitáveis, que pode surgir como resultado de não executar um processo ou fornecer um produto/serviço ou realizar uma atividade.

✓ **Partes interessadas –** *Stakeholders*

➢ Pessoa ou organização que pode afetar, ser afetado ou que entende ser afetado por uma decisão ou atividade.

✓ **Plano de Continuidade de Negócios**

➢ Procedimentos documentados que orientam as organizações a responder, recuperar, retomar e restaurar a um nível predefinido de operação após a interrupção.

✓ **Resiliência**

➢ Capacidade de uma organização de resistir após ser afetada por uma interrupção. Resiliência define a capacidade de algo sofrer uma falha e continuar operando, ou ainda a habilidade de voltar rapidamente ao estado normal após um impacto.

✓ **Resiliência organizacional**

➢ A capacidade de uma organização para absorver e se adaptar em um ambiente em mudança; permite que uma organização atinja seus objetivos. Organizações mais resilientes podem antecipar e responder a ameaças e oportunidades, decorrentes de mudanças súbitas ou graduais em seu contexto interno e externo.

✓ **Riscos**

➢ Risco é o efeito da incerteza nos objetivos.

➢ É a probabilidade da ocorrência de um incidente, motivada pela exploração de vulnerabilidades provenientes de ameaças.

✓ **RPO (*Recovery Point Objective*) – Ponto Objetivado de Recuperação**

➢ Ponto em que a informação usada por uma atividade deve ser restaurada para permitir a operação da atividade na retomada. Também pode ser referido como "perda máxima de dados".

✓ **RTO (*Recovery Time Objective*) – Tempo Objetivado de Recuperação**

➢ Período de tempo após um incidente em que o produto ou serviço deve ser retomado, ou a atividade deve ser retomada, ou os recursos devem ser recuperados. Para os produtos, serviços e atividades, o tempo objetivado de recuperação deve ser menor do que o tempo em que os impactos negativos surgirão como resultado de não fornecer um produto/serviço ou realizar uma atividade se torne inaceitável.

✓ **Vulnerabilidades**

➢ É o grau de exposição que um ativo de informação possui em relação a uma ou várias ameaças. É o peso admitido às ameaças. Enquanto a ameaça existe ou não, a vulnerabilidade é o quanto se expõe a essa ameaça.

➢ Pode ser considerada como uma fragilidade do ativo de informação.

Resumo de estudo para a certificação Fundamentos em Gestão de Continuidade de Negócios

No capítulo de introdução foram conceituados diversos termos necessários para o perfeito entendimento das práticas descritas neste livro. Além disso, o entendimento dos conceitos apresentados é essencial para você se sair bem no exame de certificação. O candidato deve saber no mínimo o que é:

✓ Disponibilidade

✓ Gestão de Continuidade de Negócios

✓ Contingência

✓ Crise

✓ Desastre

✓ Incidente de Continuidade de Negócios

✓ Informação documentada

✓ RTO, RPO, MTPD e MBCO

Capítulo 1 – Estrutura do Sistema de Gestão de Continuidade de Negócios

"Não é suficiente fazer o seu melhor; primeiro, é preciso saber exatamente o que fazer para depois dar o seu melhor."

W. Edwards Deming

1.1 Harmonização dos sistemas de gestão

A Norma brasileira ABNT NBR ISO 22301 – Segurança e Resiliência – Sistema de Gestão de Continuidade de Negócios – Requisitos, que especifica os requisitos para planejar, estabelecer, implementar, operar, monitorar, revisar, manter e melhorar continuamente um sistema de gestão documentado para proteger contra, e reduzir a probabilidade de ocorrência, preparar, responder e se recuperar de incidentes de interrupção de processos de negócio quando eles surgirem.

Os requisitos especificados na Norma são genéricos e pretendem que sejam aplicáveis a todas as organizações, e suas partes, independentemente do seu tipo, tamanho e natureza. A extensão da aplicação desses requisitos depende do ambiente operacional da organização e sua complexidade. Esse documento foi escrito pelos melhores especialistas sobre o tema de todo o mundo e oferece a melhor estrutura para a Gestão da Continuidade de Negócios.

Um dos recursos que o diferenciam em comparação a outras estruturas/padrões de Continuidade de Negócios é o fato de que uma organização pode se certificar nessa Norma por meio de um corpo de certificação reconhecido e assim ser capaz de comprovar a conformidade para os seus clientes, parceiros, proprietários e outras partes interessadas.

A partir de agora, toda vez que aparecer o termo "**Norma**" neste livro será com respeito à Norma brasileira ABNT NBR ISO 22301 Segurança e Resiliência – Sistema de Gestão de Continuidade de Negócios – Requisitos.

Como é notório, o mundo de hoje muda de forma muito rápida, graças à tecnologia, que evolui diariamente. Com a crescente globalização e a explosão da mídia eletrônica, as pessoas estão cada vez mais conectadas umas com as outras. Muitas empresas buscam componentes em um país, desenvolvem produtos em outro e, em seguida, distribuem seus produtos em muitos outros. Esses produtos devem cumprir as exigências de diversos países e, especificamente, diversas normas de segurança, desses próprios países e normas internacionais, que sejam de domínio comum entre todos, para quem compra, vende, desenvolve e fabrica os produtos.

O cumprimento de diferentes normas pode ser caro, desacelerar o lançamento do produto, resultar em ensaios redundantes e, se as exigências forem mutuamente exclusivas ou conflitantes, poderá exigir a fabricação de diferentes modelos de produtos. Por outro lado, exigências ou diretrizes que incluem diferentes normas que se aplicam às mesmas indústrias, dispositivos ou iniciativas (como o consumo eficiente de energia) muitas vezes se sobrepõem.

A finalidade da harmonização das normas é encontrar essas semelhanças, identificar exigências nacionais críticas que precisam ser mantidas e oferecer uma norma comum. Para as organizações, a harmonização diminui os custos de conformidade e simplifica o processo de cumprimento das exigências. Também reduz a complexidade para as pessoas encarregadas das revisões dos produtos e auditorias do cumprimento das normas.

Essa harmonização é uma boa ideia da ISO – *International Organization for Standardization* – para minimizar normas redundantes ou conflitantes nos locais em que existe suporte para essa harmonização.

Por isso, as novas normas publicadas pela ISO seguem um mesmo documento padrão. Os itens são basicamente os mesmos: contexto da organização, liderança, planejamento, apoio, avaliação de desempenho e melhoria.

O que deve variar é o assunto principal de cada norma; a ISO 27001 trata exclusivamente de Segurança da Informação, a ISO 20000 trata de Tecnologia da Informação e assim por diante. Mas o restante do conteúdo tende a ser igual. Por exemplo, para todas as normas devem ser implementadas uma política, uma auditoria interna, uma análise crítica etc.

Dessa forma, há um benefício mútuo na implementação dos sistemas de gestão, pois a informação documentada é muito parecida – em alguns casos pode ser utilizada por dois sistemas ao mesmo tempo. Um procedimento de elaboração, revisão, aprovação e publicação de informação documentada pode ser utilizado por todos os sistemas de gestão implementados em uma organização. É um documento mandatório e pode ser executado por todos, pois todos eles devem ter a sua devida documentação padronizada.

Os requisitos gerais apresentados na tabela a seguir são comumente estabelecidos em qualquer sistema de gestão da *International Organization for Standardization*. Eles se relacionam com objetivos específicos de cada norma, aplicando-os de acordo com a cultura e as necessidades da organização, apoiados por uma informação documentada e obtendo assim benefícios através de uma melhoria contínua.

A tabela a seguir mostra como o SGCN – Sistema de Gestão de Continuidade de Negócios – pode ser implementado em conjunto com outros sistemas de gestão. Isso contribuirá para o planejamento de "auditorias combinadas", ou seja, caso tenha agendada uma auditoria sobre Segurança da

Informação, também poderá ser auditado sobre os requisitos de Continuidade de Negócios, tendo em vista que os sistemas de gestão estão harmonizados, conforme a tabela a seguir.

Tabela 3. Harmonização entre as normas de sistema de gestão.

Seções	ISO 22301	ISO 27001	ISO 9001	ISO 14001
	Número da seção nas Normas.			
Contexto da Organização	4	4	4	4
Liderança	5	5	5	5
Planejamento	6	6	6	6
Apoio/Suporte	7	7	7	7
Operação	8	8	8	8
Avaliação de Desempenho	9	9	9	9
Melhoria	10	10	10	10

Uma curiosidade: a família das Normas de Tecnologia da Informação ABNT NBR ISO/IEC 20000, de 2011, está sendo revisada para entrar na harmonização das demais normas de gestão.

1.2 Estrutura do Sistema de Gestão de Continuidade de Negócios

A Continuidade de Negócios faz parte da Gestão de Risco global em uma organização, com áreas que se sobrepõem ao Sistema de Gestão de Segurança da Informação, Sistema de Gestão de Tecnologia da Informação e *Cyber Security*.

É importante frisar que a Gestão de Risco faz parte da Governança Corporativa Geral em uma organização. É ela que vai direcionar quais processos de negócio devem estar no escopo de trabalho dos demais sistemas de gestão. A seguir, o desenho de uma figura que demonstra a integração mencionada.

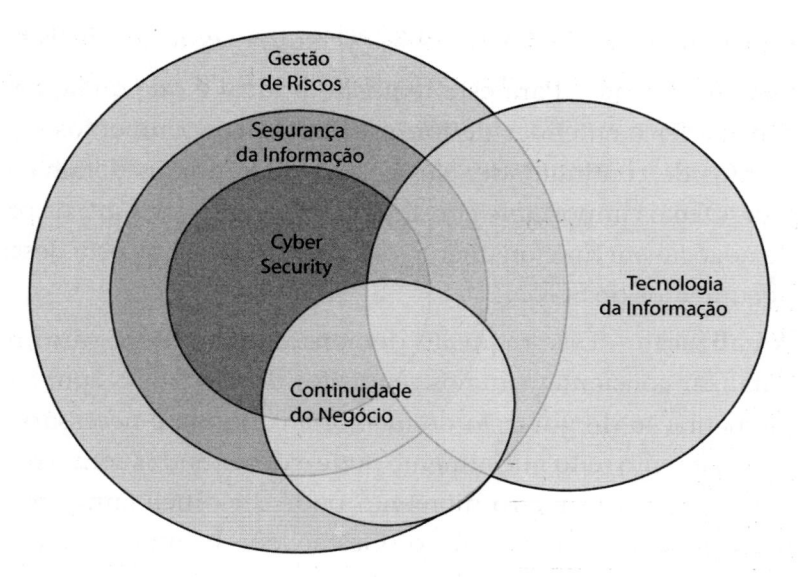

Figura 2. Harmonização dos sistemas de gestão.

Se algum incidente crítico chegar a ocorrer, a organização estará pronta para responder de forma apropriada e planejada, reduzindo drasticamente o dano em potencial de tal incidente.

A Gestão de Continuidade de Negócios é um processo abrangente de gestão que identifica ameaças potenciais para uma organização e os possíveis impactos nas operações de negócio caso essas ameaças se concretizem. Esse processo fornece uma estrutura para que se desenvolva uma resiliência organizacional que seja capaz de responder eficazmente e salvaguardar os interesses das partes interessadas, a reputação e a marca da organização e suas atividades de valor agregado.

Porém, não basta aplicar uma série de atividades, procedimentos e recursos sem uma estrutura que garanta sua permanente atualização, adequação e avaliação de efetividade. Essa estrutura chama-se Sistema de Gestão de Continuidade de Negócios. A proposta de integração dos procedimentos de continuidade de maneira organizada, contemplando um ciclo de revisões periódicas e melhoria contínua, dimensionadas de acordo com as necessidades de continuidade estabelecidas para o negócio da organização, está prevista na Norma ABNT NBR ISO 22301.

O SGCN se apoia em três requisitos básicos para a sua construção:

- ✓ **Documentação** – Para este requisito o ideal é que qualquer pessoa consiga ler e entender de forma simples os documentos e procedimentos de continuidade. Neste caso, quanto mais detalhado é melhor. O mais importante é restaurar, recuperar e manter os processos de negócio em funcionamento de acordo com o que está descrito nos documentos do SGCN.

- ✓ **Atualização** – Esse requisito demonstra que é necessário revisar e atualizar constantemente os requisitos de um SGCN, por isso a implementação de um ciclo de melhoria contínua é necessário, pois o planejamento feito inicialmente pode e deve mudar com o passar dos anos. Em um primeiro momento pode ser difícil cumprir todas as necessidades de um Sistema de Gestão, pois há mudanças constantes em uma organização, tudo muda, desde os ativos de informação, a alta direção, os processos de negócios etc.

- ✓ **Cooperação** – Para a implementação de um SGCN, quanto maior a quantidade de pessoas conscientizadas, interessadas e que saibam administrar seus ativos de informação, maior será a possibilidade de estarem envolvidas no acionamento de medidas de segurança em situações de urgência durante uma crise ou desastre. Com isso poderá aumentar o número de profissionais preparados, fazendo com que a implementação seja feita de maneira mais rápida e holística, integrando todas as áreas da organização, de acordo com um entendimento comum entre todos.

É essa estrutura organizacional que observa todos os processos de uma organização, que contém políticas que determinam as responsabilidades a serem seguidas por todos os funcionários de acordo com os processos, procedimentos e recursos, que devem ser implementados em conformidade com as atividades de planejamento do Sistema de Gestão, conforme a figura a seguir:

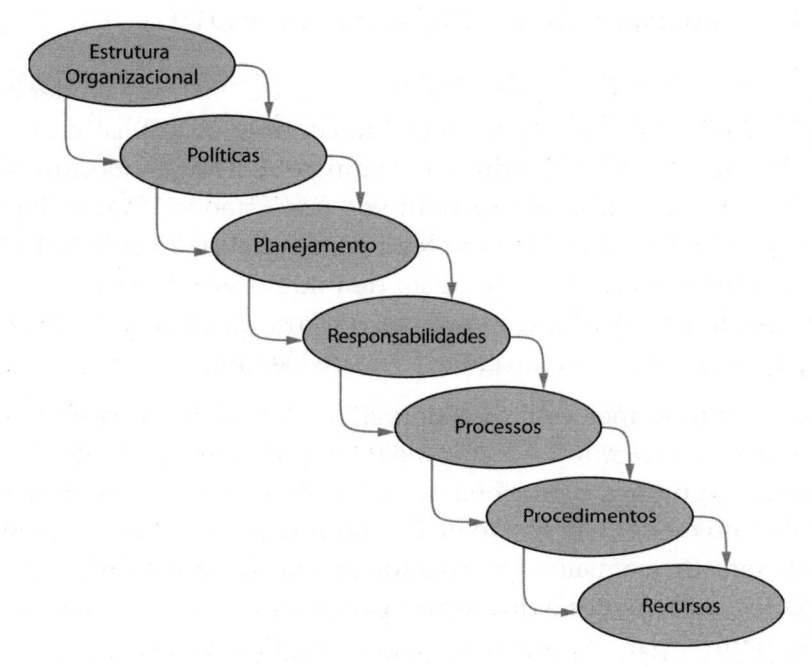

Figura 3. Engrenagens do SGCN. Adaptado de Módulo Security Solutions.

Um Sistema de Gestão de Continuidade de Negócios enfatiza a importância de entender as necessidades de uma organização e a necessidade de estabelecer diretrizes, responsabilidades e objetivos; de implementar e operar controles para gerenciar incidentes de interrupção; monitorar e analisar criticamente o desempenho e a eficácia do SGCN; além disso, de melhorar continuamente com base em medições objetivas.

O SGCN especifica os requisitos para planejar, estabelecer, implementar, operar, monitorar, revisar, manter e melhorar continuamente um sistema de gestão de forma documentada para reduzir a probabilidade de ocorrência, preparar-se, responder e recuperar-se de incidentes de interrupção quando estes ocorrerem.

Os requisitos especificados e detalhados neste livro são genéricos e planejados para serem aplicados em todas as organizações ou parte delas, independentemente do tipo, tamanho e natureza do negócio. A abrangência da aplicação desses requisitos depende do ambiente operacional e da complexidade de cada organização.

1.3 Evolução do ciclo PDCA para o PDCL

O ciclo PDCA foi criado por volta da década de 1920, por Walter Andrew Shewhart, conhecido como o inventor do controle estatístico da gestão de qualidade. Mas foi William Edward Deming que ficou conhecido pela melhoria contínua dos processos produtivos nos Estados Unidos. Durante a Segunda Guerra Mundial, Deming também se celebrizou pelo trabalho realizado com altos executivos no Japão, de onde disseminou para o mundo a utilização do PDCA. Por esse motivo, a partir da década de 1950 o ciclo PDCA passou a ser conhecido como Ciclo de Deming.

Durante muitos anos essa metodologia foi a referência para os sistemas de gestão em todo o mundo. Nesse meio tempo foi possível estudar, aprender, colocar em prática o funcionamento e aplicar as melhorias utilizando o ciclo PDCA no modelo de gestão de Continuidade de Negócios. Com a evolução do mercado e o maior aprendizado dos profissionais de Continuidade de Negócios, dos clientes e dos fornecedores, esse ciclo de gestão teve uma evolução natural para o modelo de gestão de *Plan* (planejar) – *Do* (fazer) – *Check* (verificar) – *Learn*, onde o A, de *Act* (agir), é substituído por L, de *Learn* (aprender).

Uma atividade relevante em qualquer processo é o aprendizado. Não basta que se tenham todas as informações necessárias disponíveis, deve-se saber o que fazer com essas informações. Desde o início do ciclo PDCL no planejamento, quando o conhecimento é colocado como forma de determinar as diretrizes a serem seguidas, passando pela execução e pela verificação ou auditoria, e especialmente chegando até a aprendizagem; sempre deve haver estudos, não somente do profissional de Continuidade de Negócios, mas de toda a organização.

A aprendizagem do ciclo tem como base a experiência adquirida na fase anterior. Cada um dos pontos do ciclo é direcionado ao próximo passo ou etapa seguinte. Sem aprender, não há como planejar; sem planejar, não há como executar; sem executar, não há como verificar e auditar; e sem verificar e auditar, não há o que aprender – demonstrando que se tudo é muito bem aprendido, planejado, executado e verificado ou auditado, consegue-se a melhoria contínua do SGCN (Sistema de Gestão de Continuidade de Negócios), visando sempre obter maior vantagem competitiva sobre os concorrentes.

Nessa nova metodologia, para fechar e iniciar um novo ciclo PDCL deve-se estar atento ao aprendizado obtido em todas as suas fases. Cada fase gera um resultado que deve ser aprendido, gerando conhecimento. Os pontos mais relevantes darão oportunidades de compreender realmente o que pode ser melhorado, evoluindo em todos os aspectos. Desse modo, é possível estabelecer o processo de melhoria contínua com foco no aprendizado e na disseminação de conhecimento.

O ciclo da metodologia de Gestão de Continuidade de Negócios será adaptado para ser utilizado o "A", de *Act*, e o "L", de *Learn*, em conjunto – assim, os benefícios de cada um são usufruídos de forma harmonizada.

A metodologia de Gestão de Continuidade de Negócios baseia-se no processo de melhoria contínua, denominado ciclo "PDCL" (*Plan – Do – Check – Learn*), conforme estabelecido pela Norma brasileira ABNT NBR ISO 22301, de acordo com a figura a seguir:

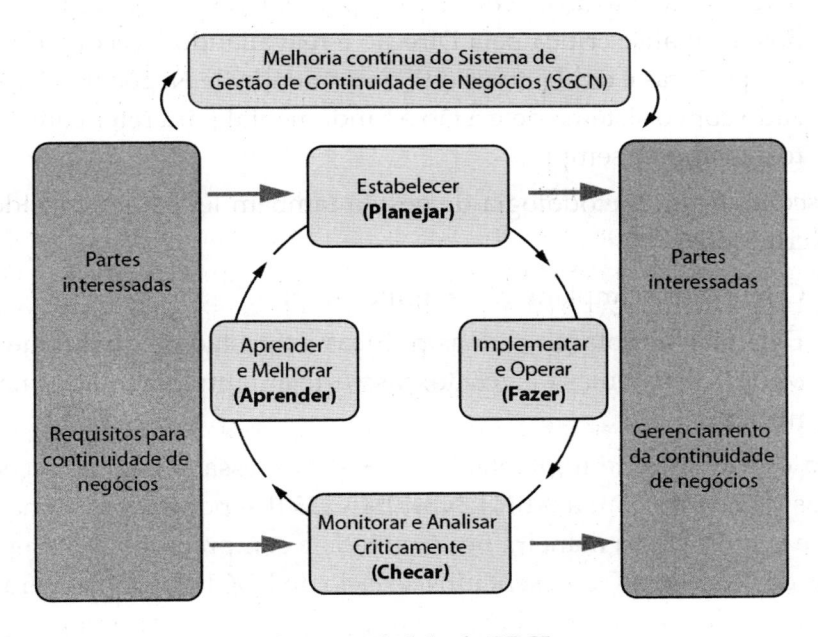

Figura 4. Modelo do PDCL.

Na estrutura do PDCL, cada uma das atividades pode ser descrita da seguinte forma:

- ✓ **Planejar (Estabelecer).** Estabelecer uma Política de Continuidade de Negócios com objetivos, metas, controles, processos e procedimentos pertinentes para a melhoria da CN de forma a ter resultados alinhados com os objetivos e as políticas gerais da organização.

- ✓ **Fazer (Implementar e Operar).** Implementar e operar a política de Continuidade de Negócios, controles, processos e procedimentos.

- ✓ **Checar (Monitorar e Analisar Criticamente).** Monitorar e analisar criticamente o desempenho em relação aos objetivos e à política de Continuidade de Negócios; reportar os resultados para a direção para análise crítica; e definir e autorizar ações de melhorias e correções.

- ✓ **Aprender (Aprender e Melhorar).** Aprender, manter e melhorar o SGCN tomando ações corretivas e preventivas, baseadas nos resultados da análise crítica pela Direção e reavaliando o escopo do SGCN e as políticas e os objetivos de Continuidade de Negócios. O aprendizado com o sistema de gestão é fundamental para reter conhecimento e melhorar sempre.

A escolha dessa metodologia de gestão também levou em consideração alguns critérios:

- ✓ O modelo de implantação é muito simples.

- ✓ É de fácil adaptação com as práticas de gestão de qualidade e com os outros sistemas de gestão, caso estejam implementados na organização.

Uma outra visão de implantação do SGCN – essa já com as seções numeradas de acordo com a ABNT NBR ISO 22301 – pode ser vista na forma gráfica a seguir. Dessa maneira fica facilitada a compreensão de como os requisitos da Norma são representados no ciclo do PDCL. De modo geral, cada produto gerado com as atividades de uma seção será a entrada para iniciar as atividades na próxima. Segue a figura:

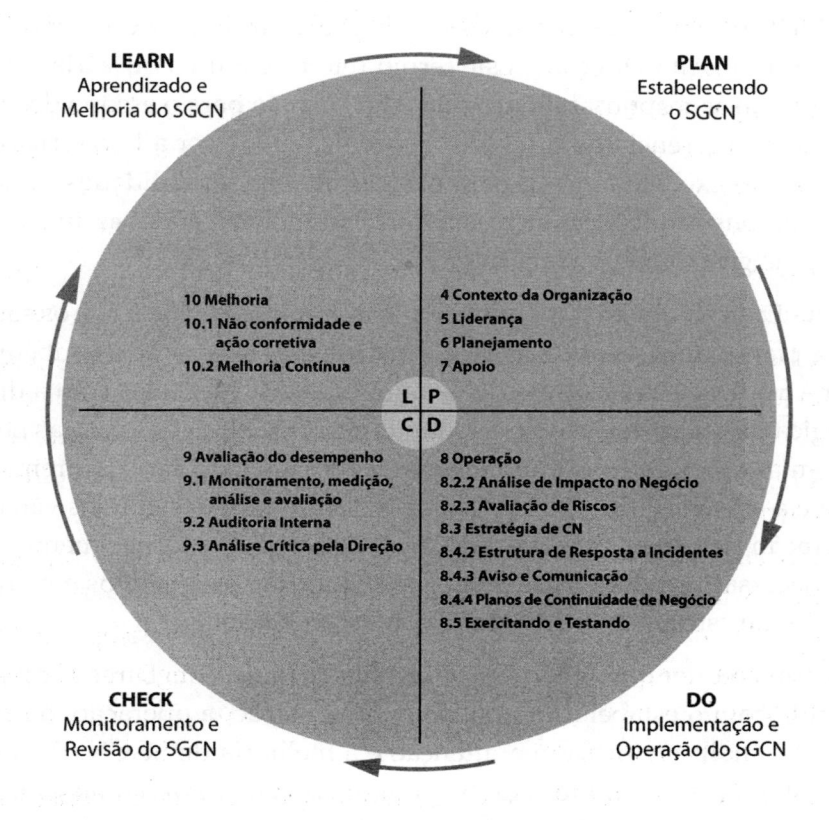

Figura 5. PDCL. Adaptado de acordo com as seções da ABNT NBR ISO 22301.

No modelo, o *Plan* (Estabelecendo o SGCN), o *Do* (Implementação e Operação do SGCN), o *Check* (Monitoramento e Revisão do SGCN) e o *Learn* (Aprendizado e Melhoria do SGCN) são exibidos na Figura 5 e as Seções de 4 a 10 desta Norma envolvem os seguintes componentes:

4 – Contexto da organização: esta seção contém o requisito mais amplo e o que norteia toda a implementação do sistema de gestão. Ela descreve como devem ser determinadas as questões internas e externas que são relevantes para a sua missão e visão e que afetam sua capacidade de alcançar o resultado pretendido pelo SGCN. Há uma nova nota que reforça a necessidade de compreender as expectativas das partes interessadas, inclusa na versão da ABNT NBR ISO 22301. A declaração do escopo da SGCN é o documento mais importante a ser produzido nesta seção.

5 – Liderança: etapa em que devemos procurar alinhar o entendimento sobre o termo "Alta Direção". Este termo refere-se a uma ou várias pessoas que exercerão as responsabilidades da Alta Direção para o escopo do SGCN. Pode ser uma gerência de uma área específica, pode ser a Diretoria ou um comitê criado exclusivamente para exercer as responsabilidades perante o SGCN, demonstrando liderança e comprometimento; sendo, assim, a cadeia imediata de gestão que poderá interferir no escopo do SGCN.

A Alta Direção deve estar envolvida com a política do SGCN e os seus objetivos e planos, fornecendo recursos e realizando revisões. Ela também deve alinhar a política e os objetivos de Continuidade de Negócios com a direção estratégica da organização e direcionar as responsabilidades para as pessoas apoiarem as ações de Continuidade de Negócios e para contribuírem com a eficácia e a eficiência do SGCN. As responsabilidades designadas vão desde a integração dos requisitos mandatórios da Norma, o fornecimento de recursos necessários para o SGCN, até assegurar que os objetivos e planos de continuidade estejam implementados na organização.

A Norma requer que se forneça evidência de que a Alta Direção está comprometida com o estabelecimento, a implementação, a operação, o monitoramento, a análise crítica, a manutenção e a melhoria do SGCN. Para tanto, vários critérios são definidos para validar essas evidências, como, por exemplo, prover recursos, definir os critérios de aceitação dos riscos, assegurar que aconteçam as auditorias etc.

6 – Planejamento: nesta seção se estabelecem os objetivos de Continuidade de Negócios, seus indicadores e princípios que orientarão o SGCN. Esses requisitos devem ser coerentes com a política de Continuidade de Negócios, pois eles definirão o nível mínimo de produtos e serviços aceitável para a organização durante uma interrupção nos seus processos de negócios, considerando as necessidades e a cultura da organização.

7 – Suporte: fase que descreve quais são as atividades de apoio e suporte para o SGCN. Relata que a organização deve determinar e prover recursos e competências necessárias das pessoas para o desempenho por intermédio da provisão de treinamento, educação e conscientização em Continuidade de Negócios. E determina que sejam implantadas atividades de comunicação internas e externas com todas as partes interessadas. A necessidade obrigatória de registros e evidências foi substituída por informações documentadas. Descreve-se detalhadamente como se deve criar, controlar, atualizar, armazenar e disponibilizar essas informações para quem necessita utilizá-las.

A Norma também prevê que os recursos a serem fornecidos devem ser suficientes para atender a determinados critérios. Não poderão faltar recursos para que se implementem os controles, se mantenha a documentação ou se executem as análises críticas, por exemplo.

A Norma também requer que a organização assegure que todo o pessoal envolvido no SGCN seja competente para desempenhar as tarefas requeridas – registros devem ser mantidos, e apresentados quando requeridos, para evidenciar este tópico. Ela deve determinar as competências necessárias, prover treinamento e capacitação, e avaliar se foi implementado esse requisito.

8 – Operação: esta seção descreve a implantação do planejamento operacional e o controle do SGCN. Nessa fase são descritas as atividades a serem executadas para implementar o SGCN e colocá-lo em operação conforme o planejado. Entre as atividades, destacam-se:

- ✓ Análise de Impacto no Negócio
- ✓ Avaliação de Riscos
- ✓ Estratégia de Continuidade de Negócios
- ✓ Planos de Continuidade de Negócios
- ✓ Exercícios e Testes dos Planos

9 – Avaliação de desempenho: este estágio requer que sejam implantados indicadores para medir a eficácia e eficiência dos controles implementados no SGCN, e que ocorram auditorias internas em intervalos planejados para avaliar o que foi implementado. O cuidado aqui é não confundir a auditoria interna com atividades de autoavaliação (ou "self-assessment", no jargão de auditoria). Este requisito se refere a uma auditoria interna formal planejada para ocorrer em ciclos estabelecidos e com plano de trabalho direcionado ao SGCN. Os registros dessas auditorias, os seus relatórios, devem ser mantidos e apresentados quando solicitados.

A Norma pede que haja um procedimento documentado sobre como planejar, executar e reportar essas auditorias, direcionando a execução dessa atividade para uma organização formal de auditoria interna ou por um prestador de serviço que siga esse procedimento documentado, assegurando objetividade e imparcialidade ao processo. É importante assegurar que, ao menos o líder dessa auditoria, quando executada, tenha certificação "Auditor Líder da Norma ABNT NBR ISO 22301". Recomenda-se que, caso essas auditorias internas sejam executadas pela organização, ela forme auditores nesta certificação.

Aqui é retomada a responsabilidade da Alta Direção, desta feita, relativa à análise crítica do SGCN pela Alta Direção. A Norma determina que se deve analisar criticamente o SGCN a intervalos planejados não superiores a um ano. Também determina que os resultados dessa(s) análise(s) crítica(s) sejam documentados e os registros mantidos.

A Norma descreve as entradas mínimas para essa análise crítica, bem como as saídas mínimas que a atividade deve prover. Preste atenção a este item.

10 – Melhoria: esta seção descreve as ações corretivas de não conformidades, apresentando diretrizes para controlar, corrigir e lidar com suas consequências e seu impacto. Esta etapa também trata da melhoria contínua, descrevendo a eficácia e eficiência do SGCN e a diretriz que a organização deve continuamente melhorar. Todas as ações descritas devem ter a sua informação documentada para posterior análise crítica e implantação das ações de melhoria contínua.

A Norma requer que a organização promova a melhoria do SGCN de forma continuada, buscando sempre a melhorar a sua eficácia e eficiência. Para tanto, devem ser executados planos de ações corretivas para eliminar continuamente causas de não conformidades identificadas, evitando sua repetição. Além disso, devem ser definidos procedimentos formais para implantação das ações corretivas.

1.4 Etapas do projeto de estruturação do SGCN

Conforme visto na Figura 5, o ciclo PDCL se torna uma ferramenta básica de gerenciamento do Sistema de Gestão de Continuidade de Negócios.

Para facilitar a implementação da estruturação do SGCN de acordo com o PDCL, será proposta uma estrutura de projeto baseada no modelo PMBOK®. São atividades de projeto coordenadas e sistemáticas que auxiliarão o gestor a acompanhar as etapas do trabalho de implementação.

As etapas do projeto descritas na Figura 6 apresentam uma sequência de atividades que precisam ser empreendidas para o sucesso do projeto de preparação e implementação do SGCN. Segue a figura:

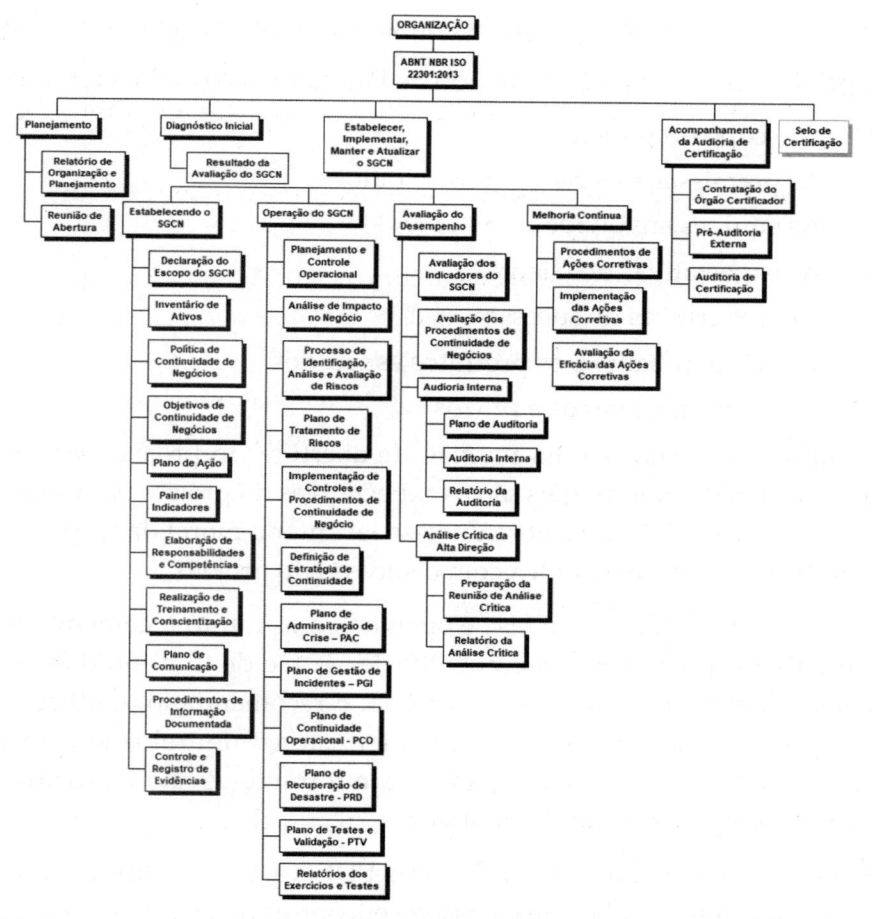

Figura 6. Etapas e produtos do projeto de estruturação do SGCN.

Os principais passos para implementação do Sistema de Gestão de Continuidade de Negócios são:

Planejamento – Nesta etapa é definido o detalhamento técnico do escopo do projeto e são alocados os recursos necessários para a implantação da ABNT NBR ISO 22301 ou simplesmente adequação de um SGCN em conformidade com a Norma. Aqui são definidos os prazos e principais marcos do projeto. Também é definida a forma de monitoramento e controle do projeto.

É importante destacar que o escopo do SGCN deve ser definido de acordo com a análise de toda a documentação pertinente, desde as plantas do prédio até entrevistas com os principais responsáveis pelos processos sabidos críticos e vitais, focando sempre nos processos que são mais críticos para a organização.

O produto desta etapa é o Relatório de Planejamento do Projeto, contendo:

- ✓ O escopo do projeto
- ✓ As premissas e os riscos considerados
- ✓ As equipes envolvidas
- ✓ As expectativas do cliente
- ✓ Fatores críticos de sucesso
- ✓ Plano de trabalho e os produtos esperados
- ✓ Cronograma, marcos e prazos

É importante realizar uma reunião de abertura do projeto para alinhar toda a equipe e delimitar quais são as expectativas do projeto para as pessoas e para a organização. Nessa hora deve-se levantar a moral da tropa e cobrar um comprometimento de todos com o sucesso do projeto.

Diagnóstico inicial – Esta fase é opcional, mas muito recomendada caso existam alguns processos e documentos de Gestão de Continuidade de Negócios implementados na sua organização. É recomendado um diagnóstico inicial, pois não será necessário dispender esforço de trabalho com documentos existentes. Pule esta etapa e siga em frente se não existir nenhum documento ou processo implementado.

Se você está acostumado com o ciclo PDCA para identificar pontos de melhoria contínua, já sabe que é possível encontrar lacunas em praticamente todos os documentos e controles implementados no sistema de gestão. Identificando lacunas, você pode criar um plano de ação para corrigir as falhas e seguir em frente na implementação do SGCN, até que uma nova lacuna apareça.

Após esse diagnóstico inicial, emite-se um relatório técnico com as lacunas a serem corrigidas, bem como riscos e oportunidades identificados no processo de averiguação. Esse documento ajudará bastante a equipe técnica na próxima etapa, pois mostrará qual o tamanho do desafio na implementação do seu SGCN.

Estabelecendo o SGCN – Esta etapa contém as fases iniciais de implementação do SGCN. Descreve o detalhamento do escopo, quais são as responsabilidades da Alta Direção, o que será planejado e quais são os objetivos de continuidade de negócios, além de quais são os recursos necessários para implementação do SGCN. Abrange as seções 4 – Contexto da Organização, 5 – Liderança, 6 – Planejamento e 7 – Apoio da Norma ABNT NBR ISO 22301.

Implementação e operação do SGCN – É o coração do SGCN, onde está o nível maior de esforço. É hora de colocar a mão na massa e implementar tudo que foi planejado na etapa anterior. Nesta fase os recursos são empregados e o SGCN entra em operação, trazendo benefícios para a organização.

Monitoramento e revisão do SGCN – Neste estágio ocorrem as atividades de verificação para avaliar se tudo que foi planejado na etapa de "Estabelecendo o SGCN" foi implementado e está em operação de forma correta na etapa de "Implementação e operação do SGCN". São realizadas análises críticas pela Alta Direção, verificação se os indicadores foram atingidos e auditoria interna para descobrir se todos os requisitos estão em conformidade com a Norma ABNT NBR ISO 22301.

Manutenção, melhoria e aprendizado do SGCN – Nesta etapa é realizada a melhoria contínua no SGCN. Para isso, é executado o plano de ação de melhorias com o devido tratamento de todas as não conformidades identificadas na fase de "Monitoramento e revisão do SGCN".

Acompanhamento de auditoria de certificação – Caso a organização queira, é possível se certificar na Norma ABNT NBR ISO 22301. Esta seção compreende dois momentos pré-auditoria e auditoria de certificação.

✓ A preparação para a pré-auditoria consiste em providenciar toda a logística necessária para realização da revisão preliminar pelo órgão certificador, instituição credenciada para certificar o SGCN – que já deve ter sido selecionado e contratado previamente. Esta é uma auditoria superficial, onde são verificadas as condições físicas e a informação documentada do SGCN, para avaliar se a organização está preparada para a auditoria de certificação. Após a realização da pré--auditoria será necessário definir um plano de ação (que são ações imediatas a serem executadas de modo a resolver as não conformidades ou conter seu efeito indesejado) para solucionar as discrepâncias identificadas pelos auditores externos de certificação. É entregue um relatório de pré-auditoria.

✓ A preparação para a Auditoria de Certificação consiste em providenciar a logística necessária para realização da auditoria pelo órgão certificador, que ocorre mais ou menos 1 a 2 meses após a pré-auditoria. Depende do plano de ação para corrigir as não conformidades do relatório de pré-auditoria, caso elas ocorram, para verificar a conformidade, a eficiência, a efetividade e a eficácia do SGCN. Após a realização da auditoria, caso ocorram não conformidades, será necessário apresentar disposições e plano de ação para as não conformidades encontradas pelo órgão certificador, visando a conquista do selo de certificação ABNT NBR ISO 22301.

O caminho usual para uma organização que deseja se certificar na Norma ABNT NBR ISO 22301 é o seguinte:

1. **Implementação do SGCN:** antes de ser auditado, um sistema de gestão deve estar em operação.

2. **Auditoria interna e análise crítica da Alta Direção:** antes que o SGCN possa ser certificado, deve ter tido pelo menos um relatório de auditoria interna e uma revisão de análise crítica.

3. **Seleção do organismo de certificação:** cada organização pode selecionar o organismo de certificação de sua escolha.

4. **Auditoria de pré-avaliação (opcional):** uma organização pode optar por fazer uma pré-auditoria para identificar qualquer lacuna possível entre o seu SGCN e os requisitos da Norma.

5. **Auditoria da fase 1:** revisão de conformidade do SGCN. O principal objetivo é verificar se o SGCN é projetado para atender aos requisitos da Norma e aos objetivos da organização. Isto é, recomenda-se que pelo menos uma parte da auditoria da etapa 1 seja realizada no local das instalações da organização.

6. **Auditoria da fase 2 (visita no local):** o objetivo da auditoria do estágio 2 é avaliar se o SGCN declarado está em conformidade com todos os requisitos da Norma; e se está realmente sendo implementado; e se pode suportar a organização na consecução dos seus objetivos. O estágio 2 ocorre nos ambientes físicos onde o Sistema de Gestão de Continuidade de Negócios está implementado.

7. **Auditoria de acompanhamento (opcional):** se o auditado tiver não conformidades que exijam auditorias adicionais antes de serem certificadas, o auditor realizará uma visita de acompanhamento para validar apenas os planos de ação vinculados às não conformidades (geralmente um dia).

8. **Confirmação do registro:** se a organização estiver em conformidade com as condições da Norma, o órgão certificador confirma o registro e entrega o certificado.

9. **Auditorias contínuas de melhoria e vigilância:** uma vez que uma organização está registrada, as atividades de vigilância são conduzidas pelo órgão de certificação para garantir que o SGCN ainda atenda à Norma. A vigilância das atividades deve incluir visitas no local (pelo menos 1 ano) que permitam verificar a conformidade do SGCN com os requisitos da Norma.

A maturidade de um Sistema de Gestão de Continuidade de Negócios é adquirida com as sucessivas rodadas do ciclo PDCL, cujo tempo de execução pode variar de acordo com a complexidade da organização.

Normalmente um ciclo completo de execução do PDCL dura até um ano – o tempo máximo considerado pela Norma para análise crítica do funcionamento do SGCN, citado na cláusula 9.3 "Analise crítica pela Direção" da Norma ABNT NBR ISO 22301.

1.5   O tamanho ideal de equipe de Gestão de Continuidade de Negócios

Todos sabem que um processo sem um responsável está fadado ao fracasso. Por isso trata-se de um fator crítico de sucesso determinar uma pessoa responsável pelo Sistema de Gestão de Continuidade de Negócios. Mas quem pode ser essa pessoa?

Para implementar um SGCN, primeiramente, a Alta Direção da organização deve estar comprometida com o sucesso desse empreendimento. Sem esse comprometimento, o processo como um todo se torna cansativo e custa a ter retorno, sem contar a má vontade da maioria dos funcionários em aderir à iniciativa. O SGCN deve ser aprovado pelo presidente da organização, mostrando, assim, comprometimento com o sucesso da iniciativa. Pelas boas práticas de gestão das organizações, é recomendado que essa ação seja tratada como um projeto, pois ela terá início e fim e será feita através de um planejamento.

Tendo o aceite da Alta Direção, o primeiro passo é nomear um responsável que poderá ser cobrado pelos resultados positivos (ou não) que proporcionará a médio e longo prazos. Essa pessoa, muitas vezes denominada CBCO, do termo em inglês *Chief Business Continuity Officer* (Chefe de Continuidade de Negócios), em algumas organizações tem a função de Diretor e deve estar subordinada diretamente ao presidente da organização.

Esse é um cargo de extrema confiança e requer um nível elevado de capacidade técnica e de diálogo com todas as áreas da organização. Essa função interfere em muitos aspectos e, principalmente, interfere em pessoas, na cultura e no poder que as pessoas têm dentro da organização. Esse profissional conhecerá e posteriormente tratará de informações críticas sobre o negócio, onde se ganha dinheiro, além de identificar os principais riscos aos quais a organização está suscetível, como ter prejuízos financeiros ou de imagem. Por isso, é desejável que ele tenha uma série de atributos. Entre eles:

- ✓ Conhecer os processos da organização, como se ganha dinheiro, quais são as pessoas-chave, quais são os principais fornecedores, quais são as principais ameaças e riscos, e todas as áreas da organização. Enfim, deve conhecer a fundo o negócio da organização.

- ✓ Conhecer as pessoas-chave e gostar de gente, pois lidará com diversos tipos de pessoas, desde a Diretoria na hora de aprovar os recursos para o SGCN até o pessoal de chão de fábrica na hora de executar um Plano de Continuidade de Negócios.

- ✓ Ter visão global e foco local, com conhecimentos amplos e genéricos sobre os temas Continuidade de Negócios, Segurança da Informação, Tecnologia da Informação, riscos, telecomunicações, entre outros.

✓ Tomar decisões por meio de Gestão de Riscos de acordo com o custo--benefício da implementação de controles.

✓ Ter uma boa capacidade de negociação entre os membros da equipe e os demais setores da organização.

✓ Capacidade para planejar e executar projetos críticos e complexos.

✓ Comunicar-se com facilidade.

✓ Relacionar-se com habilidade.

✓ Ter capacidade de liderança.

✓ Ser um agente de mudanças.

A visão global com foco local é importante para que o Chefe de Continuidade de Negócios consiga resolver as ações imediatas (de curto prazo), sem perder o foco nas ações de longo prazo.

Esse profissional deve ter capacidade de coordenação e de tomada de decisões. Muitas vezes, situações rotineiras devem ser tratadas no nível da gestão e devem ser tomadas as melhores decisões para a organização. Além disso, o CBCO deve ter capacidade de negociar com outras áreas para ganhar apoio dos gestores ao implantar Planos de Continuidade de Negócios. O Chefe de Continuidade de Negócios deve ter conhecimentos amplos e genéricos sobre Continuidade de Negócios e capacidade para gerir diversos projetos ao mesmo tempo.

Não existe número mágico de pessoas que devem trabalhar em uma equipe de Continuidade de Negócios ajudando o CBCO; cada organização tem a sua complexidade e seu tamanho. Por isso, cabe ao Chefe determinar a equipe ideal, solicitar e conseguir esses recursos humanos com a Alta Direção.

Como você já deve ter percebido, o SGCN tem responsabilidades muito claras sobre os deveres, as funções e as obrigações da Alta Direção. Portanto, recomenda-se que seja criado um Comitê de Continuidade de Negócios com o objetivo de assumir todas essas funções.

Esse comitê é um grupo formado com o propósito de tomar as decisões estratégicas, elaborar diretrizes para serem seguidas por todos, mostrar suporte e força para as decisões e deliberar sobre os aspectos que demandam o envolvimento da Alta Direção.

As funções e responsabilidades do Comitê de Continuidade de Negócios são descritas explicitamente nas cláusulas 5.2, 5.3, 5.4, 6.2 e 9.3 da ABNT NBR ISO 22301 e serão explicadas nos próximos capítulos. A seguir, o desenho de uma pirâmide com a hierarquia das equipes de Continuidade de Negócios.

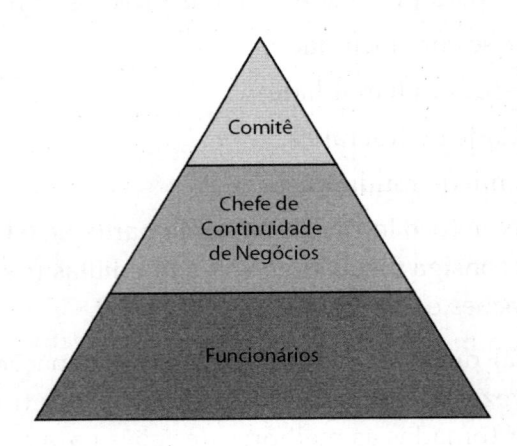

Figura 7. Dimensionamento da equipe do SGCN.

1.6 Instruções práticas para implementação do SGCN

Este item é muito importante, pois nele constam algumas instruções para tornar o entendimento tão fácil quanto possível da matéria deste livro e da implementação da obra seguindo suas instruções práticas, utilizando, para isso, os documentos modelos explicados detalhadamente a seguir. As instruções são:

✓ Algumas seções deste livro estão relacionadas com o mesmo número de uma determinada cláusula da ABNT NBR ISO 22301; a cláusula padrão está escrita no título de cada seção deste livro.

✓ Uma vez que os Capítulos 2, 3, 4 e 5 deste livro descrevem a implementação de cláusulas específicas da ABNT NBR ISO 22301, cada seção possui esses elementos:

➢ **Entradas e saídas:** quais são os artefatos e a informação documentada de entradas e saídas da seção que você precisa para implementar o requisito.

- Os requisitos de modo geral se conectam pelos resultados que produzem. É comum que a saída de um requisito se torne a entrada de outro requisito.

- As entradas e saídas na maioria das vezes são as informações documentadas, como um Plano de Continuidade de Negócios, registros ou controles implementados.

➢ **Como implementar:** você encontrará muita informação útil no item como implementar. São vários modelos de documentos prontos para serem adaptados para a sua organização. São documentos utilizados com sucesso no mundo real. Ao ler esses documentos é necessário observar que eles foram escritos para uma realidade de uma organização em um momento no tempo e de acordo com o escopo do trabalho específico. Mesmo assim, eles foram elaborados para não se partir do zero na implementação do SGCN. Portanto, para contribuir na sua implementação do SGCN, utilize-os sem parcimônia. São vários tipos de documentos, entre eles: lista de verificação, modelos de Planos de Continuidade, informação documentada obrigatória etc.

1.7 Resumo de estudo para a certificação Fundamentos em Gestão de Continuidade de Negócios

A seguir são descritos os tópicos deste capítulo que fazem parte da prova de certificação. O candidato deve:

✓ Compreender como funciona as seções da ABNT NBR ISO 22301.

✓ Entender como implementar as etapas do projeto de estruturação do SGCN.

✓ Entender o porquê de ter um responsável do SGCN com funções e responsabilidades, chamado de Chefe de Continuidade de Negócios.

✓ Entender quais requisitos devem constar no planejamento do SGCN.

Capítulo 2 – Estabelecer o SGCN

> "O pessimista vê dificuldade em cada oportunidade; o otimista vê oportunidade em cada dificuldade."
>
> **Winston Churchill**

2.1 Informação documentada – Cláusula 7.5

Entrada: documentos normativos em geral da organização.

Como todo sistema de gestão, o SGCN deve ser estruturado de acordo com a sua documentação. Essa é uma premissa básica: ter uma documentação estruturada, simples, escrita de forma concisa, que qualquer pessoa possa ler, entender e seguir as suas instruções. O SGCN é baseado em processos organizados com entradas e saídas, com documentação adequada e organizada. Quantas vezes você já viu pessoas em uma mesma equipe de trabalho executarem o mesmo processo de forma diferente, ocasionando resultados diferentes? Uma pessoa experiente deve executar as atividades melhor do que uma pessoa inexperiente, o que consequentemente gera resultados divergentes. Portanto, o controle e a documentação do processo servem para assegurar a eficácia e eficiência de seus resultados desejados.

A informação documentada do SGCN, no contexto das atividades de negócios globais, deve tornar visível o registro de decisões gerenciais, garantindo que as ações estejam alinhadas a decisões e políticas, e os resultados dos processos sejam registrados e reproduzíveis.

Os principais objetivos para que uma organização documente suas informações são:

✓ Reter e compartilhar o conhecimento organizacional com todas as pessoas. A única forma de tirar o conhecimento da cabeça das pessoas é documentar o que essa pessoa sabe.

✓ Padronizar a conformidade de processos, atividades, produtos e serviços. Assim, cada funcionário sabe como executar as suas funções e quais resultados são esperados da execução dessas funções e responsabilidades.

✓ Criar registros sobre o que está sendo executado na organização.

Seguindo essas diretrizes, a Norma padronizou toda a documentação do SGCN em informação documentada, considerada por definição toda informação que deva ser controlada e mantida por uma organização e o meio em que está contida, qualquer meio, em qualquer formato ou mídia de qualquer tipo.

Uma informação documentada pode se referir ao sistema de gestão, incluindo processos relacionados; informação criada para que a organização funcione (documentação); e evidência de resultados atingidos (registros).

O requisito 7.5.1 da cláusula da Norma fala sobre as generalidades da informação documentada:

✓ Informações documentadas requeridas (mandatórias) pela Norma ABNT NBR ISO 22301 (todos os requisitos mandatórios são descritos neste livro).

✓ Informações documentadas determinadas pela própria organização que sejam necessárias para a eficiência e eficácia do SGCN, ou seja, se você elaborou e publicou um documento válido, esse documento deve estar implementado gerando resultados e com evidências dessa implementação. Não basta apenas publicar um documento e não implementá-lo; isso gera uma não conformidade.

Muita gente pensa que os documentos mandatórios da Norma servem para burocratizar os processos ou para complicar a vida das pessoas. Mas se você é um consultor experiente, sabe que ela é uma das maneiras de assegurar uma base de fatos e dados consistentes para a tomada de decisões, e, dessa forma, a Norma já indica algumas informações importantes para que a sua organização evolua.

A extensão de informações documentadas para um SGCN pode ser diferente de uma organização para outra, devido:

✓ ao tamanho da organização e aos seus tipos de processos, atividades, produtos e serviços;

✓ à complexidade dos processos e suas interações; e

✓ à competência de pessoal.

Por último, e não menos importante, em se tratando de informação documentada, vale uma revisão sobre os termos e definições processuais utilizados na norma ABNT NBR ISO 22301:

✓ **Requisito de Norma** – Refere-se às seções de 4 a 10 da Norma.

✓ **"Norma"** *vs.* **"norma"** – Sempre que se referenciar à Norma, a palavra deve iniciar com "N" maiúsculo.

✓ **Documento** – Informação e seu meio físico ou digital (pode incluir papel, eletrônico ou até mesmo fotografia como evidência).

✓ **Informação documentada** – Informação necessária para ser controlada e mantida pelo SGCN – pode estar em qualquer formato ou em qualquer mídia. Por exemplo: procedimentos, registros, manuais, referências etc.

✓ **Estabelecido** – Deve estar implementado e definido em informação documentada.

✓ **Determinar** – Informações que devem estar inseridas em alguma informação documentada.

✓ **Procedimento** – Especifica uma maneira de realizar uma atividade ou um processo.

✓ **Procedimento documentado** – Significa que o procedimento deve ser estabelecido e mantido em meio digital ou físico. Um exemplo é um Plano de Continuidade de Negócios descrito como um procedimento documentado. Lembre-se: nem todos os procedimentos precisam ser documentados, somente os exigidos pela Norma.

A informação documentada provê evidências objetivas da conformidade com os requisitos da Norma ABNT NBR ISO 22301 e o funcionamento eficaz do SGCN.

Como implementar:

No momento da criação ou atualização, as informações documentadas deverão ser identificadas e descritas, por exemplo, com título, data, autor e número de referência. Além disso, o seu formato também deve ser descrito, incluindo sua linguagem, versão de software e gráficos, entre outros. Para implementar essas orientações da Norma, existem as seguintes recomendações:

✓ Utilizar uma lista mestra para identificar, organizar e manter o versionamento dos documentos de acordo com a sua numeração. O que muitas vezes acontece é que na própria organização os usuários não sabem qual a versão mais atual do documento. Ter uma lista servindo de um único ponto de contato para que os usuários procurem os documentos mais atualizados já diminui a possibilidade de dúvidas e erros cometidos com a utilização de documentação desatualizada (prevenção de uso não intencional de informações obsoletas). Isso garante que todos os funcionários lerão somente um único plano atualizado, quando for necessário.

✓ Utilizar um documento como referência de documentação, antigamente conhecido como "norma 0". Ele ensina como escrever documentos e descreve detalhadamente todos os requisitos que uma informação documentada deve ter: cabeçalho, numeração, nome do autor e aprovador, paginação, numeração do corpo do documento, registro de documentos etc.

✓ Aprovação e publicação dos documentos devem ser realizadas por alguém que tenha autoridade para isso. Essa definição de quem aprova quais documentos deve ser descrita e publicada. Quem aprova a publicação dos planos? Quem autoriza a publicação do documento de Análise de Impacto no Negócio? A recomendação é que a Alta Direção aprove a Política de Continuidade de Negócios, e que os outros documentos sejam aprovados por pessoas com hierarquia inferior, para não burocratizar a aprovação dos documentos, tornando assim morosa essa atividade.

✓ É recomendado ter um modelo de documento; desse modo, quem escreve uma norma ou procedimento deve utilizar esse documento como modelo.

Um software de gestão de documentos pode ser implementado para organizar todos os documentos, mas não é um fator crítico de sucesso. Ter um software de ferramentas de escritório como o Word, para elaboração de documentos, e o Excel, para organização da lista mestra, é suficiente.

É importante frisar que a informação documentada deve ser protegida e controlada como instrumento para a salvaguarda das informações organizacionais, visando a continuidade das operações e a confiança das partes envolvidas em seus processos, com o objetivo de garantir que estejam disponíveis e utilizáveis, quando e onde forem necessárias.

As informações documentadas requeridas pelo SGCN e pela Norma devem ser controladas para garantir:

✓ que estejam disponíveis e utilizáveis, quando e onde forem necessárias;

✓ que estejam protegidas adequadamente (por exemplo: perda de confidencialidade, uso impróprio ou perda de integridade).

Para fazer o controle de informações documentadas, a organização deve endereçar as seguintes atividades, onde aplicável: distribuição, acesso, recuperação e uso; armazenamento e preservação, incluindo preservação de legibilidade; controle de mudanças (por exemplo, controle de versão); retenção e disposição; recuperação e uso; preservação de legibilidade (por exemplo: escrita legível); e prevenção de uso não intencional de informações obsoletas.

A informação documentada pode ser encontrada em muitos lugares e meios, independentemente da mídia que for utilizada. Em papel, através de algum software, fita de *backup*, desenhos de processos ou desenhos industriais, plantas do ambiente físico, maquetes de projetos e até mesmo em fotografias para evidenciar a implantação de algum controle. Portanto, precisamos olhar para os documentos de outra forma. Os diversos formatos são flexíveis, ou seja, está claro que a informação pode estar documentada em qualquer meio. Essa documentação é a informação que deve ser controlada e mantida pela organização no formato em que ela está contida. Isso significa que se você decidir guardar uma informação documentada em fotografia, você terá que controlá-la e mantê-la neste formato, tomando todos os cuidados já citados e controles necessários para isso, ou seja, a fotografia deve ter todos os requisitos citados – um lugar adequado para guardar, identificar e ser fácil de encontrar.

Informações documentadas de origem externa determinada necessárias pela organização para o planejamento e a operação do SGCN devem ser identificadas, se apropriado, e controladas.

Todas as informações documentadas mandatórias devem seguir as orientações descritas neste item do livro. O seu SGCN, por isso, deve ter início na padronização das informações documentadas. Imagine o retrabalho de padronizar toda a documentação no meio da implementação do seu Sistema de Gestão de Continuidade de Negócios? Seria um grande esforço de trabalho desperdiçado.

Comece sempre com a padronização da sua documentação!!!

A seguir estão descritas algumas dicas importantes sobre a qualidade e quantidade de documentos do SGCN:

- ✓ **Leia a legislação.** Faça uma pesquisa sobre toda a legislação aplicável, pois assim garante que os documentos escritos para o SGCN não estão em desacordo com as leis e normas municipais, estaduais e federais.

- ✓ **Facilidade de armazenamento.** Dê preferência para o armazenamento eletrônico dos documentos, assim será de fácil acesso encontrar e usar o documento em um momento de crise.

- ✓ **Organização dos documentos.** Tenha em mente sempre a facilidade de utilização dos documentos, por isso uma lista mestra pode ser bastante útil para a organização de todos os documentos do SGCN.

- ✓ **Tamanho sensato de documentos.** Conserve um meio termo entre a quantidade e o tamanho dos documentos, mantendo somente o necessário.

Saídas e documentação mandatória: PR-SGCN-001 – Procedimento Documentado de Elaboração de Documentos do SGCN; PR-SGCN-002 – Procedimento Documentado de Controle de Registros do SGCN; Lista Mestra de Documentos do SGCN; Lista Mestra de Documentos de Origem Externa do SGCN.

A seguir são descritos os exemplos de procedimentos documentados da documentação mandatória do SGCN que pode implementar a cláusula 7.5 da Norma ABNT NBR ISO 22301.

Tabela 4. Exemplo de procedimento documentado de elaboração de documentos.

LOGOTIPO DA ORGANIZAÇÃO	Tipo: Procedimento Documentado	Código do Documento: PR – SGCN –001
Procedimento Documentado de Elaboração de Documentos do SGCN		**Autor:** Nome da pessoa ou grupo **Revisado em:** 10/01/2018 **Aprovador:** Nome da pessoa ou grupo **Versão:** 1.00 **Aprovação:** 10/02/2018

FINALIDADE

Definir os padrões visuais e de controle que devem ser adotados para a elaboração e revisão de documentação formal, também conhecida por informação documentada, aplicável ao Sistema de Gestão de Continuidade de Negócios – SGCN, bem como estabelecer os mecanismos de aprovação, publicação, divulgação, arquivamento e descontinuação desses documentos.

APLICABILIDADE

Aplica-se a todos os funcionários envolvidos na elaboração, manutenção, manipulação, publicação, divulgação e guarda de informação documentada referente ao SGCN.
Aplica-se também a todos os documentos pertencentes ao SGCN, independentemente de terem sido criados dentro da organização ou terem origem externa.

FUNÇÕES E RESPONSABILIDADES

Funcionários:
- Conhecer e cumprir as determinações estabelecidas neste documento.
- Elaborar uma informação documentada da sua área de trabalho caso seja solicitado pela Alta Direção.

Responsáveis pelas áreas ou setores na organização
- Elaborar os documentos mantendo a preservação de legibilidade (por exemplo: escrita legível).
- Revisar os documentos relativos aos processos de trabalho de suas áreas.
- Fornecer todas as condições para a implementação da informação documentada referente à sua área.

Chefe de Continuidade de Negócios:
- Manter atualizada a lista mestra de documentos.
- Elaborar os documentos mantendo a preservação de legibilidade (por exemplo: escrita legível).

- Custodiar os documentos recebidos, aprovados e autorizados para publicação.
- Assegurar que os documentos recebidos para publicação e guarda tenham sido devidamente aprovados e autorizados pelo Comitê de Continuidade de Negócios.
- Publicar o documento elaborado/mantido, assegurando o acesso de funcionários que dele farão uso.
- Controlar seus documentos, assegurando a disponibilização das versões mais atualizadas.
- Enviar ao Comitê de Continuidade de Negócios a informação documentada elaborada para a devida aprovação e posterior divulgação.
- Verificar a conformidade da informação documentada, de acordo com os requisitos deste documento.
- Revisar todos os procedimentos, planos e demais documentos do SGCN em até dois anos.

Alta Direção/Comitê de Continuidade de Negócios:
- Aprovar a informação documentada.
- Autorizar a publicação e divulgação dos documentos e informações documentadas do Sistema de Gestão de Continuidade de Negócios.
- Aprovar desvios e exceções às regras deste documento.

TERMOS E DEFINIÇÕES

As definições dos termos e expressões utilizados neste documento constam nos termos e definições das Normas ISO 22300, ABNT NBR ISO 22301 e ABNT NBR ISO 22313.

REGRAS E PROCEDIMENTOS

1 Aspectos gerais

Todas as operações dos processos críticos de negócios são suportadas por informações documentadas. Estas são percebidas na forma de:

- Informações documentadas: documentos que normatizem as atividades e orientem os colaboradores nas ações do dia a dia, tais como políticas, normas, procedimentos e/ou planos.

As informações documentadas devem ser elaboradas conforme as especificações descritas neste documento.

Para assegurar a integridade do documento, um cabeçalho deve ser inserido na primeira página. Já o rodapé de todas as páginas deve conter título, versão e paginação do documento, atendendo às especificações determinadas pelas diretrizes deste documento. Manuais, metodologias, planos, declarações e descrição de processos devem ter uma capa de identificação do documento no lugar de um cabeçalho.

Os acessos às informações documentadas devem ser protegidos e controlados, independentemente do meio de armazenamento (físico ou eletrônico) – pode ser alocado em gavetas e cofres e até mesmo utilizar controle de criptografia para as informações digitais.

As informações documentadas devem ser controladas para assegurar que estejam disponíveis e adequadas para uso, onde e quando necessário, e estejam protegidas adequadamente contra, por exemplo, uso indevido (confidencialidade), perda, dano ou troca de autoria (integridade) e impossibilidade de acesso (disponibilidade).

Os controles de segurança devem ser implementados em um sistema de documentação. Pode ser um sistema específico para gestão de documentos ou armazenados na rede interna com perfis de acesso delimitados, por exemplo: somente leitura, leitura e alteração e leitura restringida e todos os controles de segurança de rede ativados – para garantir os requisitos de segurança da informação, incluindo a rastreabilidade de quem acessou os documentos, quando foram alterados, modificação não autorizada ou deleção, incluindo os documentos na gestão de cópias de segurança para manter a disponibilidade, entre outros controles.

Nesse sistema de documentação, devem ser implementados controles de Segurança da Informação sobre os itens:

➤ Disponível e adequada para uso
  o Todos os documentos devem estar disponíveis e no formato adequado, em mídia eletrônica ou em papel, aos funcionários quando solicitado para contribuir na execução das tarefas do dia a dia.

➤ Distribuição, acesso, recuperação e uso
  o Distribuir e publicar o acesso ao documento para todos os funcionários que têm a necessidade de conhecê-lo para o desempenho de suas atividades.
  o Os funcionários devem receber treinamento para conhecer e saber onde os documentos estão disponíveis para uso.
  o A comunicação via e-mail através da qual o funcionário tem acesso a tal documentação para executar as suas atividades já pode ser considerada um tipo de distribuição. Para cada atualização dos documentos no sistema de documentação deve ser enviado um e-mail comunicando os funcionários.
  o Implementando esses controles fica mais fácil recuperar qualquer documento, pois, com a utilização do sistema de documentos, basta pesquisar por um documento para encontrá-lo rapidamente. O processo de cópias de segurança deve ser executado periodicamente.

➤ Armazenamento e preservação, incluindo preservação de legibilidade
  o A organização deve ter um local adequado para armazenar suas informações, para preservá-las; em se tratando de documentos eletrônicos esse local é o banco de dados do sistema de documentação. Tenha cuidado no armazenamento e na preservação de documentos físicos em papel, pois há uma probabilidade maior de danificá-los em virtude dos efeitos do clima e do tempo. A dica é tentar transformar todos os documentos físicos em documentos eletrônicos.

➤ Controle de mudanças (por exemplo, controle de versão) e prevenção de uso não intencional de informações obsoletas
  o O controle de versão está presente na lista mestra e em cada documento publicado. Isso demonstra uma melhoria contínua para o SGCN à medida que os documentos forem revisados. A dica é deixar publicado somente a última versão de cada documento, para não serem utilizados documentos obsoletos.

➤ Retenção e disposição
  o Significa reter os registros do SGCN e disposição de manter os documentos.
  o Incluir o prazo de validade para cada documento. Um prazo exequível é reter todos os registros por um período de cinco anos. Após esse período deve ser executado um descarte seguro dos registros.

Outros exemplos de controles de segurança incluem impedir que os documentos estejam comprometidos, modificados sem autorização apropriada (perda de integridade) e acidentalmente deletados (perda de disponibilidade).

O Chefe de Continuidade de Negócios deve garantir a coerência dos documentos elaborados e publicados. As diretrizes presentes em um documento não podem ser antagônicas em outro.

Informação documentada normativa doravante poderá ser chamada de "documentos normativos".

Todos os documentos devem ser cadastrados na lista mestra que está em anexo neste documento.

O Chefe de Continuidade de Negócios é responsável por revisar todos os procedimentos, planos e demais documentos do SGCN em até dois anos. Após a revisão os documentos devem ser enviados para o Comitê para aprovação e posterior publicação.

2 Informação documentada

Este item descreve como a informação deve ser controlada e mantida pela organização e o meio físico ou digital em que está contida a informação documentada.

Informação documentada pode se referir a: sistema de gestão, incluindo processos relacionados; informação criada para que a organização funcione (documentação); e evidência de resultados atingidos (registros).

A informação documentada deve ser elaborada em conformidade com os requisitos definidos por este documento.

2.1 Requisitos de preenchimento da informação documentada

2.1.1 Cabeçalho

O cabeçalho deve obedecer estrutura semelhante ao do exemplo a seguir, sendo obrigatório o preenchimento de todos os seus campos.

O cabeçalho deve possuir uma grade de duas linhas horizontais. A primeira linha horizontal deve ser dividida em três colunas. A segunda linha horizontal deve ser dividida em duas colunas, onde a primeira coluna equivale em tamanho às duas primeiras colunas da primeira linha (ver o exemplo a seguir). Essa estrutura produz então cinco blocos destinados a organizar os campos de informação do cabeçalho, conforme descrito a seguir:

LOGOTIPO DA ORGANIZAÇÃO	**Tipo:** Procedimento Documentado	**Código do Documento:** PR – SGCN – 001
Procedimento Documentado de Elaboração de Documentos do SGCN		**Autor:** Nome da pessoa ou grupo **Revisado em:** DD/MM/AAA **Aprovador:** Nome da pessoa ou grupo **Versão:** 1.00 **Aprovação:** DD/MM/AAA

Logotipo: deve estar posicionado no canto superior esquerdo e centrado, representado pela primeira coluna da primeira linha.

Tipo: ocupa o centro da primeira linha, representado pela segunda coluna. Deve ser preenchido com o descritivo do Tipo de documento em questão, centrado nesta célula, tanto vertical quanto horizontalmente. Os tipos aceitos são: Informação Documentada, Plano, Política de Continuidade de Negócios, Procedimento Documentado e Relatório.

Código do documento: posicionado no canto superior direito e centrado tanto vertical quanto horizontalmente, representado pela terceira coluna da primeira linha. Identificação única de cada documento deve respeitar a regra de formação XX-YYYY-NNN, onde:

XX corresponde a ABREVIATURA DO TIPO DE DOCUMENTO, podendo ser:

> ➤ **ID**: Informação Documentada, quando não se enquadrar em nenhum dos tipos a seguir.

> ➤ **PL**: Plano, podendo ser: Plano de Continuidade de Negócios, Plano de ação etc.
> ➤ **PO**: Política de Continuidade de Negócios
> ➤ **PR**: Procedimento Documentado
> ➤ **RE**: Relatórios de qualquer tipo, podendo ser: Relatório Análise e Avaliação de Riscos, Relatório de Análise de Impacto no Negócio, Relatório de Auditoria etc.

O YYYY corresponde ao **SISTEMA DE GESTÃO DE CONTINUIDADE DE NEGÓCIOS** – caso tenha outro sistema de gestão na organização, basta trocar o nome do sistema.

NNN corresponde ao **NÚMERO** do documento. Numeração em ordem crescente e sequencial dos documentos. Exemplo: 001

Exemplo de código do documento: ID – SGCN – 001

Título: título ou nome do documento. Deve ser inserido como o primeiro elemento da primeira coluna da segunda linha, alinhado à esquerda.

Autor: nome do autor ou do grupo de pessoas responsáveis por elaborar o documento. É o primeiro elemento da segunda coluna da segunda linha, alinhado à esquerda.

Revisado em: data da conclusão de edição do documento elaborado/revisado. Deve ser utilizado o formato DD/MM/AAAA, onde D, M e A correspondem a dia, mês e ano, respectivamente. Deve estar posicionado logo a seguir do "Autor", alinhado à esquerda da segunda coluna da segunda linha.

Aprovador: nome da pessoa ou do grupo de pessoas responsáveis pelo documento e que assegura o seu conteúdo, tecnicamente. Alinhado à esquerda da segunda coluna da segunda linha, deve estar posicionado logo a seguir de "Revisado em".

Versão: número que identifica a evolução do documento ao longo de sua vida. A regra de formação a ser respeitada é V.RR, onde:

- V corresponde a um **NÚMERO SEQUENCIAL** partindo de 1 e representa o número de versões até a presente data.
- RR corresponde a um **NÚMERO SEQUENCIAL** partindo de 01, podendo alcançar 99, e representa o número de revisões efetuadas na versão até a presente data.

Caso seja um novo documento que está sendo publicado, o número da versão deve ser 1.00. O caractere V deve ser acrescido de 1 sempre que uma alteração no documento acrescentar novas informações, novos parágrafos, novos conceitos e diretrizes ou quando o número RR estiver em 99.

O caractere RR deve ser acrescido de 1 sempre que uma alteração no documento for apenas uma correção, ajuste de formatos, não houver novos conteúdos, conceitos ou diretrizes.

Documentos descontinuados devem receber a letra "D" à frente do V, resultando em um número de versão como este: "D2.07".

Aprovação: data e nome do diretor ou unidade de negócio ou superior imediato do "autor" do documento, responsável pela sua aprovação. Na data deve ser utilizado o formato DD/MM/AAAA, onde D, M e A correspondem a dia, mês e ano, respectivamente.

2.1.2 Rodapé

Na área definida para o rodapé deve-se inserir o "Título", a "Versão" e a paginação do documento no formato "página atual/páginas totais". "Título" e "Versão" devem estar alinhados à esquerda e a paginação, à direita, conforme o exemplo:

"Relatório de Análise de Impacto no Negócio – Versão 1.00   1/10"

2.1.3 Corpo dos documentos

O corpo dos documentos normativos deve abordar ao menos os assuntos a seguir relacionados, respeitando o título de cada um:

Finalidade – Define a finalidade ou propósito do documento.

Aplicabilidade – Estabelece a abrangência, as áreas ou indivíduos onde aplica-se o documento.

Funções e Responsabilidades – Descreve as responsabilidades de cada indivíduo ou grupo de pessoas que seja agente ou participante do assunto abordado pelo documento.

Termos e Definições – Conceitua os termos pontuais a um determinado documento.

Regras e Procedimentos – Define, de forma abrangente, o que se recomenda ou deve ser feito, demonstrando um direcionamento sobre Continuidade de Negócios na organização. Além disso, descreve detalhadamente os processos e seus responsáveis ou a sequência de atividades (o "como deve ser feito") realizadas para se obter o resultado pretendido.

Referências – Relação de documentos ou referências bibliográficas que podem agregar informação ou suportar tecnicamente as diretrizes em pauta. Também podem ser incluídas as leis, regulamentações, políticas e procedimentos determinantes ou complementares ao assunto em pauta.

Anexos – Anexar qualquer dado extra que dê suporte ao entendimento do processo, como, por exemplo, tabelas, listas, fluxos, gráficos etc.

Caso o assunto de algum destes tópicos não seja aplicável ao documento em pauta, ele deve ser incluído da mesma forma e seu conteúdo deve ser "Não Aplicável".

Outros tópicos poderão ser acrescidos ao documento dependendo do seu tipo. Por exemplo, a Política de Continuidade de Negócios deve ter em seus tópicos as condições de desastres, objetivos de Continuidade de Negócios e penalidades no descumprimento da Política.

3 Validade dos documentos

Os documentos devem ser revisados e passar por atualização contínua sempre que houver alteração significativa no assunto abordado ou necessidade de correções ou em ciclos de prazo não superior a dois anos. Mesmo quando a revisão não resultar em nenhuma alteração, o número de revisão deve ser alterado e as datas atualizadas. Independentemente dessas revisões contínuas, pode ocorrer que o documento necessite ser descontinuado.

No caso em que um documento necessite ser descontinuado, o responsável deve assegurar:

➢ Comunicação aos usuários da informação da descontinuidade do documento, qual o seu substituto, ou se não há substituto.

➢ Remoção do documento do sistema de publicação de documentos em vigência.

➢ Inserção da letra "D" na numeração de versionamento do documento descontinuado.

➢ Guarda do documento descontinuado em área protegida por, pelo menos, cinco anos, quando se tratar de Documentos Normativos do SGCN, ou dois anos para Documentos Não Normativos, por exemplo, de registros de auditorias.

4 Controle de Informação Documentada

4.1 Requisitos de Controle de Documentos

4.1.1 Lista Mestra de Documentos

O Chefe de Continuidade de Negócios mantém uma Lista Mestra de Documentos do SGCN de todos os documentos emitidos – revisada sempre que um documento for acrescentado, descartado ou revisado. Nessa lista devem constar as seguintes informações:

➢ Código do Documento
➢ Título do Documento
➢ Área Responsável
➢ Tipo de Documento
➢ Formato
➢ Versão
➢ Elaborado/Atualizado por
➢ Revisado por

- ➤ Aprovado por
- ➤ Data de Aprovação
- ➤ Data de Publicação
- ➤ Vencimento
- ➤ Local de Armazenamento
- ➤ Cláusula da Norma ABNT NBR ISO 22301

De posse do original da informação documentada, o Chefe de Continuidade de Negócios faz o registro na Lista Mestra e libera sua distribuição.

O documento Lista Mestra de Documentos do SGCN deve ser mantido atualizado com as informações que comprovem essas ações.

4.1.2 Documentos de Origem Externa – Normas Técnicas (NBR, ISO etc.)

As normas técnicas originais devem ser arquivadas e custodiadas pelo Chefe de Continuidade de Negócios. Elas são controladas por meio de uma Lista Mestra de Documentos de Origem Externa, onde há a indicação da revisão e dos possuidores de cópias. Nessa Lista devem constar as seguintes informações:

- ➤ Código do Documento
- ➤ Título do Documento
- ➤ Tipo de Documento
- ➤ Formato
- ➤ Versão
- ➤ Revisado por
- ➤ Local de Armazenamento
- ➤ Cláusula da Norma ABNT NBR ISO 22301

A atualização das normas técnicas é feita anualmente por meio de consulta impressa no site <https://www.abntcatalogo.com.br/>.

A legislação aplicável é consultada diretamente no site do órgão emissor. A cada seis meses o Chefe de Continuidade de Negócios deve fazer uma pesquisa procurando por novas legislações aplicáveis à organização e atualizar a Declaração de Escopo do SGCN que contém a legislação aplicável, verificando eventuais alterações nas informações documentadas e qual o impacto dessas atualizações no Sistema de Gestão de Continuidade de Negócios.

4.1.3 Descarte Seguro de Documentos

Depois de decorrido o prazo de arquivamento ou a substituição do documento por um mais novo, a informação documentada do SGCN deve ser analisada pelo Chefe de Continuidade de Negócios que a mantém, decidindo sobre a transferência para o arquivo inativo ou a destruição segura desses documentos.

REFERÊNCIA NORMATIVA

ABNT NBR ISO 22301 – Cláusula 7.5 Informação Documentada
ABNT NBR ISO 22313 – Cláusula 7.5 Informação Documentada

ANEXOS

Anexo I – **Lista Mestra de Documentos do SGCN**
Anexo II – **Lista Mestra de Documentos de Origem Externa do SGCN**

Anexo I – Lista Mestra de Documentos do SGCN

Lista Mestra de Documentos do Sistema de Gestão de Continuidade de Negócios	Autor: Revisado em: Revisor: Aprovação: Versão:

Nº	Código	Título do Documento	Área Responsável	Tipo de Documento	Formato	Versão	Elaborado/ Atualizado por	Revisado por	Aprovado por	Data de Aprovação	Data de Publicação	Vencimento	Local de Armazenamento	Cláusula da Norma ABNT NBR ISO 22301
1	PR-SGCN-001	Procedimento Documentado de Elaboração de Documentos do SGCN	Chefe de Continuidade de Negócios	Procedimento	Eletrônico	1.00	Chefe de CN	Qualidade	Comitê				Rede Interna	7.5
2	PR-SGCN-002	Procedimento Documentado de Controle de Registros do SGCN	Chefe de Continuidade de Negócios	Procedimento	Eletrônico	1.00	Chefe de CN	Qualidade	Comitê				Rede Interna	7.5
3	ID-SGCN-003	Declaração de Escopo do SGCN	Chefe de Continuidade de Negócios	Informação Documentada	Eletrônico	1.00	Chefe de CN	Qualidade	Comitê				Rede Interna	4.1, 4.2, 4.3, 4.4
4	PO-SGCN-004	Política de Continuidade de Negócios	Chefe de Continuidade de Negócios	Política	Eletrônico	1.00	Chefe de CN	Qualidade	Comitê				Rede Interna	5.3
5	PL–SGCN-005	Plano de Ação de Continuidade de Negócios	Chefe de Continuidade de Negócios	Procedimento	Eletrônico	1.00	Chefe de CN	Qualidade	Comitê				Rede Interna	6.2

Nº	Código	Título do Documento	Área Responsável	Tipo de Documento	Formato	Versão	Elaborado/ Atualizado por	Revisado por	Aprovado por	Data de Aprovação	Data de Publicação	Vencimento	Local de Armazenamento	Cláusula da Norma ABNT NBR ISO 22301
6	PR-SGCN-006	Procedimento Documentado de Competências, Treinamento e Conscientização de pessoas envolvidas no SGCN	Chefe de Continuidade de Negócios	Procedimento	Eletrônico	1.00	Chefe de CN	Qualidade	Comitê				Rede Interna	7.2, 7.3
7	PL-SGCN-007	Plano de Comunicação do Sistema de Gestão de Continuidade de Negócios	Chefe de Continuidade de Negócios	Plano	Eletrônico	1.00	Chefe de CN	Qualidade	Comitê				Rede Interna	7.4
8	PL-SGCN-008	Planejamento e Controle Operacional do Sistema de Gestão de Continuidade de Negócios	Chefe de Continuidade de Negócios	Plano	Eletrônico	1.00	Chefe de CN	Qualidade	Comitê				Rede Interna	8.1
9	PR-SGCN-009	Procedimento Documentado de Análise de Impacto no Negócio	Chefe de Continuidade de Negócios	Procedimento	Eletrônico	1.00	Chefe de CN	Qualidade	Comitê				Rede Interna	8.2.2
10	PR-SGCN-010	Procedimento Documentado de Gestão de Riscos	Chefe de Continuidade de Negócios	Procedimento	Eletrônico	1.00	Chefe de CN	Qualidade	Comitê				Rede Interna	8.2.3
11	PR-SGCN-011	Procedimento Documentado de Estratégia de Continuidade de Negócios	Chefe de Continuidade de Negócios	Procedimento	Eletrônico	1.00	Chefe de CN	Qualidade	Comitê				Rede Interna	8.3

Nº	Código	Título do Documento	Área Responsável	Tipo de Documento	Formato	Versão	Elaborado/ Atualizado por	Revisado por	Aprovado por	Data de Aprovação	Data de Publicação	Vencimento	Local de Armazenamento	Cláusula da Norma ABNT NBR ISO 22301
13	PL-SGCN-012	Plano de Administração de Crises	Chefe de Continuidade de Negócios	Plano	Eletrônico	1.00	Chefe de CN	Qualidade	Comitê				Rede Interna	8.4.3
12	PL-SGCN-013.	Plano de Gerenciamento de Incidentes	Chefe de Continuidade de Negócios	Plano	Eletrônico	1.00	Chefe de CN	Qualidade	Comitê				Rede Interna	8.4.2
14	PL-SGCN-014	Plano de Continuidade Operacional	Chefe de Continuidade de Negócios	Plano	Eletrônico	1.00	Chefe de CN	Qualidade	Comitê				Rede Interna	8.4.4
15	PL-SGCN-015.	Plano de Recuperação de Desastres	Chefe de Continuidade de Negócios	Plano	Eletrônico	1.00	Chefe de CN	Qualidade	Comitê				Rede Interna	8.4.4 e 8.4.5
16	PL-SGCN-016	Plano de Teste e Validação	Chefe de Continuidade de Negócios	Plano	Eletrônico	1.00	Chefe de CN	Qualidade	Comitê				Rede Interna	8.5
17	PR-SGCN-017	Procedimento Documentado de Auditoria Interna	Auditoria Interna	Procedimento	Eletrônico	1.00	Chefe de CN	Qualidade	Comitê				Rede Interna	9.2
18	PR-SGCN-018	Procedimento Documentado Análise Crítica pela Alta Direção	Chefe de Continuidade de Negócios	Procedimento	Eletrônico	1.00	Chefe de CN	Qualidade	Comitê				Rede Interna	9.3
19	PR-SGCN-019	Procedimento Documentado de Tratamento de Não Conformidades e Ações Corretivas	Chefe de Continuidade de Negócios	Procedimento	Eletrônico	1.00	Chefe de CN	Qualidade	Comitê				Rede Interna	10.1 e 10.2

A partir de agora, cita-se sempre o nome dos documentos do SGCN de acordo com o código desta Lista Mestra para orientar a padronização de documentação conforme as orientações da cláusula 7.5 da Norma ABNT NBR ISO 22301.

Anexo II – Exemplo de Lista Mestra de Documentos de Origem Externa do SGCN

	Lista Mestra de Documentos de Origem Externa do SGCN

Nº	Código	Título do Documento	Custodiante do Documento	Tipo de Documento	Formato	Versão	Revisado por	Local de Armazenamento	Cláusula da Norma ABNT NBR ISO 22301
1									
2									
3									

Tabela 5. Exemplo de Procedimento Documentado de Controle de Registros.

LOGOTIPO DA ORGANIZAÇÃO	Tipo: Procedimento Documentado	Código do Documento: PR – SGCN –002
Procedimento Documentado de Controle de Registros e Evidências do SGCN.		**Autor:** Nome da pessoa ou grupo **Revisado em:** 10/01/2018 **Revisor:** Nome da pessoa ou grupo **Versão:** 1.00 **Aprovação:** 10/02/2018
FINALIDADE		
Descrever como os registros e evidências devem ser elaborados, a forma como devem ser identificados, acessados, armazenados e mantidos, além de como as informações são coletadas.		

APLICABILIDADE

Aplica-se a todos os funcionários envolvidos no tratamento de registros e evidências do SGCN.

FUNÇÕES E RESPONSABILIDADES

Funcionários:
- ➢ Gerar os registros necessários ao SGCN.
- ➢ Enviar os registros para o Chefe de Continuidade de Negócios.

Responsáveis pelas áreas ou setores na organização:
- ➢ Enviar os registros e as evidências, quando for solicitado.

Chefe de Continuidade de Negócios:
- ➢ Coletar os registros e evidências.
- ➢ Quando for o caso, solicitar às áreas da organização o envio dos registros e evidências dos controles implementados.
- ➢ Reter, manter e controlar os seus respectivos registros e evidências, necessários ao SGCN.
- ➢ Evidenciar a implementação dos requisitos de Continuidade de Negócios, quando solicitado.
- ➢ Comunicar e consultar as partes interessadas sobre os envios dos registros e evidências.

TERMOS E DEFINIÇÕES

Documento – Informação e o meio no qual ela está contida.
Evidência – É o conjunto de fatos comprovados, suficientes, competentes e pertinentes ao escopo do SGCN.
Registro – Ação de registrar o resultado de uma ação, atividade ou controle implantado.

REGRAS E PROCEDIMENTOS

1 Aspectos gerais
Todas as operações dos processos críticos de negócios são suportadas por informações documentadas. Estas são percebidas na forma de:
- ➢ Informações documentadas: documentos que normatizem as atividades e orientem os colaboradores nas ações do dia a dia, tais como políticas, normas, procedimentos e/ou planos.

As informações documentadas devem ser elaboradas conforme as especificações descritas neste documento.

2 Identificação
Todo registro e evidência do SGCN deve ser datado e indicar claramente o produto ou processo envolvido, podendo ser identificado, através de um título, código, descrição etc.
Para atender aos requisitos de informação documentada do Sistema de Gestão de Continuidade de Negócios, registros e evidências devem ser criados de acordo com a numeração da Norma ABNT NBR ISO 22301, conforme descrito a seguir.

Código do Documento: XX.YYY.NNN, onde:

XX corresponde à ABREVIATURA DO TIPO DE DOCUMENTO, podendo ser:

- ➤ **RG**: Registro.
- ➤ **EVD**: Evidência.

O YYY corresponde a cláusula da ABNT NBR ISO 22301 com três algarismos. Exemplo: 8.2.3

NNN corresponde ao NÚMERO do documento. Numeração em ordem crescente e sequencial dos documentos. Exemplo: 001

Exemplo de Nome e código de registro:

EVD. 8.2.3.001 – Resultados da Análise e Avaliação de Riscos

3 Armazenamento

Os registros podem ser armazenados em meio físico ou eletrônico.

- a) Registros em meio físico: armazenados em locais protegidos e de acesso controlado.
- b) Registros em meio eletrônico: armazenados no sistema de documentação.

Os registros do SGCN em meio físico são armazenados em locais apropriados e trancados, tais como armários, arquivos, gavetas, cofres, entre outros. Cada registro possui um custodiante responsável por sua guarda e controle de acesso.

Os registros devem ser legíveis e armazenados e preservados de tal forma que possam ser prontamente recuperados, em instalações que ofereçam ambiente adequado, para prevenir danos, deterioração ou perda.

Os registros do SGCN em meio eletrônico são armazenados no sistema de documentação.

4 Proteção

O acesso aos registros e às evidências deve ser protegido e controlado, independentemente do meio de armazenamento (físico ou eletrônico).

O controle de acesso aos registros e evidências deve ser realizado visando o princípio da necessidade de conhecer.

5 Recuperação e Retenção

Os registros armazenados em meio eletrônico são recuperados através de *backup* realizado pela equipe responsável.

6 Descarte

Após o período de retenção dos registros e evidências, que é de dez anos, ou de acordo com a legislação aplicável, estes devem ser descartados.

7 Formulário de Controle de Registro e Evidência

O controle de registros é efetuado por meio do Formulário de Controle de Registro e Evidência e está organizado de acordo com a descrição a seguir:

Área/Setor – Informar o nome da área ou setor onde o registro é gerado.

Origem – Identificar o procedimento documentado ou requisito da Norma ABNT NBR ISO 22301 ou nome de uma entidade externa no qual o registro está associado.

Nome – Informar nome e código do registro.

Descrição – Inserir uma descrição sucinta do registro.

Responsável – Informar a pessoa ou grupo de pessoa que é responsável por elaborar, coletar, identificar e armazenar o registro corretamente.

Frequência – Informar a frequência com que esse registro deve ser coletado; semanalmente, mensal, anualmente ou quando solicitada a sua coleta (sob demanda).

Acesso – Informar a pessoa ou grupo de pessoas que dispõe de perfil de acesso para consultar ou copiar o registro.

Local de Armazenamento – Informar como acessar o registro no sistema de informação, na rede interna ou em local físico em que está armazenado o registo.
Meio – Informar como o registro é armazenado (papel, cópia em papel, meio eletrônico etc.).
Tempo mínimo de retenção – Informar o período de tempo pelo qual o registro deve ser armazenado e mantido disponível para consulta. O tempo de retenção depende essencialmente de sua utilização. Caso seja exigido pelos clientes, os registros devem ser mantidos pelo tempo especificado em contrato, independentemente da definição estabelecida na documentação da qualidade. Caso haja exigência legal, como, por exemplo, registro ligado ao Departamento Pessoal, essas regras devem ser informadas no Formulário de Controle de Registro e Evidência.
Descarte – Informar o que fazer com o registro após o tempo de retenção (descarte, *backup*, arquivo morto etc.).

REFERÊNCIA NORMATIVA

ABNT NBR ISO 22301 – Cláusula 7.5 Informação Documentada
ABNT NBR ISO 22313 – Cláusula 7.5 Informação Documentada
PR-SGCN-001 – Procedimento Documentado de Elaboração de Documentos do SGCN

ANEXOS

Anexo I – **Formulário de Controle de Registros e Evidências**

Formulário de Controle de Registro e Evidência										
Área/ Setor	Origem	Nome	Descrição	Responsável/ Custodiante	Frequência	Acesso	Local de Armazenamento	Meio	Tempo mínimo de retenção	Descarte

2.2   Qual o negócio da sua organização? – Cláusula 4

Entradas: missão e visão da organização, procedimentos e manuais, toda a legislação aplicável e contratos com fornecedores e com clientes.

Um negócio pode ser definido como a essência do que a organização faz, como ela produz riqueza, o que é produzido e entregue para seus clientes. Em outras palavras, é o algo de valor que a organização oferece às suas partes interessadas.

Para começar, é importante que se saiba responder a principal pergunta: o que a minha organização faz?

Uma dica é começar entendendo como é o organograma, quais são as diretorias, os departamentos, qual a missão dessas áreas, quais são as atividades diárias e mensais, ou seja, deve-se entender quais são os processos e quais são os resultados desses processos.

Aqui o mapeamento de processos se torna fundamental. Esse é o pontapé inicial do seu SGCN, pois ele possibilita identificar, entender e compreender todos os processos produtivos de uma organização de modo a determinar os seus pontos fortes e fracos. A partir disso, é possível realizar a otimização desses mesmos processos, das atividades e tarefas, maximizando sua eficiência e eficácia, reduzindo os custos e as despesas e aumentando a performance.

Na modelagem de processos, uma das principais ferramentas utilizadas por consultores experientes é o fluxograma – um tipo de diagrama onde, com uma representação esquemática, são detalhados os processos, suas atividades e seus produtos, envolvendo diversos atores organizacionais no exercício de suas funções e atribuições.

Já se falou da importância da documentação. Agora é o momento de dar vida a essa documentação através do mapeamento de processos. Esse é um artefato que acompanhará toda a implementação, execução, monitoração e melhoria contínua do SGCN. Portanto, será utilizado como entrada de algumas atividades importantes, conforme descrito nos próximos capítulos.

Quando se fala em compreender e entender de fato o contexto interno e externo de uma organização, quer-se dizer basicamente duas coisas:

1. Identificar e mapear o que pode afetar a organização, positivamente e negativamente, e de forma interna e externa.
2. Definir qual pessoa, grupos de pessoas ou instituições podem influenciar significativamente o que a organização faz e o que essas pessoas querem.

O primeiro abrange compreender as condições da legislação, TI e inovação, segurança, diferencial competitivo, mercado consumidor interno e externo, questões culturais, sociais e ambiente econômico onde a organização está inserida.

Pode-se compreender a relação entre as partes interessadas, onde há um objetivo específico de relacionamento que gere algum tipo de lucro, tangível ou intangível, por exemplo: clientes, acionistas, funcionários, fornecedores, entre outros.

Os termos contidos nessa seção serão detalhados nos próximos itens.

2.2.1   Entendendo a organização e seu contexto – Cláusula 4.1

Já pensou qual é o contexto interno da sua organização?

Faça esse exercício de pensamento.

Pense mais um pouco, respondendo essas perguntas:

✓   Você sabe qual é o principal mercado onde a organização atua?

✓   Como é desenvolvido e vendido o produto ou o serviço que a organização vende?

✓   Quais são os serviços, produtos, projetos que a organização está produzindo?

✓   Você conhece todos os departamentos e áreas da organização?

✓   Existe um organograma publicado?

✓   Você conhece os clientes e o público-alvo da organização?

✓   Conhece todas as localizações físicas (nacional e internacional) da organização?

✓   Quem são seus principais prestadores de serviços, parceiros e fornecedores? Quais serviços eles fornecem para a organização?

Para responder às perguntas é necessário executar um levantamento de informações e dados dos ativos materiais, financeiros, tecnológicos e humanos que estão disponíveis internamente na sua organização e saber quais desses ativos precisam ser adquiridos de fornecedores para que a organização seja capaz de executar seus processos de forma plena conforme planejado.

Sem identificar e mapear quais são esses ativos, você ficará sem compreender como entregar os produtos ou serviços que as partes interessadas solicitam para a sua organização.

A análise e a apreciação do contexto interno da organização podem incluir, se forem relevantes, os fatores a seguir:

- ✓ Produtos, serviços e projetos, processos de negócio, atividades de trabalho, ativos de informação, parceiros de cadeias de suprimentos, prestadores de serviços e relacionamentos com partes interessadas.

- ✓ As competências em termos de ativos de informação e conhecimento, por exemplo, de pessoas, processos, sistemas de informação e qualquer tipo de tecnologia.

- ✓ Qualquer tipo de sistemas de informação utilizados nos processos de negócios, fluxos de informação e ferramentas de tomada de decisão e autoridade da Alta Direção de acordo com o organograma oficial da organização.

- ✓ Todas as partes interessadas, ou seja, as pessoas que podem afetar ou ser afetadas pelo projeto do SGCN.

- ✓ Toda a legislação aplicável à organização, leis, políticas, decretos, resoluções, incluindo normas, boas práticas e modelos de documentos que são adotados pela organização.

- ✓ A cultura organizacional, incluindo as suas percepções, valores e crenças, de acordo com a missão e visão da organização.

- ✓ Princípios de gestão de riscos, incluindo as oportunidades e ameaças futuras e prioridades de negócios.

- ✓ Planejamento estratégico, planos de ação e objetivos, e todas as ações estratégias que estão em vigor.

- ✓ Organograma publicado da organização, incluindo infraestrutura dos seus departamentos, áreas, funções e responsabilidades.

Se no contexto interno se olha para dentro, no contexto externo olha-se para fora, para fora mesmo, não apenas do outro lado da rua ou na sua cidade, estado, país – nesse mundo cada vez mais globalizado até o que acontece do outro lado do planeta pode afetar a sua organização.

A análise e a apreciação do contexto externo da organização podem incluir, se forem relevantes, os fatores a seguir:

- ✓ Toda a legislação pertinente que a organização deve cumprir, incluindo políticas, normas, resoluções, leis etc.

✓   Todo o ambiente cultural, social, financeiro, tecnológico, econômico, independentemente se for municipal, nacional, federal e internacional. Hoje em dia os concorrentes estão ao redor do mundo com a globalização.

✓   Mais uma vez, todos os prestadores de serviços, parceiros e fornecedores da cadeia de fornecimento de serviços, pois um incidente neles pode deixar de fornecer um recurso crítico para o processo de negócios da organização e ocasionar um incidente de interrupção.

✓   Conhecimento e entendimento sobre as principais ameaças e oportunidades que a organização pode despertar em médio e longo prazos.

✓   Fatores e tendências que podem afetar os objetivos de negócios.

✓   Identificação e mapeamento de todas as percepções, valores e crenças das partes interessadas de fora da organização.

Ao determinar os contextos internos e externos relevantes, minimizam-se os erros de planejamento e de desenho dos processos de Gestão de Continuidade de Negócios que possam levar a uma interrupção não tolerada em operações, produtos e serviços da organização, ou à não conformidade com requisitos legais ou regulatórios aplicáveis, aumentando a capacidade de a organização alcançar os resultados pretendidos do seu Sistema de Gestão de Continuidade de Negócios.

Nesse momento é recomendado consultar as pessoas mais experientes na organização que já passaram por muitos acontecimentos. São essas experiências vividas que agregam informações fidedignas para a identificação do contexto externo, pois não é nada fácil compreender assuntos tão específicos, como a legislação aplicável, fatores políticos, culturais, sociais, econômicos, tecnológicos, entre outros, que poderão afetar a capacidade da organização de alcançar os resultados desejados com os seus processos de negócio.

Para auxiliar no processo de definição do contexto interno e externo, assim como as partes interessadas da organização, você pode usar uma ferramenta como o SWOT (ferramenta direcionada para analisar cenários a partir de forças, fraquezas, oportunidades e ameaças) e extrair as principais diretrizes da organização e seus objetivos estratégicos.

Essa análise de cenário se divide entre ambientes interno e externo.

As forças e fraquezas são determinadas pela posição atual no momento da análise da organização e se relacionam, quase sempre, a fatores internos.

Já as oportunidades e ameaças são antecipações do futuro e estão sempre relacionadas a fatores externos da organização.

Para finalizar a importância da análise de SWOT, um pensamento de Sun Tzu, no livro "A Arte da Guerra": "concentre-se nos pontos fortes, reconheça as fraquezas, agarre as oportunidades e proteja-se contra as ameaças".

Feita essa análise de cenário, é extraída uma documentação com o contexto interno e externo da organização. Assegure que a organização identifique e documente suas atividades, funções, serviços, produtos e parcerias, bem como cadeias de suprimentos, relacionamento com partes interessadas e o impacto potencial relacionado a um incidente de interrupção.

Nessa análise não pode faltar a descrição da importância de cumprir os requisitos legais e regulatórios. Esses requisitos podem ser do contexto interno da organização, uma norma interna ou procedimentos, e podem também ser de contexto externo – uma lei que deve ser seguida ou um contrato com os seus clientes e fornecedores. Por isso é de suma importância que a organização demonstre que os requisitos especificados relativos a um produto, processo ou sistema estão sendo atendidos e precisam ser atendidos. O SGCN pode contribuir para que a conformidade seja cumprida. Uma dica é incluir uma lista de requisitos legais e regulatórios como informação documentada na Declaração do Escopo do SGCN.

Além disso, deve-se assegurar que se identifique e documente o relacionamento entre a Política de Continuidade de Negócios e outras políticas e objetivos da organização, incluindo a sua estratégia geral de gestão de riscos e o seu apetite aos riscos.

2.2.2 Entendendo as necessidades e expectativas das partes interessadas – Cláusula 4.2

Conforme dito nas seções anteriores deste livro, parte do entendimento do contexto interno e externo é a descrição formal de quem são as partes interessadas, quais são as pessoas de maior interesse e influência nos processos de negócio da organização, como: clientes, funcionários, acionistas, sociedade, sindicatos, governos, fornecedores, concorrentes, expectativas e interesses públicos e/ou da comunidade (quando apropriados), entre outros, e como elas podem afetar os processos de negócio e os resultados que a sua organização deseja alcançar.

A seguir, uma figura extraída da Norma ABNT NBR ISO 22313 que exemplifica graficamente uma organização e todas as suas partes interessadas e a equipe de Continuidade de Negócios.

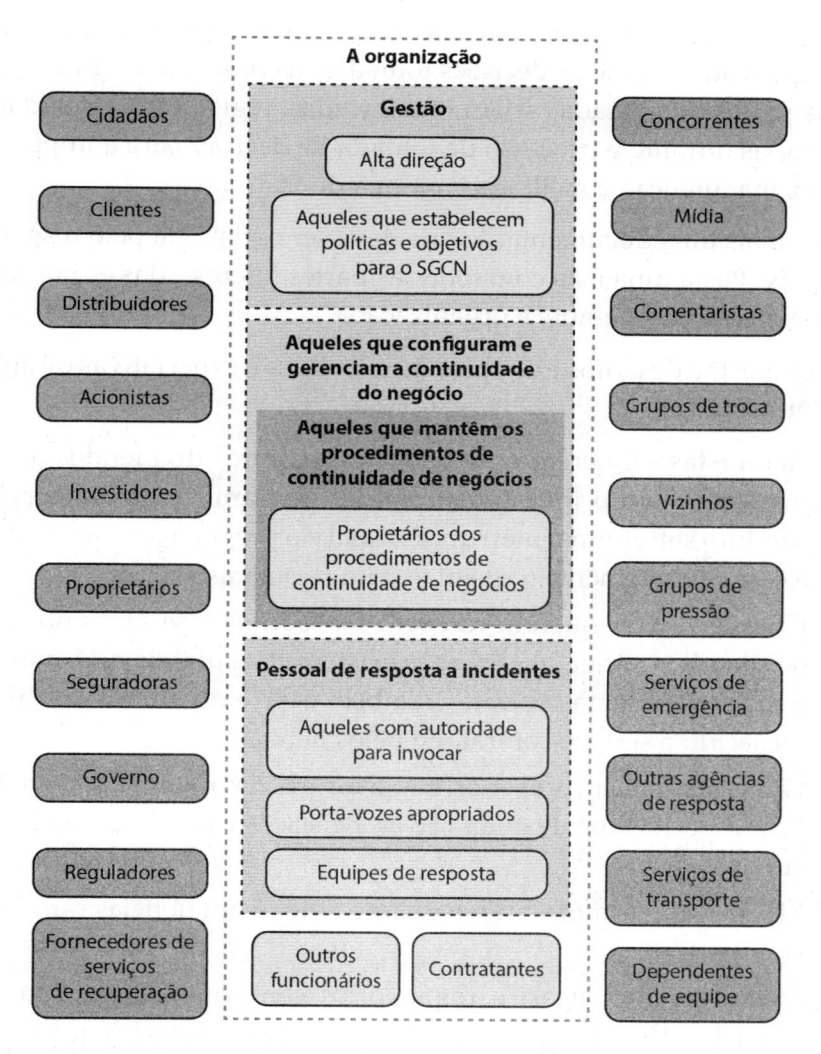

Figura 8. Exemplos de partes interessadas. Adaptada da Norma ABNT NBR ISO 22313.

Após determinar quem são as partes interessadas, deve-se entender quais são as necessidades e expectativas delas em relação ao contexto interno e externo da sua organização, assegurando-lhes que a organização mantenha atualizada a documentação referente aos requisitos legais, regulatórios e outros a que ela esteja sujeita.

As partes interessadas são importantes na medida em que elas fazem julgamentos sobre os riscos com base em suas percepções. Essas percepções podem variar devido às diferenças de valores, necessidades, pressuposições, critérios, conceitos e preocupações. Como os seus pontos de vista podem afetar significativamente as decisões tomadas, recomenda-se que as percepções das partes interessadas sejam identificadas, registradas e devidamente consideradas durante o processo de tomada de decisão para a implantação, operação, manutenção e melhoria contínua do SGCN.

Essa é mais uma documentação que deve ser registrada pelo responsável pelo SGCN. Basta uma lista com todas as partes interessadas e suas necessidades e expectativas perante a organização.

A seguir estão descritos exemplos de interesses e expectativas de algumas partes interessadas:

- ✓ **Acionistas** – Querem o dinheiro do lucro dos dividendos das ações (retorno sobre o investimento). Eles pensam: se algum serviço ou produto sofrer uma interrupção, qual é o prejuízo para a organização e consequentemente o prejuízo para os acionistas?
- ✓ **Clientes** – Eles querem receber os produtos e serviços no nível de qualidade contratado e saber se existem cláusulas de disponibilidade e continuidade no contrato. Também ocorrerão multas caso não seja fornecido o serviço contratado pelo cliente.
- ✓ **Governo** – Quer receber os impostos previstos na legislação. Identificar especificamente quais são as legislações que a organização deve cumprir.
- ✓ **Mídia** – Quer informação o quanto antes, com notícias rápidas e verídicas etc.

Sobre os requisitos legais e regulatórios conforme descrito na norma ABNT NBR ISO 22301, a organização deve revisar os legais e regulamentares atuais e pendentes em suas localidades, podendo incluir determinadas ações que estão listadas a seguir:

✓ **Gerenciamento de incidentes de interrupção:** incluir a gestão de situações de desastres, emergenciais, de saúde, segurança física, bem-estar e jurídica.

✓ **Continuidade:** especifica o escopo de um programa e a velocidade da resposta dos procedimentos de Continuidade de Negócios.

✓ **Riscos:** requisitos que especificam o escopo ou a metodologia de um programa de gestão de riscos.

✓ **Ameaças:** requisitos operacionais relativos a materiais perigosos alocados no ambiente físico.

Feito isso, devem-se então desenvolver fortes elos de comunicação com as partes interessadas continuamente, de preferência utilizando um Plano de Comunicação. O livro volta a esse plano quando tratar da cláusula 7.4 da Norma.

2.2.3 Determinando o escopo do Sistema de Gestão de Continuidade de Negócios – Cláusula 4.3

No Sistema de Gestão de Continuidade de Negócios tudo se encaixa perfeitamente. O não encaixe significa que alguma coisa está errada, pois os produtos da saída de um item na maioria das vezes são a entrada do próximo, e assim sucessivamente.

Então, o que fazer para definir qual o melhor escopo para o SGCN?

Basicamente, há duas trilhas a seguir. O escopo pode ser a organização inteira incluindo todos os seus processos ou começar pequeno e ir crescendo aos poucos, como, por exemplo, fixar o escopo somente na área de Tecnologia da Informação com intuito de implementar e aprender com o SGCN, divulgar todos os seus resultados e com isso sensibilizar as demais áreas da organização acerca dos benefícios da implementação em toda a organização. Ou seja, o escopo do SGCN pode abranger toda a organização ou, no mínimo, os processos de negócios críticos.

A principal informação do escopo é quais são os produtos e serviços, locais, funções, processos e atividades que estão contemplados no escopo do SGCN, e quais não estão delimitando o seu alcance.

A delimitação do escopo do SGCN é um item fundamental para o planejamento e a implementação dos requisitos exigidos e recomendados pela Norma ABNT NBR ISO 22301. Esse escopo deve considerar o que é mais importante, incluindo as características do negócio, a organização, processos críticos, sua localização, ativos e tecnologia.

Um escopo mal definido prejudica a implantação do SGCN e, geralmente, apresenta as seguintes características:

✓ Não é o mais relevante para a organização.

✓ Está sempre sofrendo mudanças operacionais.

✓ Os funcionários envolvidos não estão motivados.

✓ O benefício da implantação do SGCN não é percebido.

✓ A Alta Direção não apoia a certificação na Norma ABNT NBR ISO 22301 ou, até pior, não aceita a sua implementação.

O escopo do SGCN deverá ser uma informação documentada para ser apresentada ao auditor e para as partes interessadas que forem definidas como apropriadas pela empresa.

A seguir estão descritas algumas considerações importantes sobre a definição do escopo do SGCN:

✓ Tenha em mente que o escopo deverá descrever de forma simplificada os processos e negócios da organização e como a Gestão de Continuidade de Negócios irá beneficiar esses processos. Assim, para descrevê-lo, é possível se orientar por algumas perguntas que, por si só, definem o escopo do SGCN. Seguem as perguntas:

➤ Qual a missão e visão da organização e os objetivos estratégicos, obrigações internas e externas (incluindo aquelas com as partes interessadas), bem como responsabilidades legais e regulatórias?

➤ Onde minha organização está localizada, seu perímetro físico do escopo?

▪ Uma dica é incluir plantas e imagens aéreas.

➢ Quais são os ativos de informação do escopo (inventário de ativos)?

- Ativos físicos, de tecnologia, processos e pessoas.

➢ Quais são as pessoas envolvidas?

➢ Quais produtos/serviços são vendidos pela minha organização?

➢ Em qual mercado (local físico e global) minha organização atua?

➢ Para quem eu vendo?

➢ Quais processos devem estar no escopo do SGCN?

➢ Quais são os meus fornecedores e quais serviços prestam para a organização?

- Lista atualizada com nome dos contatos responsáveis e meios de comunicação.

✓ Ao responder a essas perguntas, você estará formalizando informações importantes sobre o funcionamento do seu SGCN, orientando para os resultados que você espera. E isso acontece porque esses aspectos tanto afetam seu SGCN quanto são afetados por ele.

✓ Por exemplo, você pode ser uma organização situada no interior do Estado de São Paulo, mas ter toda a sua produção destinada à exportação para a China. Dessa forma, seus processos serão orientados para tornar possível que essa transação ocorra de acordo com os contratos firmados com seus fornecedores e principalmente com seus clientes.

A seguir estão descritas outras dicas importantes para a definição do escopo do SGCN:

✓ Precisa ter algum benefício para a organização; para isso deve ser implementado em algum processo ou serviço crítico, mas não precisa necessariamente ser implantado em toda a organização. Caso seja implementado somente na área de Tecnologia da Informação está de bom tamanho.

✓ Caso seja decidido que o escopo da implementação do SGCN seja apenas um departamento, como a área de Tecnologia da Informação, então a Alta Direção não será os diretores da organização, mas, sim, os gerentes e coordenadores de TI, como exemplo.

✓ Defina o escopo para um estado, ou até mesmo somente para um país. É sempre melhor começar menor e ir crescendo aos poucos à medida que ganhe experiência e maturidade.

✓ Sempre envolva o patrocinador, a Alta Direção e a equipe do projeto para determinar o melhor escopo para a implementação do SGCN. Não é recomendado que essa decisão estratégica seja feita apenas pelo Chefe de Continuidade de Negócios.

✓ Determinar quais são exceções que podem afetar a capacidade e responsabilidade da organização em prover a continuidade de negócios e operações contempladas nos requisitos do SGCN, como determinadas pela análise de impacto no negócio ou no processo de avaliação de riscos e nos requisitos legais e regulatórios aplicáveis. Também deve ser documentada a explicação de alguma exclusão do escopo. Exemplo: o escopo envolve todo o processo de venda *on-line*, mas a venda física não está contemplada porque os sistemas de pagamentos são locais.

2.2.4 Sistema de Gestão de Continuidade dos Negócios – Cláusula 4.4

A adoção de um Sistema de Gestão de Continuidade de Negócios é uma decisão estratégica. A especificação e a implementação do SGCN são influenciadas pelas suas necessidades e objetivos, requisitos de segurança da informação, processos críticos, funcionários, tamanho e estrutura da organização. Esses fatores de influência podem mudar ao longo do tempo. Ele preserva os processos críticos em funcionamento caso aconteça uma interrupção grave nos ativos que suportam o funcionamento desses processos e fornece confiança para as partes interessadas de que os riscos de negócios são adequadamente gerenciados, fazendo com que a organização esteja preparada para tratar um incidente grave nos seus processos críticos de negócio.

Como implementar:

Este item deve ter como resultado um documento chamado "Declaração de Escopo do Sistema de Gestão de Continuidade de Negócios". Considere este um documento fundamental, pois é o que descreve todos os itens do escopo de forma detalhada, além de servir de guia de entrada de diversas atividades que estão por vir, como a Análise de Impacto no Negócio, por exemplo. O documento deverá estar em conformidade com todos os itens 4 Contexto da Organização da Norma ABNT NBR ISO 22301.

Todos os resultados dos itens 4.1, 4.2 e 4.3 devem ser incluídos nesse documento, tornando-o um guia geral do seu SGCN.

Saídas e documentação mandatória: ID – SGCN – 003 – Declaração de Escopo do Sistema de Gestão de Continuidade de Negócios.

a seguir descreve-se um exemplo de informação documentada da documentação mandatória do SGCN que pode implementar a cláusula 4 da Norma ABNT NBR ISO 22301.

Tabela 6. Exemplo do Modelo de Documentos de Declaração de Escopo do SGCN.

LOGOTIPO DA ORGANIZAÇÃO	Tipo: Informação Documentada	Código do Documento: ID – SGCN –003
Declaração de Escopo do Sistema de Gestão de Continuidade de Negócios		**Autor:** Nome da pessoa ou grupo **Revisado em:** 10/01/2018 **Aprovador:** Nome da pessoa ou grupo **Versão:** 1.00 **Aprovação:** 10/02/2018

FINALIDADE

A finalidade deste documento é definir claramente os limites do SGCN – Sistema de Gestão da Continuidade de Negócios da Organização.

Os usuários deste documento são membros da Alta Direção, Chefe de Continuidade de Negócios e membros da equipe que irá operar e manter o sistema de gestão.

Este documento contém os seguintes assuntos:
- ➤ Escopo do Sistema de Gestão de Continuidade de Negócios
- ➤ Resultados pretendidos com o Sistema de Gestão de Continuidade de Negócios
- ➤ Partes Interessadas
- ➤ Arquitetura de Infraestrutura de Rede
- ➤ Inventário de Ativos de Informação (Ambiente Físico, Pessoas, Tecnologia e Processos)
- ➤ Ambiente Físico onde a organização está alocada
- ➤ Perímetro Físico do Escopo
- ➤ Interfaces Internas
- ➤ Colaboradores sob o Escopo
- ➤ Prestadores de serviços para o Escopo
- ➤ Mapa de Processos
- ➤ Referências da Norma ABNT NBR ISO 22301

APLICABILIDADE

Este documento aplica-se a toda a documentação e às atividades do Sistema de Gestão de Continuidade de Negócios.

FUNÇÕES E RESPONSABILIDADES

Chefe de Continuidade de Negócios:
➢ Elaborar esse documento.
Alta Direção/Comitê de Continuidade de Negócios:
➢ Aprovar a Declaração de Escopo do SGCN.

TERMOS E DEFINIÇÕES

As definições dos termos e expressões utilizados neste documento constam nos termos e definições das Normas ISO 22300, ABNT NBR ISO 22301 e ABNT NBR ISO 22313.

REGRAS E PROCEDIMENTOS

1 Aspectos Gerais
1.1 Sobre a organização
Neste item deve ser descrito tudo que a organização faz, seus processos e principais atividades e serviços, seus produtos e público-alvo. Uma dica é pegar essas informações do site institucional da organização.
1.2 Missão e Visão da organização
Neste item devem ser descritos a missão, a visão e os valores da organização. Essas diretrizes devem direcionar quais serão os objetivos da Continuidade de Negócios e também direcionar os indicadores estratégicos.
1.3 Sobre o Sistema de Gestão de Continuidade de Negócios
Neste item deve ser descrito qual o escopo do SGCN.
2 Escopo do Sistema de Gestão de Continuidade de Negócios
2.1 Descrição do Escopo do SGCN
O Sistema de Gestão de Continuidade de Negócios visa à adoção das práticas consagradas internacionalmente, como a ABNT NBR ISO 22301, com os seguintes objetivos:
➢ Entender as necessidades e implementar uma Política de Continuidade de Negócios.
➢ Definir quais são objetivos para a gestão de continuidade de negócios e como esses objetivos contribuem para o sucesso da organização.
➢ Implementar e operar controles de segurança para gerenciar os incidentes de interrupção e os desastres.
➢ Monitorar e analisar criticamente o desempenho e a eficácia do SGCN.
➢ Implementar uma melhoria contínua com base na medição objetiva.
São atribuições do SGCN, não estando limitadas a essas:
a) promover o estabelecimento da Política de Continuidade de Negócios válidas para a organização, tendo em conta o estabelecido nas políticas corporativas;
b) arquitetar a Continuidade de Negócios dentro do escopo dos sistemas operativos;
c) gerar e manter documentação atualizada relativa à temática da Continuidade de Negócios;
d) analisar a questão de Continuidade de Negócios em projetos implementados e a implementar;

e) definir e monitorar a implementação de processos referentes à Continuidade de Negócios;

f) elaborar periodicamente relatório de atividades e submeter aos responsáveis e à Alta Direção;

g) implementar os procedimentos de Continuidade de Negócios e de recuperação estabelecidos na organização;

h) apoiar a implementação dos Planos de Recuperação de Desastres e demais Planos de Continuidade de Negócios;

i) definir estratégias de Continuidade para os equipamentos e processos no escopo do SGCN;

j) prevenir e corrigir possíveis invasões ou ameaças, seguindo a determinação da Política de Continuidade de Negócios;

k) garantir a realização de análises de riscos a fim de precaver pontos de vulnerabilidade na rede, realizando ações corretivas e/ou informando aos administradores responsáveis;

l) propor requisitos de Continuidade de Negócios que devem ser observados na aquisição de hardware e software.

A organização deve identificar e documentar atividades, funções, serviços, produtos e parcerias da organização, bem como cadeias de suprimentos e o impacto potencial relacionado a um incidente de interrupção ou um desastre. Segue um exemplo de mapeamento de um processo do escopo do SGCN.

2.2 Processo de Negócio: Vendas

Atividades ou serviços:

➢ **Site da empresa.** Site institucional em funcionamento na internet 24 horas por dia com o mostruário de produtos.

➢ **Escolha do produto.** Cliente acessa o site e escolhe qual produto deseja comprar.

➢ **Pedido de compra do produto.** Cliente confirma por meio do site que deseja adquirir aquele produto.

➢ **Recepção interna do produto.** O setor de administração do site institucional recebe a informação de que um cliente solicitou a compra de um determinado produto.

➢ **Setor financeiro.** A área responsável pelas cobranças é mobilizada para dar sequência ao pagamento na forma que foi solicitada pelo cliente no ato da compra.

➢ **Validação da solicitação de compra.** Após serem verificadas as informações referentes a solicitação de compra, cadastro e dados do cliente, análise de riscos e pagamento, o vendedor informa que está tudo certo para a realização da venda ao cliente.

➢ **Cliente recebe validação da compra.** É enviada uma mensagem por e-mail ou SMS ao cliente para informá-lo de que a solicitação de compra foi recebida, o pagamento validado pelos controles internos da empresa e em breve será realizada a entrega do produto.

➢ **Estoque dos produtos.** A empresa busca em seu estoque o produto solicitado pelo cliente. Se vende no formato de consignação, entra em contato e envia as informações necessárias para o fornecedor, com o intuito de solicitar a entrega do produto para o cliente.

➢ **Expedição.** A empresa ou o seu fornecedor responsável pela entrega do produto deve realizar a embalagem de acordo com as características do produto, para não sofrer danos no transporte até a localidade solicitada pelo cliente.

> **Logística.** O produto é entregue pelos correios.
> **Pesquisa de satisfação.** A empresa entra em contato com o cliente para que seja feita uma pesquisa de satisfação sobre a compra, para melhorar continuamente o seu processo de venda.

Produtos: Diversos produtos eletrônicos.

2.3 Inventário de Ativos de Informação que suportam os processos:

> Tipo de ativo de ambiente físico:

Item	Nome	Localização	Responsável
01	Sede da empresa	RB1 – Edifício Rio Branco 1, Rio de Janeiro.	Phil Anselmo
02	*Datacenter*	RB1 – Edifício Rio Branco 1, Rio de Janeiro, segundo andar.	Phil Anselmo

> Tipo de ativo de tecnologia:

Item	Equipamento	Hostname	IP	Responsável	Função	Sistema operacional
01	Servidor de Banco de Dados	SV9000613	10.10.23.193	André Marcelino	Sistema de Informação de Venda	Windows Server 2008 Family
02	*Member Server*	VS9000269	10.10.23.11	André Marcelino	Sistema de Cobrança	Windows Server 2008 Family
03	*Member Server*	SV9000225	192.168.8.26	André Marcelino	Swift	Windows Server 2008 Family

> Tipo de ativo de pessoa:

Item	Nome	Função	E-mail	Área
01	Osvaldo Gomes	Diretor	osvaldo@gmail.com	Diretoria
02	Izilda Manoel	Técnico de TI	izildam@gmail.com	Tecnologia da Informação
03	Daniel Manoel	Técnico Administrativo	danielm@gmail.com	Administração

> Tipo de ativos de processos:

Item	Processo	Descrição	Responsável
01	Gestão de Cópias de Segurança	Monitoramento dos *logs* das bases de dados para verificação de crescimento. Confirmação da realização das cópias de segurança. Realização do *backup* periódico: *full* ou diferencial.	Daniel Manoel
02	Gestão de Incidentes de SI	Monitoramento das suspeitas de tentativas de intrusão. Verificação e tratamento das ameaças de intrusão e de tráfegos irregulares.	Izilda Manoel
03	Gestão de Mudanças	Mudanças realizadas nos ativos de informação sob a responsabilidade da equipe de Tecnologia da Informação no escopo do SGCN no *Datacenter*.	Izilda Manoel

3 Limitações do Escopo

Descrever quais são os processos e as atividades da organização que não estão contempladas no escopo do SGCN.

3.1 Contexto Interno

Qual é o contexto interno da organização em que o escopo do SGCN está inserido?
O resultado dessa análise deve ser inserido neste item.

3.2 Contexto Externo

Qual é o contexto externo da organização que o escopo do SGCN está inserido?
O resultado dessa análise deve ser inserido neste item.

4 Impacto potencial sobre os Incidentes de interrupção e impactos potenciais

Os seguintes incidentes determinam condição de desastre e são considerados fatores determinantes de interrupções dos processos finalísticos:

> ataques cibernéticos;
> incêndios;
> desastres naturais;
> problemas climáticos;
> perda de informação significativa;
> greve dos funcionários;
> paralisação do sistema de transporte urbano;
> sabotagem, terrorismo, bombas;
> falhas no fornecimento de infraestrutura básica, energia, tecnologias e comunicações;
> ações maliciosas que resultem em dano significativo a um ativo que interrompa os serviços de Tecnologia da Informação, incluindo ataques cibernéticos.

Qualquer dessas condições de desastres podem acarretar em um incidente de interrupção nos processos de negócios críticos da organização.

A seguir, uma matriz com as condições de desastres e os impactos potenciais que podem ocorrer na concretização do incidente de interrupção na organização.

Condições de desastre	Impacto potencial na organização
Ataques cibernéticos	Impactos financeiros, impactos operacionais e impactos na imagem.
Incêndios	Perda de vidas, impactos financeiros, impactos operacionais e impactos na imagem.
Desastres naturais	Perda de vidas, impactos financeiros, impactos operacionais e impactos na imagem.
Problemas climáticos	Perda de vidas, impactos financeiros, impactos operacionais e impactos na imagem.
Perda de informação significativa	Indisponibilidade de sistemas críticos, indisponibilidade nos processos de negócios que utilizam os sistemas críticos, impactos financeiros, impactos operacionais e impactos na imagem.
Greve dos funcionários	Indisponibilidade nos processos de negócios que utilizam os sistemas críticos, impactos financeiros, impactos operacionais e impacto nos clientes.
Paralisação do sistema de transporte urbano	Indisponibilidade nos processos de negócios que utilizam os sistemas críticos, impactos financeiros, impactos operacionais e impacto nos clientes.
Sabotagem, terrorismo, bombas	Perda de vidas, impactos financeiros, impactos operacionais e impactos na imagem.
Falhas no fornecimento de infraestrutura básica, energia, tecnologias e comunicações	Indisponibilidade de sistemas críticos, indisponibilidade nos processos de negócios que utilizam os sistemas críticos, impactos financeiros, impactos operacionais e impactos na imagem.
Ações maliciosas que resultem em dano significativo a um ativo que interrompa os serviços de Tecnologia da Informação, incluindo ataques cibernéticos	Indisponibilidade de sistemas críticos, indisponibilidade nos processos de negócios que utilizam os sistemas críticos, impactos financeiros, impactos operacionais e impactos na imagem.

4.1 Apetite aos riscos da organização

O apetite ao risco se refere a quanto de risco uma organização está disposta a sofrer para atingir os seus objetivos de Continuidade de Negócios. Se valores financeiros em dinheiro são seu critério de risco, a faixa desses valores que você está disposto a perder em busca de um objetivo reflete o seu apetite ao risco. Na verdade, a área financeira é o melhor exemplo de uso do conceito de apetite ao risco. Por exemplo, a organização está disposta a perder até R$ 100.000,00 caso o risco se concretize; acima disso, ela vai implementar controles para que ele não se concretize.

Nessa metodologia utiliza-se um critério de apetite ao risco qualitativo, mas também muito eficiente. Para isso determinam-se os níveis de cada risco identificados e analisados em muito baixo, baixo, médio, alto e muito alto. Os critérios de apetite ao risco podem ser definidos determinando quais são os níveis de riscos aceitáveis e quais níveis devem ser obrigatoriamente observados na fase de tratamento de riscos.

Segundo análises em diversos tipos de organizações, pode-se dizer que, no Brasil, a maioria delas opta pelo apetite ao risco de aceitar todos os riscos de níveis muito baixo, baixo e médio, e, consequentemente, todos os riscos altos e muitos altos devem ser tratados. A seguir, a tabela de níveis de riscos.

Nível de riscos e valores do PSR.

Nível de Risco
Muito baixo
Baixo
Médio
Alto
Muito alto

5 Partes Interessadas

As partes interessadas que sejam relevantes para o Sistema de Gestão da Continuidade de Negócios, assim como seus requisitos, estão determinadas nesta seção.

O Chefe de Continuidade de Negócios é o responsável por identificar todas as pessoas ou entidades que podem afetar ou ser afetadas pelo Sistema de Gestão de Continuidade de Negócios, e todas as obrigações legais, regulamentares, contratuais e outras obrigações relevantes sempre que houver mudanças significativas na organização e durante o ciclo de melhoria contínua do SGCN.

Exemplo de descrição de partes interessadas

Parte interessada	Interesse	Requisitos legais e regulamentares/ obrigações contratuais
Cidadãos	Quais os interesses dos cidadãos no escopo do SGCN? **Descreva os interesses aqui.**	Existe alguma lei, regulamentação ou contrato que rege a forma de trabalhar da organização com os cidadãos? **Deve ser inserida a lei nesta coluna.**
Clientes	Quais os interesses dos clientes no escopo do SGCN? **Descreva os interesses aqui.**	Existe alguma lei, regulamentação ou contrato que rege a forma de trabalhar da organização com os clientes? **Deve ser inserida a lei nesta coluna.**
Funcionários	Quais os interesses dos funcionários no escopo do SGCN? **Descreva os interesses aqui.**	Existe alguma lei, regulamentação ou contrato que rege a forma de trabalhar da organização com os funcionários? **Deve ser inserida a lei nesta coluna.**
Acionistas	Quais os interesses dos acionistas no escopo do SGCN? **Descreva os interesses aqui.**	Existe alguma lei, regulamentação ou contrato que rege a forma de trabalhar da organização com os acionistas? **Deve ser inserida a lei nesta coluna.**

Respondendo às perguntas anteriores, é possível elaborar de forma completa os interesses de todas as partes interessadas.

6 Interfaces Internas

Quais são as áreas ou setores internos de uma organização que o escopo trabalha? Neste item, deve-se descrever essas informações. Pode-se utilizar o organograma da organização e suas funções e responsabilidades para elaborar o item.

7. Fornecedores e Prestadores de Serviço para o Escopo do SGCN

As empresas descritas na tabela a seguir são as fornecedoras e prestadoras de serviço que atuam no apoio do Sistema de Gestão de Continuidade de Negócios.

Endereço dos fornecedores

Empresa	Tipo	Endereço	Contato	Alta Direção	Responsável
Base	Manutenção refrigeração	Centro Logística Talatona Gleba GU03 – Zona CCB1, Armazém C1 – Luanda/ Angola	Nome: Carlos Beça Telefone Móvel: 924915560 E-mail: carlos.beca@nova-base.co.ao	Diretoria de Tecnologia da Informação	Nome: André Patrício – Gestor de Infraestrutura e Sistemas Telefone fixo: 2264230188 Telefone celular: 9396190956 E-mail: amarcel@ gmail.com
Sistemas	Manutenção de Sistemas	Avenida Chegue Vara nº 138, Maculusso Luanda – Angola	Nome: Filipe Gerson Telefone Fixo: 222 325 350 Telefone Celular: 9125262666/9264302026 E-mail: filipe.gerson@sistec. co.ao/alvaro.nunes@sistec. co.ao	Diretoria de Tecnologia da Informação	Nome: Manuel Marcelino – Gestor de Sistemas Telefone fixo: 2264230186 Telefone móvel: 9396190956 E-mail: amarcel@ gmail.com

REFERÊNCIA NORMATIVA

ABNT NBR ISO 22301 – Cláusulas: Tópico 4.1 – Entendendo a organização e seu contexto, 4.2 – Entendendo as necessidades e as expectativas das partes interessadas, 4.3 – Determinando o escopo do sistema de gestão da Continuidade de Negócios e 4.4 – Sistema de Gerenciamento de Continuidade dos Negócios.

ANEXOS

Não aplicável.

2.3 Liderança do SGCN – Cláusula 5

Entrada: documento com funções e responsabilidades do Comitê de Gestão de Continuidade de Negócios e do Chefe de Continuidade de Negócios e a Declaração de Escopo do SGCN.

Esta seção expande o papel da Alta Direção – que deve demonstrar sua liderança e comprometimento – na Gestão de Continuidade de Negócios. A Alta Direção deve se envolver com a Política de Continuidade de Negócios e seus objetivos e planos, fornecendo recursos e realizando as suas devidas revisões. Ela deve alinhar a Política e os objetivos de Continuidade de Negócios com a direção estratégica da organização e também direcionar as responsabilidades para as pessoas apoiarem as ações de Continuidade de Negócios, contribuindo assim com a sua eficácia e eficiência. As responsabilidades designadas vão desde a integração e atendimento dos requisitos do SGCN até os processos de negócio da organização, passando por fornecer recursos necessários e assegurar que os objetivos e planos de continuidade estejam implementados corretamente na organização.

Lembrando que é uma boa recomendação a criação de um Comitê de Gestão de Continuidade de Negócios. O Comitê herdará todas as funções e responsabilidades da Alta Direção. Assim, o termo "Alta Direção" está ligado às tarefas do Comitê criado para esse propósito.

Então, sempre que este livro citar Alta Direção faz-se referência ao Comitê de Continuidade de Negócios.

2.3.1 Liderança e comprometimento – Cláusula 5.1

A liderança e o apoio da Alta Direção são fundamentais para o estabelecimento, a implementação, a operação, o monitoramento, a análise, a crítica, a manutenção e a melhoria contínua do Sistema de Gestão de Continuidade de Negócios. Sem esses fatores, os gestores e/ou áreas sob o escopo do SGCN podem fracassar na implementação dos requisitos necessários para o sucesso do SGCN.

O Sistema de Gestão de Continuidade de Negócios deveria fazer parte dos processos estratégicos e táticos de uma organização, sendo um processo contínuo de gestão e governança apoiado pela Alta Direção e com os devidos recursos para implementar e manter a Gestão de Continuidade de Negócios.

Como implementar:

Assegurando que a organização demonstre liderança e comprometimento por parte de seus membros da Alta Direção e demais gestores com papéis relevantes em relação ao SGCN, essa demonstração de liderança e comprometimento pode ser realizada, por exemplo:

✓   Motivando as pessoas em contribuir com a eficácia do SGCN.

✓   Capacitando as pessoas para contribuir com a eficácia do SGCN.

Existem dois documentos fundamentais na implementação do SGCN: a Política de Continuidade de Negócios e a definição dos Objetivos de Continuidade de Negócios. Esses dois importantes documentos devem ser aprovados pela Alta Direção. Com a aprovação, já se cumprem os requisitos de liderança e comprometimento, explicados nos próximos itens.

2.3.2   Comprometimento da Alta Direção – Cláusula 5.2

Entradas: organograma da organização, manual de funções e responsabilidades da organização, caso tenha, e outros documentos normativos.

Sem o comprometimento e a liderança da Alta Direção fica inviável a implementação de um SGCN, pois as principais tomadas de decisões devem ser discutidas e postas em práticas por quem tem autoridade suficiente na organização. Questões como recursos necessários, aceitação de riscos, aprovação de políticas e planos devem ser executadas por quem é autorizado e responsável por fazê-las dentro da organização.

A implementação do SGCN deve ser *top-down*, ou seja, de cima para baixo, e as diretrizes da Alta Direção devem ser seguidas por todas as pessoas, garantindo assim a integração dos requisitos do Sistema de Gestão de Continuidade de Negócios aos processos de negócios.

A norma ABNT NBR ISO 22301 exige que a Alta Direção garanta que o SGCN seja compatível com a direção estratégica da organização, demonstrando liderança e comprometimento com relação à Continuidade de Negócios, garantindo que as políticas e os objetivos sejam estabelecidos para o Sistema de Gestão de Continuidade de Negócios.

Uma Política simples e concisa estabelece quais são as expectativas e diretrizes da Alta Direção e gera desempenho consistente de como devem ser geridos e implementados os procedimentos de Continuidade de Negócios a médio e longo prazos, e o seu ciclo de vida. Sendo assim, independentemente do tamanho ou da cultura de uma organização, a Política pode ser uma ferramenta para impulsionar o desempenho do Sistema de Gestão de Continuidade de Negócios, particularmente em organizações onde os funcionários executam as suas funções e responsabilidades de forma descentralizada.

Para ser eficaz, a Política deve ser assinada, divulgada e implementada pela Alta Direção. Esse documento, especificamente, deve ser aprovado pelo presidente da organização ou alguém com mais autoridade. Assim, ele deve realmente servir como uma diretriz entre a Alta Direção e todos os funcionários sobre o tema da Continuidade de Negócios. Especialmente também porque a Norma ABNT NBR ISO 22301 exige que a Alta Direção assegure que o SGCN seja compatível com a direção estratégica da organização – justamente um dos principais propósitos da Política.

É fundamental a participação da Alta Direção para o sucesso do SGCN, portanto. Sem ela, as chances de uma implementação de forma correta diminuem sensivelmente. Ao assinar o documento, a Alta Direção se compromete com todos os requisitos que precisam ser implementados, desde a aquisição de novos recursos humanos à contratação das estratégias de continuidade, caso seja necessário, garantindo assim que não há uma falta de interesse pelo tema, mantendo a motivação de todos os funcionários.

Como implementar:

Lembrando que, sempre que se fala sobre Alta Direção, faz-se referência ao Comitê de Continuidade de Negócios. Essa é a forma mais simples de implementar as funções e responsabilidades da Alta Direção no SGCN.

Demonstrando liderança e comprometimento, este item pode ser implementado da seguinte forma:

1. **Garantindo que o SGCN atinja os resultados esperados.**

   a) A primeira ação da Alta Direção é aprovar um orçamento exclusivo para a Continuidade de Negócios; assim, a obtenção de recursos fica facilitada com uma verba destinada para o projeto.

2. **Direcionando e dando suporte aos funcionários que contribuem para a eficácia do SGCN.**

   a) Todas as iniciativas de Continuidade de Negócios devem ser divulgadas para todos os funcionários. Liderar dando o exemplo é a melhor dica. Se tiver disponível um treinamento para os funcionários, a Alta Direção deve participar desse treinamento. Não há demonstração de comprometimento melhor que essa.

3. **Promovendo a melhoria contínua.**

   a) Melhorar sempre, corrigindo os erros. É quase impossível acertar sempre na implementação e operação de um processo grandioso, como é o SGCN, por isso é de suma importância a avaliação de desempenho. As não conformidades identificadas devem receber o apoio da Alta Direção para a sua correção. Nunca se empurra a sujeira para debaixo do tapete.

4. **Apoiando os demais gestores com papel relevante para demonstrar sua liderança e comprometimento aplicados às suas áreas de responsabilidades.**

   a) As funções e responsabilidades de todas as pessoas sob o escopo do SGCN devem ser descritas em forma de informação documentada, e este documento deve ser aprovado pela Alta Direção.

5. **Publicando uma Política de Continuidade de Negócios.**

   a) A Política é o principal documento que descreve as funções e responsabilidades do SGCN, e esse documento deve ser aprovado pela Alta Direção e pelo presidente da organização.

6. **Garantindo que os objetivos e planos de ação do SGCN estejam estabelecidos.**

   a) A Alta Direção tem mais uma responsabilidade de aprovar os Objetivos de Continuidade de Negócios e seu plano de ação.

7. **Implementando papéis, responsabilidades e competências para o gerenciamento da Continuidade de Negócios.**

    a) Educar, sensibilizar e treinar todas as pessoas sob o escopo do SGCN é uma responsabilidade da Alta Direção. Vale a pena a elaboração e a implementação de um Plano de Divulgação de Continuidade de Negócios na organização para cumprir essas responsabilidades.

8. **Nomeando um ou mais colaboradores aptos a serem responsáveis pelo SGCN, com autoridades e competências apropriadas para a implantação e manutenção do ciclo.** Essas pessoas podem realizar outras atividades dentro da organização.

    a) Algum funcionário deve ser responsável pelo SGCN. A recomendação é que se estabeleça um Chefe de Continuidade de Negócios escolhido e nomeado pela Alta Direção.

9. **Definindo os critérios e níveis de aceitação de riscos como forma de assegurar que responsabilidades e papéis relevantes sejam atribuídos e comunicados dentro da organização.**

    a) Quem deve apontar quais riscos serão tratados e quais serão aceitos é a Alta Direção. O correto é elaborar e publicar um documento com toda a metodologia de gestão de riscos do SGCN, contendo os critérios de riscos, a tolerância a riscos, as responsabilidades das pessoas etc.

10. **Envolvendo-se ativamente nos exercícios e testes como forma de assegurar que as responsabilidades e os papéis relevantes sejam atribuídos e comunicados dentro da organização.**

    a) A Alta Direção deve participar dos exercícios e testes dos Planos de Continuidade de Negócios.

11. **Dando garantia de que auditorias internas para o SGCN sejam realizadas como forma de assegurar que as responsabilidades e os papéis relevantes sejam atribuídos e comunicados dentro da organização.**

    a) A realização de auditoria interna é um item obrigatório da Norma ABNT NBR ISO 22301. A Alta Direção deve participar dessas auditorias ativamente, promovendo treinamento para os auditores internos e corrigindo as não conformidades.

12. **Realizando análises críticas do SGCN como forma de assegurar que responsabilidades e papéis relevantes sejam atribuídos e comunicados dentro da organização.**

    a) A análise crítica é uma responsabilidade direta da Alta Direção e também é um item mandatório do SGCN.

13. **Assegurando, com a melhoria contínua, que as responsabilidades e os papéis relevantes sejam atribuídos e comunicados dentro da organização.**

    a) Melhorar sempre, retroceder nunca. A avaliação de desempenho é fundamental para identificar os erros e corrigi-los no processo de melhoria contínua.

Saídas e documentação mandatória: PO-SGCN-004 – Política de Continuidade de Negócios e PR-SGCN-005 – Procedimento Documentado de Competências, Treinamento e Conscientização de pessoas envolvidas no SGCN.

2.3.3 Política de Continuidade de Negócios – Cláusula 5.3

Entrada: ID-SGCN-003 – Declaração de Escopo do SGCN, PR-SGCN-001 – Procedimento Documentado de Elaboração de Documentos do SGCN e outros documentos normativos.

A Política do SGCN orienta a implementação da Continuidade de Negócios através da formalização de suas diretrizes, responsabilidades e objetivos, fazendo com que a Alta Direção defina o que quer auferir com a Gestão da Continuidade de Negócios na organização. Além disso, divulga para todas as partes interessadas o seu compromisso em atender aos requisitos da ABNT NBR ISO 22301. É por intermédio desse documento que a Alta Direção pode controlar tudo o que está acontecendo para estabelecer e gerenciar um eficaz Sistema de Gestão de Continuidade de Negócios (SGCN).

Essa Política precisa dos seguintes itens:

a) estar alinhada com o propósito da organização;

b) estabelecer ou fornecer uma estrutura para estabelecer os Objetivos de Continuidade de Negócios;

c) incluir o compromisso de atender aos requisitos aplicáveis;

d) incluir o compromisso da melhoria contínua do SGCN.

Esse é um documento mandatório, por isso deve estar disponível como informação documentada. Além disso, deve ser revisado regularmente, definindo o responsável por sua atualização.

É uma boa prática que a Política seja comunicada a toda a organização e suas partes interessadas, se apropriado. Uma boa iniciativa é deixar esse documento disponível no site institucional da organização. Assim, qualquer pessoa pode ter acesso às principais diretrizes sobre Continuidade de Negócios e saber que a organização leva a sério o tema.

A Política deve ser analisada criticamente em períodos definidos ou sempre que mudanças significativas ocorrerem, para garantir sua adequação aos contextos interno e externo da organização. Esse processo de revisão e atualização da Política, quando necessário, fornece uma referência atualizada e mensurável sobre como o SGCN se alinha com os objetivos estratégicos da organização.

Como implementar:

É de responsabilidade do Chefe de Continuidade de Negócios a elaboração da Política e sua apresentação para a Alta Direção aprovar o documento. Esse documento deve ser fácil de entender. Com ele, a Alta Direção será capaz de controlar tudo o que está acontecendo dentro do SGCN. Ela não precisa saber os detalhes, mas precisa saber quem é responsável pelo SGCN e o que esperar dele.

Na elaboração da Política, deve ser observado mais uma vez o contexto interno da organização, sua cultura, seu modo de transmitir as notícias para os seus funcionários. O linguajar característico de cada organização deve ser passado na mensagem que será transmitida na Política. Por isso esse documento deve ter algumas características peculiares, tais como:

- ✓ Ser de leitura simples, sem palavras rebuscadas ou incompreensíveis. Deve ser escrita de maneira clara e concisa. Não adianta tentar transmitir uma ideia se as pessoas não a compreendem ou precisam consultar um dicionário para ter o perfeito entendimento sobre a mensagem recebida.

- ✓ Definir as responsabilidades e funções de todos os envolvidos no SGCN.

✓ Definir metas através da elaboração e publicação dos Objetivos de Continuidade de Negócios.

✓ Inserir penalidades caso algum funcionário descumpra as suas diretrizes. Mas as suas diretrizes devem ser positivas e não apenas concentradas em ações proibitivas ou punitivas.

✓ Ser objetivo. Nesse caso, o menos é mais. Utilize frases curtas e tente ser o mais genético possível para que o documento seja abrangente para toda a organização.

É de suma importância frisar que os valores agregados à organização com a implementação de uma Política de Continuidade de Negócios e seus benefícios precisam de um grau de maturidade em constante evolução, de acordo com o processo de melhoria contínua do SGCN. No momento em que a Alta Direção aprova e publica esse documento, alguns benefícios já começam a ser percebidos. São eles:

✓ Demonstração do apoio da Alta Direção para todos os funcionários, pois o documento deve ser aprovado e publicado pelo Presidente da organização ou pela Alta Direção, demonstrando todo o seu comprometimento com a Continuidade de Negócios.

✓ Formalização das funções e responsabilidades de Continuidade de Negócios.

✓ Identificação e tratamento de incidentes de Continuidade de Negócios, pois todas as pessoas receberão as suas devidas responsabilidades em tratar adequadamente os incidentes que porventura ocorram na organização.

✓ Conformidade com as melhores práticas do mercado; entre elas, a Norma ABN NBR ISO 22301.

✓ Consolidação da imagem da organização associada à Continuidade de Negócios.

✓ Retorno sobre o investimento realizado por meio da redução de incidentes de Continuidade de Negócios.

Recomenda-se que a elaboração da Política de Continuidade de Negócios seja realizada de forma faseada. Essas etapas devem contar com o apoio da Alta Direção em toda a sua elaboração. As fases são descritas a seguir:

Primeira fase: levantamento de informações. Parte desse trabalho já foi realizado com a elaboração da Declaração de Escopo do SGCN, mas ainda é possível verificar se faltou alguma informação que pode servir para o desenvolvimento da Política.

Segunda fase: desenvolvimento do conteúdo da Política e elaboração de todos os itens do documento. É uma boa prática que seja criado um grupo de trabalho capitaneado pelo Chefe de Continuidade de Negócios. Esse grupo deve ser formado por pessoas de diferentes áreas de atuação, não podendo faltar profissionais de Recursos Humanos, Jurídico, Tecnologia da Informação, Administração e Segurança da Informação. Assim, todos podem contribuir com as experiências da sua área, e o documento final fica de acordo com a cultura da organização. Também é mais fácil posteriormente implementar uma regra que todos conheçam por terem participado da sua elaboração.

O que não pode faltar na Política de Continuidade de Negócios?

Finalidade do documento: qual a finalidade da Política? Por que ela está sendo publicada na organização? Respondendo a essas perguntas você consegue descrever esse item.

Escopo: qual é o escopo da Política? Toda a organização ou parte dela? O escopo deve ser o mesmo do Sistema de Gestão de Continuidade de Negócios.

Responsabilidades: quais são as funções e responsabilidades das pessoas? No mínimo, devem-se definir as responsabilidades para três tipos de pessoas. A primeira são as responsabilidades da Alta Direção ou do Comitê, que já estão descritas na Norma ABNT NBR ISO 22301. O Chefe de Continuidade de Negócios é o responsável pela gestão – suas funções e responsabilidades devem ser descritas. E, por último, devem-se descrever as responsabilidades de outras pessoas que tenham funções específicas no SGCN, como, por exemplo, a elaboração dos planos e as responsabilidades de todas as pessoas que estão sob o escopo do SGCN. Assim, definem-se as responsabilidades dos níveis estratégico, tático e operacional.

Condições de desastres: um desastre é um evento repentino, inesperado e calamitoso que traga grandes perdas ou danos. É qualquer evento que crie uma inabilidade por parte da organização de prover funções críticas ao negócio por um determinado período de tempo. Por exemplo, você tem R$ 3,95 no bolso (preço médio de uma passagem de ônibus na cidade do Rio de Janeiro em 2018). O seu bolso está furado e você perde esses R$ 4,05 reais. Isso é um incidente ou desastre? Cada pessoa pode dar uma resposta diferente dependendo do dia da semana, da distância da viagem, se dispõe de mais dinheiro, ou seja, as possibilidades são muitas e dependem de vários fatores. A mesma coisa acontece com as organizações: cada organização necessita ter sua própria interpretação do que é desastre. Os tipos de desastres devem constar na Política para que todas as partes interessadas saibam sobre o que está efetivamente sendo protegido.

Objetivos de Continuidade de Negócios: conforme explicado no item 6.2 da Norma, é obrigatório definir quais são os objetivos e como eles são aprovados e revisados, bem como quem medirá se os Objetivos de Continuidade de Negócios foram alcançados, a quem os resultados precisam ser relatados, qual a frequência etc.

Prazo de revisão: deve ser estipulado um prazo de revisão do documento com o tempo de uso. A tendência é que a Política fique desatualizada. Por isso é necessário se comprometer com a revisão a cada 18 meses, por exemplo. Considere 24 meses como o tempo máximo adequado para a revisão desse documento estratégico. A principal recomendação é que a Política seja revisada regularmente.

Penalidades: caso a Política não seja cumprida pelos funcionários e pelas partes interessadas, o que acontece? Nada? Se um documento normativo não tem pelo menos um indicativo de que as pessoas serão penalizadas caso descumpram suas diretrizes, ele estará fadado ao fracasso. É como algumas leis que existem no país e ninguém cumpre dizendo que determinada lei "não pegou".

Esses são os itens mínimos para se incluir em uma Política. Fique à vontade caso deseje inserir outros itens, mas, lembre-se, não é necessário. Um item opcional que também é muito utilizado é um Glossário com os termos e definições chaves da Política; neste item faz-se a conceituação dos principais termos.

Terceira fase: revisão e aprovação. A revisão da Política deve ser realizada pelo grupo de trabalho e depois ser enviada para a Alta Direção revisar mais uma vez, para, por fim, aprovar e publicar na organização. Recomenda-se que o mais alto grau hierárquico na organização seja o aprovador desse documento: Presidente, Presidente do Conselho de Administração, um Diretor graduado ou o Comitê que faça o papel da Alta Direção do SGCN. Esse é mais um dos documentos *top-down*.

Quarta fase: divulgação e implantação da Política. Depois de aprovada e publicada a Política, ela precisa ser divulgada e implantada. A sua divulgação pode ser realizada por intermédio de palestras, treinamentos, envio de e--mail marketing etc. É recomendado que as partes interessadas deixem claro que leram o documento e que passarão a cumprir as suas responsabilidades indicadas no documento.

Saídas e documentação mandatória: PO-SGCN-004 – Política de Continuidade de Negócios publicada e divulgada.

A seguir descreve-se um exemplo de Política de Continuidade de Negócios do SGCN que pode implementar a cláusula 5.3 da Norma ABNT NBR ISO 22301.

Tabela 7. Exemplo de modelo de Política de Continuidade de Negócios.

LOGOTIPO DA ORGANIZAÇÃO	Tipo: Política	Código do Documento: PO – SGCN –004
Política de Continuidade de Negócios		**Autor:** Nome da pessoa ou grupo **Revisado em:** 10/01/2018 **Aprovador:** Nome da pessoa ou grupo **Versão:** 1.00 **Aprovação:** 10/02/2018

FINALIDADE

A finalidade deste documento é fornecer uma base para que se possa entender, desenvolver, implementar e melhorar a Continuidade de Negócios em um nível aceitável para a organização, visando manter a confiança dos funcionários, clientes, fornecedores e parceiros, além de possibilitar a aferição da capacidade do Sistema de Gestão da Continuidade de Negócios de maneira consistente e reconhecida no mercado onde atua. E definir claramente as responsabilidades de cada pessoa diante de um incidente de interrupção qualquer que venha afetar a disponibilidade, visando minimizar os impactos decorrentes de eventuais paralisações nos processos de negócios.

APLICABILIDADE

O escopo desta Política abrange qualquer pessoa que seja responsável pelas operações de negócios e serviços, desde a Alta Direção e passando por todos os níveis da organização, prestadores de serviços, fornecedores e parceiros.

FUNÇÕES E RESPONSABILIDADES

Alta Direção/Comitê de Continuidade de Negócios

- ➢ Aprovar a implantação do Sistema de Gestão da Continuidade de Negócios.
- ➢ Prover recursos para a Gestão de Continuidade de Negócios.
- ➢ Aprovar a Política de Continuidade de Negócios.
- ➢ Tem o compromisso de atender aos requisitos aplicáveis dos documentos de Continuidade de Negócios.
- ➢ Propor e homologar a alteração, inclusão ou eliminação de itens nesta Política de Continuidade de Negócios.
- ➢ Aprovar e estabelecer os Objetivos de Continuidade de Negócios.
- ➢ Aprovar as estratégias de Continuidade de Negócios.
- ➢ Incentivar e apoiar campanhas de conscientização e educação dos funcionários sobre o tema Continuidade de Negócios.
- ➢ Divulgar a Política de Continuidade de Negócios.
- ➢ Revisa a Política de Continuidade de Negócios no prazo de até dois anos.
- ➢ Comprometer-se com a melhoria contínua do SGCN.
- ➢ Aprovar desvios e exceções às regras deste documento.

Chefe de Continuidade de Negócios

- ➢ Implantar o Sistema de Gestão da Continuidade de Negócios que identifique as atividades críticas, avalie os riscos e defina estratégias de continuidade, de forma a evitar ou mitigar as perdas em potencial, como previsto nas Normas ABNT NBR ISO 22301 e ABNT NBR ISO 22313.
- ➢ Elaborar e atualizar a Política de Continuidade de Negócios.
- ➢ Elaborar e atualizar o documento de Análise de Impacto no Negócio.
- ➢ Avaliar os riscos de ambiente físico, de tecnologia, de processos e de pessoas.
- ➢ Propor as estratégias de continuidade necessárias à manutenção dos serviços priorizados.
- ➢ Estabelecer padrões e critérios para elaboração, manutenção, atualização e testes dos Planos.
- ➢ Elaborar os Planos de Continuidade dos Negócios dos serviços e produtos do escopo do SGCN.
- ➢ Aprovar os Planos de outras áreas e setores da organização e manter o processo de atualização.
- ➢ Coordenar e acompanhar os testes dos Planos de Continuidade de Negócios.
- ➢ Avaliar e aprimorar os Planos de Continuidade de Negócios e divulgar os resultados dos testes e exercícios.
- ➢ Administrar a situação de desastre quando da interrupção dos serviços, com base nos Planos de Continuidade.
- ➢ Garantir as cópias de segurança em local seguro das informações dos Planos.
- ➢ Disponibilizar e divulgar os planos desenvolvidos e aprovados aos gestores competentes.
- ➢ Elaborar o programa de conscientização e educação em Continuidade de Negócios.
- ➢ Garantir que todo colaborador responsável pela execução de algum plano receba treinamento específico em sua área de atuação.
- ➢ Manter um canal de comunicação eficiente para atendimento e orientação nos casos de incidentes de interrupção que possam colocar em risco a disponibilidade, a segurança e o patrimônio da organização.

Responsáveis pelas áreas ou setores na organização
> Elaborar e atualizar os planos de continuidade dos processos de negócio dos quais são responsáveis.
> Garantir que sejam contemplados, nos planos desenvolvidos sob sua responsabilidade, os fornecedores de serviços e materiais considerados críticos para o funcionamento dos processos de negócio.
> Participar da execução dos testes dos planos.
> Revisar seus planos em conformidade com os testes.
> Alocar recursos necessários para treinamento, testes e exercícios.
> Garantir que todos os seus funcionários tenham conhecimento claro das suas responsabilidades em relação à execução dos Planos desenvolvidos em sua área.
> Corrigir as não conformidades da sua área de trabalho.

Funcionários
> Tomar ciência das responsabilidades desta Política.
> Cumprir todas as diretrizes desta Política.

TERMOS E DEFINIÇÕES

Para o perfeito entendimento deste documento, aplicam-se as seguintes definições:

Alta Direção: pessoa ou grupo de pessoas que dirige e controla uma organização em seu nível mais alto.

Análise de Impacto no Negócio (BIA – *Business Impact Analysis*): processo de analisar as atividades e os efeitos que uma interrupção de negócio pode ter sobre elas.

Continuidade de Negócios: capacidade da organização em continuar a entrega de produtos ou serviços em um nível aceitável previamente definido após incidentes de interrupção.

Desastres: são resultados de eventos adversos, naturais ou provocados pela atividade dos seres humanos sobre um ambiente vulnerável, causando grave distúrbio ao funcionamento de uma comunidade ou sociedade envolvendo extensivas perdas e danos humanos, materiais, econômicos ou ambientais, e excedendo a sua capacidade de lidar com essa situação usando meios próprios.

Incidente de interrupção: situação que deve representar ou levar a uma interrupção de negócios, perdas, emergências ou crises. Este incidente é a concretização de uma ameaça que ocasione perda ou dano ao ativo, causando indisponibilidade, interrupção ou comprometimento do processo.

Gestão de Continuidade de Negócios: processo abrangente de gestão que identifica ameaças potenciais para uma organização e os possíveis impactos nas operações de negócio caso essas ameaças se concretizem. Este processo fornece uma estrutura para que se desenvolva uma resiliência organizacional capaz de responder eficazmente e salvaguardar os interesses das partes interessadas, a reputação e a marca da organização e suas atividades de valor agregado.

Objetivos de Continuidade de Negócios: resultado a ser atingido.

Plano de Continuidade de Negócios: procedimentos documentados que orientam as organizações a responder, recuperar, retomar e restaurar a um nível predefinido de operação após a interrupção.

Política de Continuidade de Negócios: orienta a implementação da Continuidade de Negócios na organização. Através das suas diretrizes e objetivos, a organização divulga para todas as partes interessadas o seu compromisso em atender aos requisitos da ABNT NBR ISO 22301.

Teste: procedimento de avaliação; um meio de determinar a presença, a qualidade ou a veracidade de algo.

REGRAS E PROCEDIMENTOS

1 Condições de Desastres

Os seguintes incidentes determinam condição de desastre e são considerados fatores determinantes de interrupções dos processos finalísticos:

a) incêndios;
b) desastres naturais;
c) problemas climáticos;
d) perda de informação significativa;
e) greve dos funcionários;
f) paralisação do sistema de transporte urbano;
g) sabotagem, terrorismo, bombas;
h) falhas no fornecimento de infraestrutura básica, energia, tecnologias e comunicações;
i) ações maliciosas que resultem em dano significativo a um ativo que interrompa os serviços de Tecnologia da Informação, incluindo ataques cibernéticos.

Quaisquer dessas condições de desastres podem acarretar um incidente de interrupção nos processos de negócios críticos da organização.

2 Objetivos de Continuidade de Negócios

O Comitê de Continuidade de Negócios deve assegurar que os Objetivos de Continuidade de Negócios sejam aprovados, estabelecidos e comunicados para funções e níveis relevantes no âmbito da organização.

Também é responsabilidade do Chefe de Continuidade de Negócios acompanhar e medir os Objetivos de Continuidade de Negócios, e relatar a avaliação dos objetivos para o Comitê na reunião de análise crítica.

Os objetivos devem ser revisados pelo Comitê durante a reunião de análise crítica.

Conforme preconizado na ABNT NBR ISO 22301 em seu item 6.2, os objetivos devem:

a) estar alinhados com a Política de Continuidade de Negócios;
b) considerar o nível mínimo de produtos e serviços que é aceitável para a organização alcançar seus objetivos mensuráveis;
c) considerar requisitos aplicáveis;
d) ser comunicados; e
e) ser monitorados e atualizados sempre que necessário.

Em virtude da orientação anterior, descrevem-se a seguir os objetivos a serem atingidos, visando cumprir a missão atribuída à Continuidade de Negócios e colaborar com a busca dos objetivos estratégicos da organização.

2.1 Objetivo 01 – Garantir a continuidade na prestação dos serviços aos clientes, mantendo uma disponibilidade de no mínimo 95% da operação de serviços dos clientes disponíveis por ano.

Não permitir a interrupção das atividades concernentes à organização, protegendo os processos críticos contra efeitos de falhas ou de desastres significativos e assegurando a sua retomada em tempo hábil. Isso será possível a partir do desenvolvimento de capacidades de resiliência corporativa nos níveis estratégicos e táticos e da implantação da Continuidade de Negócios, visando responder e tratar adequadamente incidentes críticos.

2.2 Objetivo 02 – Identificar quais são os ativos de informação de maior criticidade na organização e implementar controles em 100% desses ativos para reduzir o risco de parada nos processos críticos no próximo ano.

A identificação dos processos críticos é de suma importância para investir tempo e dinheiro naquilo que é mais importante para a organização. Aliada a um processo de avaliação de riscos, é parte do sistema de Gestão de Continuidade de Negócios que protege a imagem da organização.

2.3 Objetivo 03 – Adotar boas práticas de Continuidade de Negócios internacionalmente consagradas (implementar 100% dos requisitos das Normas ABNT NBR ISO 22301 e ABNT NBR ISO 22313) no prazo de até 12 meses.

Implantar as melhores práticas de Continuidade de Negócios reconhecidas internacionalmente para proteger a imagem da organização, demonstrando para a sociedade o comprometimento em alcançar o estado ideal em prestação de serviços aos seus usuários.

2.4 Objetivo 04 – Capacitar, conscientizar e educar todo o capital humano envolvido no SGCN sobre o tema Continuidade de Negócios (meta de 100% das pessoas envolvidas no SGCN no prazo de até 12 meses).

Promover a capacitação do capital humano para o desenvolvimento de competências e habilidades, visando à condução proficiente e confiável das atividades inerentes à Continuidade de Negócios, das operações e da infraestrutura crítica da organização.

PRAZO DE REVISÃO

Este documento deve seguir o ciclo de melhoria contínua do Sistema de Gestão de Continuidade de Negócios e ser atualizado imediatamente sempre que houver mudanças significativas nos processos de negócio da organização.

PENALIDADES

O funcionário que agir em desacordo com os termos aqui definidos ficará sujeito à aplicação das penalidades previstas na legislação vigente.

REFERÊNCIA NORMATIVA

ISO 22300
ABNT NBR ISO 22301 – Cláusula 5.3 Política e 6.2 Objetivos de continuidade de negócios e planos para alcançá-los.
ABNT NBR ISO 22313 – Cláusula 5.3 Política e 6.2 Objetivos de continuidade de negócios e planos para alcançá-los.

ANEXOS

Não aplicável.

2.3.4   Papéis, responsabilidades e autoridades organizacionais – Cláusula 5.4

A Alta Direção deve atribuir responsabilidade e autoridade para assegurar que o Sistema de Gestão de Continuidade de Negócios está em conformidade com os requisitos da Norma ABNT NBR ISO 22301, bem como para relatar o desempenho do Sistema de Gestão de Continuidade de Negócios para a Alta Direção e as partes interessadas.

Como implementar:

Esta cláusula pode ser implementada assegurando que a Alta Direção atribua e comunique papéis, responsabilidades e autoridades relevantes dentro da organização.

Assegurar a responsabilidade e autoridade dos gestores sobre o SGCN, como, por exemplo:

✓ Através da publicação da Política de Continuidade de Negócios com todos os itens descritos anteriormente.

✓ Garantindo que o SGCN esteja em conformidade com os requisitos da Norma ABNT NBR ISO 22301, através da realização de auditoria interna.

✓ Garantindo que sejam executados de forma permanente relatórios de desempenho do SGCN verificando se os Objetivos de Continuidade de Negócios estão sendo cumpridos e serão atingidos com sucesso.

Saídas: PO-SGCN-004 – Política de Continuidade de Negócios e PR-SGCN-006 – Procedimento Documentado de Competências, Treinamento e Conscientização de pessoas envolvidas no SGCN.

2.4   Planejamento do Sistema de Gestão de Continuidade de Negócios – Cláusula 6

O planejamento é a fase onde se estabelecem os objetivos estratégicos de Continuidade de Negócios, seus indicadores e os princípios que orientarão o SGCN. Ele deve ser coerente com a Política de Continuidade de Negócios que irá definir o nível mínimo de produtos e serviços aceitável para a organização durante uma interrupção nos seus processos de negócios. Considere os requisitos aplicáveis, monitorados e atualizados conforme as necessidades e a cultura da organização.

A fase de planejamento é um estágio crítico no que se refere ao estabelecimento de objetivos de Continuidade de Negócios e princípios orientadores para o SGCN como um todo.

Os objetivos de Continuidade de Negócios são a expressão da intenção da organização de tratar os riscos identificados e/ou de cumprir requisitos organizacionais.

Os Objetivos de Continuidade de Negócios devem:

a) estar alinhados com a Política de Continuidade de Negócios;

b) considerar o nível mínimo de produtos e serviços que é aceitável para a organização alcançar seus objetivos;

c) ser mensuráveis;

d) considerar requisitos aplicáveis; e

e) ser monitorados e atualizados sempre que necessário.

2.4.1 Como serão estabelecidas as ações para direcionar riscos e oportunidades – Cláusula 6.1

Quando do planejamento do Sistema de Gestão de Continuidade de Negócios, deve-se considerar as questões de contexto interno e externo e os requisitos das partes interessadas, e determinar os riscos e as oportunidades que precisam ser considerados para assegurar que o SGCN possa alcançar seus resultados pretendidos, para prevenir ou reduzir os efeitos indesejados e alcançar a melhoria contínua.

Assegure que a organização considere as questões citadas no contexto interno e os requisitos mencionados no contexto externo, além de determinar os riscos e as oportunidades que devem ser avaliados:

✓ Para garantir que o sistema de gestão consiga atingir os resultados esperados.

✓ Para prevenir, ou reduzir, consequências indesejadas.

✓ Para alcançar a melhoria contínua.

O Chefe de Continuidade de Negócios é o responsável por assegurar que a organização planeje ações para endereçar riscos e oportunidades, implantando ações e integrando-as nos processos do SGCN conforme descrito na cláusula 8.1, e por avaliar a eficácia dessas ações conforme descrito na cláusula 9.1, ambas da Norma ABNT NBR ISO 22301.

Como implementar:

A forma mais simples de implementar este item é elaborando e implementando uma Metodologia de Gestão de Riscos. Essa metodologia será explicada nos tópicos sobre as cláusulas "8.2.1 Geral" e "8.2.3 Processo de avaliação de riscos" da Norma.

2.4.2 Objetivos de Continuidade de Negócios e Planos de Ação para alcançá-los – Cláusula 6.2

Entradas: documentos sobre a estratégia de negócio da organização e PO-SGCN-004 – Política de Continuidade de Negócios.

Incluindo no Planejamento do SGCN, devem ser elaborados os objetivos de Continuidade de Negócios, alinhados aos objetivos estratégicos, contribuindo para os resultados positivos do negócio e garantindo a perenidade da organização. Ademais, esses objetivos devem ser perseguidos visando cumprir a missão atribuída à Continuidade de Negócios e também colaborar com o sucesso dos objetivos estratégicos da organização.

Conforme exemplificado graficamente a seguir, os objetivos estratégicos direcionam os objetivos de Continuidade de Negócios, e estes, por sua vez, suportam e habilitam os objetivos estratégicos para o sucesso da organização.

Figura 9. Objetivos estratégicos e de Continuidade de Negócios.

Quando você tiver dificuldade em escrever os objetivos de Continuidade de Negócios, utilize as técnicas de BSC – *Balanced Scorecard*. Esta técnica é um sistema gerencial que permite implantar, gerenciar, controlar e divulgar seus objetivos estratégicos. Esse sistema será de grande valia para identificar e alinhar os objetivos de Continuidade de Negócios com os objetivos estratégicos da organização; associar os objetivos de Continuidade de Negócios com metas de curto, médio e longo prazos e orçamentos anuais; comunicar os objetivos por toda a organização; alinhar as metas do Chefe de Continuidade de Negócios e metas pessoais aos objetivos; e realizar revisões estratégicas periódicas e sistemáticas.

O BSC permite escrever e implantar objetivos de Continuidade de Negócios de acordo com quatro perspectivas da organização: financeira, cliente, processos internos e de inovação, e aprendizado.

Além de utilizar o BSC para escrever os objetivos, você pode empregar mais uma técnica, conhecida como SMART. Pode-se definir essa técnica por cinco regras, facilmente lembradas pelo acrônimo SMART, onde cada letra remete a uma das regras.

Isso quer dizer: S – *Specifc* (Específico), M – *Measurable* (Mensurável), A – *Attainable* (Atingível), R – *Relevant* (Relevante) e T – *Time-Bound* (Tempo limite).

Para definir um objetivo através da técnica SMART, deve-se primeiro esboçar um rascunho e então verificar se ele respeita cada uma das cinco regras. Caso ele não se adeque a algum dos critérios mencionados anteriormente, faça o ajuste necessário. As cinco regras são:

- ✓ *Specific* **(Específico):** deve estar focado e bem definido. Objetivos como "manter a disponibilidade dos processos críticos" ou "vender mais", por exemplo, não são específicos. Eles seriam muito melhores se fossem: "manter o site principal da organização disponível 99% do tempo" ou "vender mais 10% de produtos por mês".
- ✓ *Measurable* **(Mensurável):** deve ser possível medir o progresso mensalmente, trimestralmente, semestralmente ou anualmente do seu objetivo. Por exemplo, um objetivo como "conquistar mais clientes" parece fraco diante de "conquistar 10 novos clientes por mês".

✓ *Attainable* **(Atingível):** deve ser realista. Um objetivo que não tem nenhum indicador de que pode ser realizado não tem utilidade. Deve ser descrita uma meta, por exemplo, 90% de disponibilidade, vender 5% mais produtos por mês. Lembrando que não existe meta de "100% segura" – é quase impossível garantir uma meta como essa.

✓ *Relevant* **(Relevante):** o seu objetivo deve ser realmente o foco da sua organização. O objetivo deve contribuir com os objetivos estratégicos da empresa e por isso tem que ser relevante, agregar algum valor para a organização.

✓ *Time-based* **(Tempo limite):** deve ter uma data limite ou um tempo limite para ser alcançado. O responsável pelo objetivo deve saber qual é o tempo necessário para alcançar o sucesso na sua implementação, para que os esforços de tempo não diminuam na sua implementação. É melhor sempre determinar o período mensalmente, trimestralmente, semestralmente ou anualmente, pois assim fica mais fácil verificar se a conquista do objetivo está dentro dessas metas.

Os objetivos de Continuidade de Negócios que são descritos neste livro foram selecionados por serem de cunho genérico, podendo se adaptar a muitas organizações.

Seguem alguns exemplos de objetivos de Continuidade de Negócios genéricos:

Objetivo 01 – Garantir a continuidade na prestação dos serviços aos clientes, mantendo uma disponibilidade de no mínimo 95% da operação de serviços dos clientes por ano.

Não permita a interrupção das atividades concernentes à organização, protegendo os processos críticos contra efeitos de falhas ou de desastres significativos e assegurando a sua retomada em tempo hábil. Isso será possível a partir do desenvolvimento de capacidades de resiliência organizacional nos níveis estratégicos e táticos e da implantação da Continuidade de Negócios, visando a responder e tratar adequadamente incidentes críticos.

Objetivo 02 – Identificar quais são os ativos de informação de maior criticidade na organização e implementar controles em 100% desses ativos para reduzir o risco de parada nos processos críticos no próximo ano.

A identificação dos processos críticos é de suma importância para investir tempo e dinheiro naquilo que é mais importante para a organização. O processo de avaliação de riscos é parte do sistema de Gestão de Continuidade de Negócios que protege a imagem da empresa.

Objetivo 03 – Adotar boas práticas de Continuidade de Negócios internacionalmente consagradas (implementar 100% dos requisitos das Normas ABNT NBR ISO 22301 e ABNT NBR ISO 22313) no prazo de até 12 meses.

Implantar as melhores práticas de Continuidade de Negócios reconhecidas internacionalmente para proteger a imagem da organização, demonstrando para a sociedade o comprometimento em alcançar o estado ideal em prestação de serviços aos seus usuários.

Objetivo 04 – Capacitar, conscientizar e educar todo o capital humano envolvido no SGCN sobre o tema Continuidade de Negócios (meta de 100% das pessoas envolvidas no SGCN no prazo de até 12 meses).

Promover a capacitação do capital humano para o desenvolvimento de competências e habilidades visando à condução proficiente e confiável das atividades inerentes à Continuidade de Negócios, das operações e da infraestrutura crítica da organização.

Matriz dos objetivos estratégicos e objetivos de Continuidade de Negócios

Deve-se elaborar uma tabela apresentando os objetivos estratégicos da organização relacionados aos objetivos da Continuidade de Negócios, numerados de acordo com o item anterior. A tabela representa uma estimativa da contribuição dos objetivos de Continuidade de Negócios em favor dos objetivos estratégicos da organização.

Somente a título de exemplo, seguem alguns objetivos estratégicos de uma organização:

- ✓ Identificar e buscar a perfeição nos processos de trabalho, agregando valor ao produto.
- ✓ Aperfeiçoamento e adequação aos processos de apoio aos funcionários.
- ✓ Aprimoramento do apoio logístico de entrega de produtos aos clientes.
- ✓ Aprimoramento dos processos de vendas globalizado.

Na tabela a seguir é realizado o alinhamento sobre quais objetivos de Continuidade de Negócios contribuem para o sucesso dos objetivos estratégicos da organização.

Por exemplo: como os quatro objetivos de Continuidade de Negócios contribuem para o sucesso do objetivo estratégico e o aprimoramento do apoio logístico de entrega de produtos aos clientes? Para o correto alinhamento, é preciso entrevistar as pessoas que conhecem os processos de negócios da organização.

Tabela 8. Exemplo de alinhamento dos objetivos estratégicos com os objetivos de Continuidade de Negócios.

Objetivos estratégicos	Objetivos da Continuidade de Negócios			
Identificar e buscar a perfeição nos processos de trabalho, agregando valor ao produto.		Objetivo 02		Objetivo 04
Aperfeiçoamento e adequação aos processos de apoio aos funcionários.		Objetivo 02		Objetivo 04
Aprimoramento do apoio logístico de entrega de produtos aos clientes.	Objetivo 01	Objetivo 02	Objetivo 03	Objetivo 04
Aprimoramento dos processos de vendas globalizado.	Objetivo 01	Objetivo 02	Objetivo 03	Objetivo 04

Plano de ação

Para alcançar o sucesso dos objetivos de Continuidade de Negócios, a organização deve determinar:

✓ quem serão os responsáveis;

> Um processo ou projeto que não tem um responsável dificilmente terá sucesso na sua implementação. Deve sempre existir uma pessoa para ser cobrada nominalmente pelo sucesso do processo. Por isso deve-se descrever formalmente quem é o responsável pela implementação de cada ação do plano.

> Qual a equipe responsável por implementar as ações descritas no Plano, em se tratando do SGCN. Na maioria das vezes será o Chefe de Continuidade de Negócios, tendo em vista que ele é o responsável pelo assunto na organização.

✓ o que deverá ser executado;

➢ Quais projetos ou atividades serão executados para atender aos objetivos.

➢ Os projetos e/ou atividades no plano de ação devem começar com um verbo no infinitivo: implementar, capacitar, construir, promover, organizar, entre outros. O verbo no infinitivo deixará clara a ação que será tomada: "elaborar uma palestra sobre a Norma ABNT NBR ISO 22301 para todas as pessoas envolvidas no SGCN". Essa ação estará ligada com o objetivo de "Capacitar e conscientizar 100% o capital humano envolvido no SGCN sobre o tema Continuidade de Negócios".

✓ quais serão os recursos necessários;

➢ Quais recursos humanos e financeiros serão investidos para implementar as ações. Somando todos os recursos envolvidos, chega-se ao custo final do Plano de Ação.

➢ O que é necessário para fazer essa ação acontecer. É necessária a aquisição de algum equipamento? Quantas pessoas são necessárias para executar essa ação? De quais áreas da organização? Deve-se identificar e inventariar os recursos necessários para execução da ação. Nem sempre os recursos serão exatos, mas deve-se partir de um planejamento mínimo. Uma boa gestão de projetos é fundamental para o sucesso do Plano de Ação.

✓ quando a execução será concluída;

➢ As ações do Plano devem ter uma data de início e término. A melhor recomendação é descrevê-las em forma de cronograma utilizando as boas práticas de gestão de projetos. Na maioria das vezes o prazo não será curto, porém é importante que se determine uma data de final de cada ação. Só assim será possível executar o modelo do PDCL; afinal, só dá para melhorar aquilo que já foi executado pela organização.

➢ Qual o cronograma de atividades de execução, quando começa e termina a implementação das ações do Plano.

> ➤ Utiliza-se um critério para medir o prazo, pois para fazer uma perfeita avaliação de quanto tempo um projeto será executado é necessária uma gestão de projetos. Muitas vezes, só se executa essa gestão no momento da execução dos projetos. Como não há esse tempo disponível para a elaboração do Plano de Ação, estabelece-se um critério para o prazo. É o seguinte:

- Curto prazo – Até 3 meses
- Médio prazo – Até 6 meses
- Longo prazo – Até 12 meses

✓ como os resultados serão avaliados.

> ➤ O que não pode ser medido não pode ser controlado e aperfeiçoado. Os objetivos foram atingidos com quais indicadores de medição? Devem ser criados indicadores que sejam fáceis de serem medidos durante a avaliação de desempenho do SGCN.

> ➤ É necessário pensar qual resultado está sendo buscado naquela ação ou projeto. Caso siga o exemplo de "Elaborar uma palestra sobre a Norma ABNT NBR ISO 22301 para todas as pessoas envolvidas no SGCN", o resultado poderá ser a porcentagem de aderência à palestra. Todas as pessoas envolvidas no SGCN participaram da palestra. O engajamento das pessoas dependerá do objetivo que você tem, aonde você vai e como vai medir esse resultado. Não é necessário ser algum número de fato, mas são necessárias evidências que demonstrem se você conseguiu ou não atingir aquele objetivo de Continuidade de Negócios específico.

A forma mais prática de atender a esses requisitos da Norma ABNT NBR ISO 22301 é a elaboração e implantação de um Plano de Ação que deve estar fundamentado nas melhores práticas de Continuidade de Negócios e nas legislações aplicáveis à organização.

O Plano de Ação de Continuidade de Negócios tem por finalidade aglutinar projetos estratégicos ou atividades que contribuam para o alcance dos objetivos estabelecidos para a Continuidade de Negócios, além de apresentar indicadores para acompanhar a implantação do Plano de Ação.

As ações propostas poderão sofrer alterações em decorrência de evoluções tecnológicas, de mudanças no ambiente da organização e de novas necessidades, tanto de manutenção quanto de desenvolvimento tecnológico. As ações enumeradas em seguida deverão contribuir para o alcance da visão de futuro da organização, assim como para os objetivos de Continuidade de Negócios no período de abrangência do Plano.

É de extrema importância gerar métricas e indicadores para medir a eficiência e eficácia das ações de Continuidade de Negócios implementadas na organização. Por esse motivo, os objetivos devem ter seus indicadores descritos no plano de ação.

Os objetivos de Continuidade de Negócios devem validar a importância do Sistema de Gestão de Continuidade de Negócios dentro da organização. Então, é indispensável que todos os líderes envolvidos no SGCN conheçam os objetivos e trabalhem para que eles sejam alcançados. Para que isso aconteça, é necessário trabalhar muito a cultura da Continuidade de Negócios e principalmente a comunicação do que está acontecendo para alcançar o seu objetivo. As pessoas não se engajarão em algo que não entendem.

Os objetivos de Continuidade de Negócios também podem ser definidos como estratégicos ou táticos. Os estratégicos foram descritos antes; e os objetivos táticos são os próprios requisitos do SGCN, como, por exemplo, os objetivos mínimos de Continuidade de Negócios, definindo os níveis mínimos aceitáveis exigidos durante uma interrupção para atingir os objetivos de negócios da organização; os exercícios e testes, por exemplo: percentual de pessoas envolvidas na participação dos testes; objetivos de tempo de recuperação e objetivos do ponto de recuperação etc.

Saídas e documentação mandatória: PO-SGCN-004 – Política de Continuidade de Negócios atualizada com os Objetivos de Continuidade de Negócios e o PL-SGCN-005 – Plano Ação de Continuidade de Negócios.

A seguir descreve-se um exemplo de Plano de Ação da documentação mandatória do SGCN que pode implementar a cláusula 6.2 da Norma ABNT NBR ISO 22301.

Tabela 9. Exemplo de Plano de Ação de Continuidade de Negócios.

LOGOTIPO DA ORGANIZAÇÃO	Tipo: Plano	Código do Documento: PL – SGCN –005
Plano de Ação de Continuidade de Negócios		**Autor:** Nome da pessoa ou grupo **Revisado em:** 10/01/2018 **Aprovador:** Nome da pessoa ou grupo **Versão:** 1.00 **Aprovação:** 10/02/2018

FINALIDADE

A finalidade deste documento é definir claramente os Objetivos de Continuidade de Negócios e o seu planejamento para alcançá-los em conformidade com a implantação do Sistema de Gestão de Continuidade de Negócios – SGCN.

APLICABILIDADE

Este documento aplica-se à documentação e às atividades de implantação dos Objetivos de Continuidade de Negócios do SGCN.

FUNÇÕES E RESPONSABILIDADES

Alta Direção/Comitê de Continuidade de Negócios
➢ Aprovar este Plano de Ação.
➢ Prover recursos para a implantação do Plano de Ação.
Chefe de Continuidade de Negócios
➢ Elaborar este documento.
➢ Implementar as ações de Continuidade de Negócios.
➢ Medir o resultado das ações de Continuidade de Negócios.
➢ Enviar a medição para avaliação do Comitê.

TERMOS E DEFINIÇÕES

As definições dos termos e expressões utilizados neste documento constam nos termos e definições das Normas ISO 22300:2018, ABNT NBR ISO 22301 e ABNT NBR ISO 22313.

REGRAS E PROCEDIMENTOS

1 Escopo do SGCN
Neste item deve ser descrito o escopo do SGCN.
2 Objetivos de Continuidade de Negócios
O Comitê de Continuidade de Negócios deve assegurar que os Objetivos de Continuidade de Negócios sejam estabelecidos e comunicados para funções e níveis relevantes no âmbito da organização.

Conforme preconizado na ABNT NBR ISO 22301 em seu item 6.2, os objetivos devem:
a) estar alinhados com a Política de Continuidade de Negócios;
b) considerar o nível mínimo de produtos e serviços que é aceitável para a organização alcançar seus objetivos mensuráveis;
c) considerar requisitos aplicáveis;
d) ser comunicados; e
e) ser monitorados e atualizados sempre que necessário.

Em virtude da orientação anterior, são descritos a seguir os objetivos a serem atingidos visando cumprir a missão atribuída à Continuidade de Negócios e colaborar com o sucesso dos objetivos estratégicos da organização.

Objetivo 01 – Garantir a continuidade na prestação dos serviços aos clientes, mantendo uma disponibilidade de no mínimo 95% por ano da operação de serviços dos clientes.

Não permitir a interrupção das atividades concernentes à organização, protegendo os processos críticos contra efeitos de falhas ou de desastres significativos e assegurando a sua retomada em tempo hábil. Isso será possível a partir do desenvolvimento de capacidades de resiliência corporativa nos níveis estratégicos e táticos e da implantação da Continuidade de Negócios, visando a responder e tratar adequadamente incidentes críticos.

Objetivo 02 – Identificar quais são os ativos de informação de maior criticidade na organização e implementar controles em 100% desses ativos para reduzir o risco de parada nos processos críticos no próximo ano.

A identificação dos processos críticos é de suma importância para investir tempo e dinheiro naquilo que é mais importante para a organização. Aliada a um processo de avaliação de riscos, é parte do sistema de Gestão de Continuidade de Negócios que protege a imagem da organização.

Objetivo 03 – Adotar boas práticas de Continuidade de Negócios internacionalmente consagradas (implementar 100% dos requisitos das Normas ABNT NBR ISO 22301 e ABNT NBR ISO 22313) no prazo de até 12 meses.

Implantar as melhores práticas de Continuidade de Negócios reconhecidas internacionalmente para proteger a imagem da organização, demonstrando para a sociedade o comprometimento em alcançar o estado ideal em prestação de serviços aos seus usuários.

Objetivo 04 – Capacitar, conscientizar e educar todo o capital humano envolvido no SGCN sobre o tema Continuidade de Negócios (meta de 100% das pessoas envolvidas no SGCN no prazo de até 12 meses).

Promover a capacitação do capital humano para o desenvolvimento de competências e habilidades, visando à condução proficiente e confiável das atividades inerentes à Continuidade de Negócios, das operações e da infraestrutura crítica da organização.

Matriz dos objetivos estratégicos e objetivos de Continuidade de Negócios

Deve-se elaborar uma tabela apresentando os objetivos estratégicos da organização relacionados aos objetivos da Continuidade de Negócios, numerados de acordo com o item anterior. A tabela representa uma estimativa da contribuição dos objetivos de Continuidade de Negócios em favor dos objetivos estratégicos da organização.

Somente a título de exemplo, seguem exemplos de objetivos estratégicos de uma organização:
➢ Identificar e buscar a perfeição nos processos de trabalho, agregando valor ao produto.
➢ Aperfeiçoamento e adequação aos processos de apoio aos funcionários.
➢ Aprimoramento do apoio logístico de entrega de produtos aos clientes.
➢ Aprimoramento dos processos de vendas globalizado.

Na tabela a seguir, é realizado o alinhamento sobre quais objetivos de Continuidade de Negócios contribuem para o sucesso dos objetivos estratégicos da organização.

Por exemplo, como os quatro objetivos de Continuidade de Negócios contribuem para o sucesso do objetivo estratégico aprimoramento do apoio logístico de entrega de produtos aos clientes. Para o correto alinhamento, entreviste as pessoas que conhecem os processos de negócio da organização. **Exemplo de alinhamento dos objetivos estratégicos com os objetivos de Continuidade de Negócios.**

Objetivos Estratégicos	Objetivos da Continuidade de Negócios			
Identificar e buscar a perfeição nos processos de trabalho, agregando valor ao produto final.		Objetivo 02		Objetivo 04
Aperfeiçoamento e adequação aos processos de apoio aos funcionários.		Objetivo 02		Objetivo 04
Aprimoramento do apoio logístico de entrega de produtos aos clientes.	Objetivo 01	Objetivo 02	Objetivo 03	Objetivo 04
Aprimoramento dos processos de vendas globalizado.	Objetivo 01	Objetivo 02	Objetivo 03	Objetivo 04

3 Plano de Ação de Continuidade de Negócios

O Plano de Ação de Continuidade de Negócios é um documento utilizado para desenvolver e implantar ações e atividades a fim de saber o que deve ser executado e de qual maneira deve ser executado para comunicar e implantar os Objetivos de Continuidade de Negócios escolhidos pela organização.

Conforme preconizado na ABNT NBR ISO 22301 em seu item 6.2, quando do planejamento para alcançar os Objetivos de Continuidade de Negócios, determine:

a) o que será feito;
b) quais recursos serão necessários;
c) quem será o responsável;
d) quando estará concluído; e
e) como os resultados serão avaliados.

Este plano está fundamentado nas melhores práticas de Continuidade de Negócios e nas legislações aplicáveis à organização.

O plano tem por finalidade aglutinar projetos estratégicos ou ações que contribuam para o alcance dos objetivos estabelecidos para a Continuidade de Negócios, bem como apresentar indicadores para acompanhar a implantação de um Sistema de Gestão de Continuidade de Negócios.

As ações propostas poderão sofrer alterações em decorrência de evoluções tecnológicas, de mudanças no ambiente da organização e de novas necessidades, tanto de manutenção quanto de desenvolvimento de novos processos de negócios.

Ações para o Primeiro Objetivo

Objetivo 01:	Garantir a continuidade na prestação dos serviços aos clientes, mantendo uma disponibilidade de no mínimo 95% por ano da operação de serviços dos clientes.
Ações (o que deverá ser executado):	1. Elaborar a Política de Continuidade de Negócios para obter conformidade na implementação do Sistema de Gestão de Continuidade de Negócios.
Indicadores genéricos (como os resultados serão avaliados):	➢ Quantidade de pessoas que receberam a Política para leitura (meta de 100% de pessoas envolvidas no SGCN). ➢ Quantidade de pessoas que deram aceite no documento da Política de Continuidade de Negócios (aceite de 100% das pessoas envolvidas no SGCN).
Quem serão os responsáveis pela implementação da ação:	➢ Mediante coordenação do Chefe de Continuidade de Negócios e aprovação do Comitê de Continuidade de Negócios.
Prazo de execução:	➢ Esta ação deverá ser executada em curto prazo, até três meses.
Recursos envolvidos:	➢ Recursos de Pessoal: Chefe de Continuidade de Negócios e sua equipe. ➢ Recursos financeiros estimados: está em cotação.

Objetivo 01:	Garantir a continuidade na prestação dos serviços aos clientes mantendo uma disponibilidade de no mínimo 95% por ano da operação de serviços dos clientes.
Ações (o que deverá ser executado):	2. Desenvolver e implementar respostas de SGCN, que consiste na elaboração dos Planos de Continuidade de Negócios.
Indicadores genéricos (como os resultados serão avaliados):	➢ Pelo menos um tipo de Plano elaborado e publicado ➢ PGI – Plano de Gerenciamento de Incidentes elaborado ➢ PAC – Plano de Administração de Crises elaborado ➢ PCO – Plano de Continuidade Operacional elaborado ➢ PRD – Plano de Recuperação de Desastres elaborado
Quem serão os responsáveis pela implementação da ação:	➢ Mediante coordenação do Chefe de Continuidade de Negócios e aprovação do comitê de Continuidade de Negócios.
Prazo de execução:	➢ Esta ação deverá ser executada em longo prazo, até 12 meses.
Recursos envolvidos:	➢ Recursos de pessoal: todas as pessoas que estão no escopo do SGCN. ➢ Recursos financeiros estimados: está em cotação.

Ações para o Segundo Objetivo

Objetivo 02	Identificar quais são os ativos de informação de maior criticidade e implementar controles em 100% desses ativos para reduzir o risco de parada nos processos críticos no próximo ano.
Ações (o que deverá ser executado):	3. Criar estrutura e metodologia para a Gestão de Riscos com o objetivo de desenvolver procedimentos de análise e avaliação de riscos, de atender aos requisitos legais, regulatórios e de desenvolver critérios para o tratamento e a aceitação de riscos.
Indicadores genéricos (como os resultados serão avaliados):	➤ Documento de Metodologia de Gestão de Riscos elaborado ➤ Identificação dos riscos em todos os ativos de informação ➤ Relatórios de Tratamento dos Riscos e Vulnerabilidades
Quem serão os responsáveis pela implementação da ação:	➤ Mediante coordenação do Chefe de Continuidade de Negócios.
Prazo de execução:	➤ Esta ação deverá ser implantada em médio prazo, até seis meses, e realizada de forma continuada.
Recursos envolvidos:	➤ Recursos de pessoal: todas as pessoas que estão no escopo do SGCN. ➤ Recursos financeiros estimados: está em cotação.

Objetivo 02	Identificar quais são os ativos de informação de maior criticidade e implementar controles em 100% desses ativos para reduzir o risco de parada nos processos críticos no próximo ano.
Ações (o que deverá ser executado):	4. Implantar ferramenta de monitoramento de ativos de informação com objetivo de manter um monitoramento em tempo real de todos os ativos no escopo do SGCN.
Indicadores genéricos (como os resultados serão avaliados):	➤ Quantidade de ativos monitorados (monitorar 100% dos ativos de tecnologia do escopo do SGCN). ➤ Relatório de avaliação da implementação dos controles de segurança da informação. ➤ Relatório de disponibilidade de ativos de informação.
Quem serão os responsáveis pela implementação da ação:	➤ Mediante coordenação do Chefe de Continuidade de Negócios.
Prazo de execução:	➤ Esta ação deverá ser realizada a médio prazo, até seis meses.
Recursos envolvidos:	➤ Recursos de pessoal: todas as pessoas que estão no escopo do SGCN. ➤ Recursos financeiros estimados: está em cotação.

Ações para o Terceiro Objetivo	
Objetivo 03:	Adotar boas práticas de Continuidade de Negócios internacional-mente consagradas (implementar 100% dos requisitos das Normas ABNT NBR ISO 22301 e ABNT NBR ISO 22313) no prazo de até 12 meses.
Ações (o que deverá ser executado):	5. Realizar auditorias periódicas com base na Política de Continuida-de de Negócios, visando verificar a correta execução dos procedimen-tos e responsabilidades nela descritos, indicar não conformidades e recomendar medidas preventivas e corretivas.
Indicadores genéricos (como os resul-tados serão ava-liados):	➢ Relatório de Auditoria Interna revisado e aprovado. ➢ Número de não conformidades corrigidas (meta de 100%).
Quem serão os responsáveis pela implemen-tação da ação:	➢ Mediante coordenação do Chefe de Continuidade de Negó-cios e aprovação do Comitê de Continuidade de Negócios.
Prazo de execução:	➢ Esta ação deverá ser realizada em longo prazo, até 12 meses.
Recursos envolvidos:	➢ Recursos de pessoal: todas as pessoas que estão no escopo do SGCN. ➢ Recursos financeiros estimados: está em cotação.

Objetivo 03:	Adotar boas práticas de Continuidade de Negócios internacionalmen-te consagradas (implementar 100% dos requisitos das Normas ABNT NBR ISO 22301 e ABNT NBR ISO 22313) no prazo de até 12 meses.
Ações (o que deverá ser executado):	6. Realizar análises periódicas dos processos de gestão de Continuida-de de Negócios, nos níveis estratégico, tático e técnico-operacional, a fim de verificar o seu nível de maturidade e de conformidade.
Indicadores genéricos (como os re-sultados serão avaliados):	➢ Relatório de auditoria interna revisado e aprovado. ➢ Relatórios de conformidade com requisitos legais. ➢ Índice de conformidade (afeto a normas internas e externas) do escopo do SGCN.
Quem serão os responsáveis pela imple-mentação da ação:	➢ Mediante coordenação do Chefe de Continuidade de Negócios.
Prazo de execução:	➢ Esta ação deverá ser concluída em longo prazo, até 12 meses.
Recursos envolvidos:	➢ Recursos de pessoal: todas as pessoas que estão no escopo do SGCN. ➢ Recursos financeiros estimados: está em cotação.

Ações para o Quarto Objetivo	
Objetivo 04:	Capacitar, conscientizar e educar todo o capital humano envolvido no SGCN sobre o tema Continuidade de Negócios (meta de 100% das pessoas envolvidas no SGCN no prazo de até 12 meses).
Ações (o que deverá ser executado):	7. Realizar uma pesquisa sobre o conhecimento em Continuidade de Negócios com todos os funcionários da organização, com o objetivo de servir de insumo para os projetos de divulgação de Continuidade de Negócios.
Indicadores genéricos (como os resultados serão avaliados):	➢ Quantidade de campanhas de conscientização realizadas. ➢ Quantidade de pessoas capacitadas em Continuidade de Negócios (a meta é de 100% das pessoas envolvidas no escopo de SGCN). ➢ Quantidade de treinamentos realizados. ➢ Treinar 100% dos funcionários envolvidos no escopo do SGCN por ano em Continuidade de Negócios. ➢ Pesquisa de satisfação dos funcionários treinados deve ser superior a 80% de bom ou ótimo.
Quem serão os responsáveis pela implementação da ação:	➢ Mediante coordenação do Chefe de Continuidade de Negócios e apoio das áreas de marketing e recursos humanos.
Prazo de execução:	➢ Esta ação deverá ser concluída em curto prazo, até três meses.
Recursos envolvidos:	➢ Recursos de pessoal: todas as pessoas que estão no escopo do SGCN. ➢ Recursos financeiros estimados: está em cotação.

Objetivo 04:	Capacitar, conscientizar e educar todo o capital humano envolvido no SGCN sobre o tema Continuidade de Negócios (meta de 100% das pessoas envolvidas no SGCN no prazo de até 12 meses).
Ações (o que deverá ser executado):	8. Estabelecer programa de educação, conscientização e aculturamento sobre Continuidade de Negócios, onde todos os funcionários da organização e demais prestadores de serviço contratados recebam, quando pertinente, treinamento apropriado e regular de acordo com a Política de Continuidade de Negócios.
Indicadores genéricos (como os resultados serão avaliados):	➢ Quantidade de campanhas de conscientização realizadas ➢ Quantidade de pessoas capacitadas em Continuidade de Negócios (a meta é de 100% das pessoas envolvidas no escopo de SGCN) ➢ Quantidade de treinamentos realizados ➢ Treinar 100% dos funcionários envolvidos no escopo do SGCN por ano em Continuidade de Negócios ➢ Pesquisa de satisfação dos funcionários treinados deve ser superior a 80% de bom ou ótimo
Quem serão os responsáveis pela implementação da ação:	➢ Mediante coordenação do Chefe de Continuidade de Negócios e apoio da área de marketing e recursos humanos.
Prazo de execução:	➢ Esta ação deverá ser concluída em curto prazo, até três meses.
Recursos envolvidos:	➢ Recursos de pessoal: todas as pessoas que estão no escopo do SGCN. ➢ Recursos financeiros estimados: está em cotação.

Objetivo 04:	Capacitar, conscientizar e educar todo o capital humano envolvido no SGCN sobre o tema Continuidade de Negócios (meta de 100% das pessoas envolvidas no SGCN no prazo de até 12 meses).
Ações (o que deverá ser executado):	9. Desenvolver cursos e treinamento em Continuidade de Negócios para capacitar todos os funcionários envolvidos no SGCN.
Indicadores genéricos (como os resultados serão avaliados):	➢ Quantidade de campanhas de conscientização realizadas. ➢ Quantidade de pessoas capacitadas em Continuidade de Negócios (a meta é de 100% das pessoas envolvidas no escopo de SGCN). ➢ Quantidade de treinamentos realizados. ➢ Treinar 100% dos funcionários envolvidos no escopo do SGCN por ano em Continuidade de Negócios. ➢ Pesquisa de satisfação dos funcionários treinados deve ser superior a 80% de bom ou ótimo.
Quem serão os responsáveis pela implementação da ação:	➢ Mediante coordenação do Chefe de Continuidade de Negócios.
Prazo de execução:	➢ Esta ação deverá ser concluída em curto prazo, até três meses.
Recursos envolvidos:	➢ Recursos de pessoal: todas as pessoas que estão no escopo do SGCN. ➢ Recursos financeiros estimados: está em cotação.

4 Fatores Críticos de Sucesso

Neste item são descritos todos os fatores críticos de sucesso para a implantação e manutenção do Plano.

A seguir, alguns exemplos:

a) Apoio cultural, político e financeiro da organização no cumprimento da missão e no desenvolvimento dos projetos de Continuidade de Negócios.

b) Estrutura de gerenciamento de Continuidade de Negócios com autoridade suficiente para implantar e controlar ações e atividades de implementação de acordo com as necessidades da organização.

c) Entendimento da Continuidade de Negócios como um reflexo do objetivo estratégico da organização.

d) Divulgação eficiente da Continuidade de Negócios no âmbito da organização.

e) Provisão de treinamento adequado em Continuidade de Negócios.

f) Aquisição da infraestrutura necessária para atendimento dos objetivos da Continuidade de Negócios.

5. Aprovação

Neste item deve estar clara a aprovação do Plano pelo Comitê de Continuidade de Negócios.

Aprovado por:

_____

Presidente do Comitê de Continuidade de Negócios

PRAZO DE REVISÃO

Este documento deve seguir o ciclo de melhoria contínua do Sistema de Gestão de Continuidade de Negócios e também ser atualizado imediatamente sempre que houver mudanças significativas nos processos de negócio da organização.

REFERÊNCIA NORMATIVA

PO-SGCN-004 – Política de Continuidade de Negócios
ABNT NBR ISO 22301 – Cláusula 6.2 Objetivos de continuidade de negócios e planos para alcançá-los.
ABNT NBR ISO 22313 – Cláusula 6.2 Objetivos de continuidade de negócios e planos para alcançá-los.

ANEXOS

Não aplicável.

2.5 Suporte ao Sistema de Gestão de Continuidade de Negócios – Cláusula 7

Esta seção descreve quais são as atividades de apoio e suporte para o SGCN. Ela diz que a organização deve determinar e prover recursos e competências necessárias das pessoas para o desempenho por intermédio da provisão de treinamento, educação e conscientização em Continuidade de Negócios. E determina também que as atividades de comunicação interna e externa devem ser implementadas. A necessidade obrigatória de registros e evidências foi substituída por informações documentadas. Descreve-se detalhadamente como se deve criar, controlar, atualizar, armazenar e disponibilizar essas informações para quem necessita utilizá-las.

Lembrando que na Declaração de Escopo do SGCN você descreve todo o inventário de ativos, incluindo quais são os ativos do tipo pessoa que estão envolvidos nas funções e responsabilidades do SGCN. São essas pessoas que devem receber o treinamento adequado para trabalhar na organização.

2.5.1 Recursos do SGCN – Cláusula 7.1

Entradas: ID-SGCN-003 – Declaração de Escopo do SGCN, PO-SGCN-004 – Política de Continuidade de Negócios atualizada com os Objetivos de Continuidade de Negócios e PL-SGCN-005 – Plano de Ação de Continuidade de Negócios.

A organização deve determinar e prover recursos necessários para o estabelecimento, a implementação, a manutenção e a melhoria contínua do Sistema de Gestão de Continuidade de Negócios, demonstrando comprometimento com a continuidade de negócios. A falta desses recursos inviabiliza a execução de aspectos fundamentais e decisivos no esforço para se alcançar a efetividade das ações em continuidade de negócios.

Este item trata de assegurar que a organização determine e forneça os recursos necessários para o estabelecimento, a implementação, a manutenção e a melhoria contínua do SGCN.

Neste item também é necessário nomear pessoas para uma equipe de Gerenciamento de Incidentes com a responsabilidade, a autoridade, as habilidades e as competências necessárias para gerenciar um incidente de interrupção. Mas como a equipe pode ser definida com base nos diferentes tipos de incidentes? O pessoal pode ser indicado para uma equipe conforme a competência demonstrada para lidar com diferentes aspectos da resposta aos incidentes – por exemplo, incidentes de incêndio, de alagamento, ataque cibernético, telecomunicações, segurança física e patrimonial. Todas as pessoas dessa equipe já devem ter sido treinadas para desempenhar as suas funções e concedidas as responsabilidades e autoridades claramente definidas e aplicáveis antes, durante e após um incidente.

Como implementar:

Os recursos que são necessários para a implementação do SGCN já foram planejados no item de 6 de Planejamento e estão descritos no Plano de Ação. Dessa forma, basta analisar e avaliar as ações de Continuidade de Negócios descritas no Plano de Ação para determinar os insumos que a organização deve prover de recursos humanos e financeiros para o SGCN.

O Plano de Gerenciamento de Incidentes será descrito no Capítulo 3.

Saída: PL-SGCN-005 – Plano de Ação de Continuidade de Negócios atualizado com as informações de recursos humanos e investimentos financeiros.

2.5.2 Competência do SGCN – Cláusula 7.2

Entradas: ID-SGCN-003 – Declaração de Escopo do SGCN, documento que contém os nomes das pessoas envolvidas no SGCN, e o PL-SGCN-005 – Plano de Ação de Continuidade de Negócios.

Neste item o SGCN determina as competências necessárias das pessoas trabalhando sob seu controle e que afetem seu desempenho. Isso inclui determinar e prover recursos necessários para o estabelecimento, a implementação, a manutenção e a melhoria contínua do Sistema de Gestão de Continuidade de Negócios, demonstrando comprometimento com a Continuidade de Negócios.

A falta desses recursos inviabiliza a execução de aspectos fundamentais e decisivos no esforço para alcançar a efetividade das ações em Continuidade de Negócios.

Uma boa dica é realizar uma análise de riscos nos ativos das pessoas que estão envolvidas em atividades do SGCN, identificar quais são as lacunas de conhecimento em Continuidade de Negócios que elas possuem e criar projetos de treinamento, conscientização e educação para tratar esses riscos, ou seja, sanar as lacunas de conhecimento. Se uma pessoa não conhece os principais conceitos, faça, por exemplo, uma palestra apresentando-os e demonstrando como esses conceitos devem ser utilizados no dia a dia durante os trabalhos no SGCN.

Importante frisar que todo tipo de treinamento deve ser registrado. Por isso, é uma boa prática armazenar lista de presença, material didático e certificados das pessoas que participam dos treinamentos.

Como implementar:

Este requisito pode ser implementado assegurando que:

✓ **sejam determinadas as competências necessárias das pessoas trabalhando sob seu controle e que afetem seu desempenho;**

➢ Na fase de planejamento devem ser identificadas todas as funções e responsabilidades do SGCN. Esses insumos servem de entrada para determinar as competências necessárias das pessoas, principalmente com as responsabilidades e funções adicionadas na Política de Continuidade de Negócios.

✓ **as pessoas sejam competentes com relação à educação apropriada, ao treinamento e à experiência;**

➢ Pelo menos o Chefe e o Comitê de Continuidade de Negócios devem receber treinamento adequado, pois ocupam responsabilidades e funções críticas para o sucesso do SGCN. Cada treinamento realizado deve ter seu registro armazenado como evidência.

✓ **a organização, quando necessário, aja para adquirir a competência necessária e avaliar a eficácia das ações;**

  ➤ Ações aplicáveis podem incluir, por exemplo, a provisão do treinamento, mentores, a mudança dos atuais empregados ou a contratação de pessoal competente.

✓ **retenha informações documentadas de forma apropriada como evidência da competência.**

  ➤ Todo treinamento de pessoas que estão envolvidas no SGCN deverá ser registrado e controlado pelo Chefe de Continuidade de Negócios. Como exemplo, o certificado de conclusão de curso pode ser registrado como evidência de que as pessoas receberam adequadamente o conhecimento para trabalhar no SGCN.

Conforme descrito no PL-SGCN-005 – Plano de Ação de Continuidade de Negócios, a ação 8 diz: "estabelecer programa de educação, conscientização e aculturamento sobre Continuidade de Negócios, onde todos os funcionários da organização e demais prestadores de serviço contratados recebam, quando pertinente, treinamento apropriado e regular de acordo com a Política de Continuidade de Negócios".

Observa-se que essa ação executa e implementa todos os itens da cláusula 7.2 da Norma ABNT NBR ISO 22301, ou seja, aqui se faz um alinhamento dos Objetivos de Continuidade de Negócios e dos demais requisitos que são mandatórios para a sua correta implementação.

Matamos dois coelhos com uma paulada só!

Mais algumas recomendações.

Uma boa dica também é inserir uma responsabilidade para a Alta Direção de prover recursos para o SGCN na Política de Continuidade de Negócios. Sendo assim, haverá um comprometimento em adquirir os recursos necessários para a implementação do Plano de Ação.

Uma outra recomendação é incluir também os Objetivos na Política de Continuidade de Negócios, pois como é o Presidente da organização que irá assinar o documento, ele também se comprometerá em alcançar os Objetivos. Só é possível implementar os Objetivos por intermédio da implementação do Plano de Ação.

Mais uma recomendação fundamental na construção do SGCN: começar o treinamento de uma equipe de gerenciamento de incidentes de Continuidade de Negócios. Será necessário ter uma equipe treinada para executar um Plano de Gerenciamento de Incidentes.

Essa equipe deve formar um grupo que será responsável por gerenciar qualquer incidente de Continuidade de Negócios que afete significativamente, ou tenha o potencial de impactar, os processos de negócios da organização. O ideal é que os membros dessa equipe sejam distribuídos pelos departamentos da organização, utilizando o conhecimento multidisciplinar de cada funcionário. O Chefe de Continuidade de Negócios deverá ser o responsável por organizar e designar os treinamentos para essa equipe. Para cada membro da equipe deverá ser designado um substituto que deverá ser treinado e orientado para a realização das tarefas e atividades de gerenciamento de incidentes de Continuidade de Negócios.

Podem ser incluídos os seguintes tipos de treinamento para a equipe de Gerenciamento de Incidentes: autoridade para acionar os Planos de Continuidade de Negócios, comunicação dos porta-vozes, gerenciamento de incidentes, acionamento de uma resposta apropriada; evacuação do ambiente físico (local físico onde está ocorrendo o incidente), triagem e primeiros socorros das pessoas atingidas pelo incidente, estabelecimento de um centro de operações de emergência (caso seja necessário, esse centro deve ser testado durante os exercícios e testes dos planos), entrar em contato com os serviços de emergências (defesa civil, bombeiros e ambulância) e autoridades locais (polícia e governo), coordenação e comunicação da resposta ao incidente e elaboração de relatórios de avaliação pós-incidentes com os resultados do tratamento do incidente – de acordo com esse relatório será necessário revisar e atualizar os Planos.

Assim, tudo se encaixa e o SGCN está em conformidade com os requisitos da Norma ABNT NBR ISO 22301.

Saída: Plano de Treinamento do SGSI e os treinamentos executados.

2.5.3   Educação e conscientização do SGCN – Cláusula 7.3

Entradas: PO-SGCN-004 – Política de Continuidade de Negócios e PL-SGCN-005 – Plano de Ação de Continuidade de Negócios

É necessário que todo o pessoal que possua responsabilidades definidas no SGCN seja treinado e conscientizado para poder desempenhar as tarefas requeridas e ficar ciente da importância das suas atividades, visando alcançar os objetivos do SGCN.

As ações de educação e conscientização geralmente são elaboradas anualmente e são normalmente desenvolvidas pelo Chefe de Continuidade de Negócios em conjunto com o departamento de Recursos Humanos, caso a organização tenha esse departamento em seu organograma. Os registros de competência, que são as evidências de que as pessoas receberam o treinamento adequado, são geralmente mantidos pelo departamento de Recursos Humanos ou por qualquer funcionário que normalmente mantenha os registros de funcionários. Basicamente, uma pasta com todos os documentos contendo essas informações é o suficiente para manter registros e evidências mandatórios do SGCN.

O recomendado é ter um Procedimento Documentado de competências, treinamento e conscientização para todas as partes interessadas envolvidas no SGCN, sejam elas funcionários, prestadores de serviços, parceiros, fornecedores e às vezes até os clientes, pois treinar os clientes caso eles estejam enfrentando algum incidente também é uma boa prática. Por exemplo: como a organização está sem internet para comunicação, o cliente pode entrar em contato via SMS ou por um número de telefone exclusivo para esse fim. Com esse documento é possível desenvolver e divulgar uma cultura de Gestão de Continuidade de Negócios. A eficiência deste documento pode aumentar a resiliência de toda a organização ao longo do tempo, minimizando a probabilidade e o impacto das interrupções dos processos de negócios.

Como implementar:

Este requisito da Norma pode ser implementado assegurando que as pessoas que realizam trabalhos sob o controle da organização sejam conscientizadas:

✓ **sobre o conteúdo da Política de Continuidade de Negócios;**

➤ Uma dica é fazer uma apresentação para todos os funcionários sobre a Política. É importante que todos os funcionários conheçam a Política e aceitem formalmente as suas responsabilidades e diretrizes.

✓ **da sua contribuição para a eficácia do SGCN, incluindo os benefícios do melhor desempenho da Gestão de Continuidade de Negócios;**

➤ Um treinamento sobre os conceitos e a Política de Continuidade de Negócios pode ser realizado para atender a esse requisito.

✓ **das implicações de não conformidades com os requisitos do SGCN;**

➤ Por isso que é importante que na Política de Continuidade de Negócios tenha uma seção sobre penalidades. Assim os funcionários estarão cientes de que ficarão suscetíveis às penalidades administrativas caso não cumpram suas diretrizes.

✓ **dos seus próprios papéis durante incidentes que causem interrupção.**

➤ Todas as pessoas envolvidas na execução dos Planos de Continuidade de Negócios devem participar dos exercícios e testes dos Planos para treinar e conhecer quais sãos as suas responsabilidades durante um incidente de interrupção.

➤ É possível também incluir discussões sobre os requisitos do SGCN como tópico nas reuniões da equipe de manutenção de sistemas de informação e de novos projetos na organização.

Conforme descrito no Plano de Ação, a ação 08 diz: "estabelecer programa de educação, conscientização e aculturamento sobre Continuidade de Negócios, onde todos os funcionários da organização e demais prestadores de serviço contratados recebam, quando pertinente, treinamento apropriado e regular de acordo com a Política de Continuidade de Negócios. Essa ação deverá ser concluída em curto prazo, mediante coordenação do Chefe de Continuidade de Negócios e o apoio da área de marketing e recursos humanos".

A incorporação de diversas ações estratégicas de comunicação para divulgação da Continuidade de Negócios é essencial para o sucesso do SGCN, pois cria o engajamento de todos. A criação de cartazes, logomarca e de toda uma campanha publicitária de propaganda e comunicação interna pode ser uma das atividades a serem implementadas, com o intuito de transmitir a ideia e conseguir o apoio e a participação de todos os funcionários.

Com o apoio e o comprometimento das pessoas que estão em contato direto com as informações, ficará bem mais fácil desenvolver os processos de Continuidade de Negócios e aprimorá-los por meio da adoção de controles de segurança mais rígidos.

É responsabilidade da Alta Direção assegurar que todos os funcionários saibam como proteger os ativos de informação e estejam de acordo com os documentos normativos. Contudo, a responsabilidade pela preservação dos princípios de Continuidade de Negócios é de todos os funcionários da organização.

Por onde começar?

Conforme descrito no Plano de Ação, a ação número 7 diz: "realizar uma pesquisa sobre o conhecimento em Continuidade de Negócios com todos os funcionários da organização, com o objetivo de servir de insumo para os projetos de divulgação da Continuidade de Negócios. Essa ação deverá ser concluída em curto prazo, mediante coordenação do Chefe de Continuidade de Negócios e apoio das áreas de marketing e recursos humanos".

Deverá ser realizada uma pesquisa com todas as pessoas envolvidas no SGCN sobre o tema "Continuidade de Negócios", objetivando avaliar o nível de conhecimento sobre o assunto, além de disseminar seus principais conceitos. A pesquisa será a primeira abordagem de conscientização para implementação da cultura de Continuidade de Negócios na organização.

Uma metodologia utilizada pode ser a aplicação de questionário eletrônico disponibilizado em uma página na internet. A primeira pesquisa abordará perguntas simples sobre o tema, contendo aproximadamente 20 perguntas e quatro opções de respostas. O sistema da pesquisa deverá disponibilizar um comentário com a resposta correta, caso o usuário marque alguma resposta incorreta. Essa será a primeira integração dos funcionários com o assunto, servindo para a obtenção de dados estatísticos a respeito do nível de cultura dos funcionários.

De posse do resultado da pesquisa, é possível determinar quais são as lacunas de conhecimento das pessoas e trabalhar com as atividades de divulgação da Continuidade de Negócios para sanar essas lacunas.

Muitas atividades podem ser executadas para implementar essa ação:

✓ Palestras, cursos e treinamentos sobre o tema Continuidade de Negócios.

✓ Site institucional sobre o tema com muitas dicas e brincadeiras.

✓ Cartazes espalhados pela organização com as diretrizes de Continuidade de Negócios.

✓ Elaboração de uma cartilha sobre Continuidade de Negócios.

✓ Envio de e-mail marketing etc.

Saídas: palestras, cursos, e-mail marketing, um site sobre Continuidade de Negócios etc.

A seguir descreve-se um exemplo de Procedimento Documentado da documentação mandatória do SGCN que pode implementar as cláusulas 7.2 e 7.3 da Norma ABNT NBR ISO 22301.

Tabela 10. Exemplo de modelo de Procedimento Documentado de Competências, Treinamento e Conscientização.

LOGOTIPO DA ORGANIZAÇÃO	Tipo: Procedimento Documentado	Código do Documento: PR – SGCN –006
Procedimento Documentado de Competências, Treinamento e Conscientização de pessoas envolvidas no SGCN.		**Autor:** Nome da pessoa ou grupo **Revisado em:** 10/01/2018 **Aprovador**: Nome da pessoa ou grupo **Versão:** 1.00 **Aprovação:** 10/02/2018

FINALIDADE

Estabelecer e manter o procedimento para assegurar que os funcionários e os prestadores de serviços envolvidos nos processos de trabalho do Sistema de Gestão de Continuidade de Negócios – SGCN – tenham competência, treinamento e conscientização necessários para executar suas funções e responsabilidades.

APLICABILIDADE

Aplica-se a todas as pessoas envolvidas nos processos de trabalho do SGCN.

FUNÇÕES E RESPONSABILIDADES

Funcionários, prestadores de serviços e fornecedores
- ➢ Participar dos treinamentos e campanhas de conscientização quando solicitado.

Responsáveis pelas áreas ou setores na organização
- ➢ Recomendar as pessoas que estão aptas a receber os treinamentos.
- ➢ Avaliar a eficácia e eficiência dos treinamentos realizados.

Recursos Humanos
- ➢ Organizar os cursos e treinamentos.
- ➢ Reter e manter os artefatos dos treinamentos e cursos de cada funcionário envolvido no SGCN.

Chefe de Continuidade de Negócios
- ➢ Elaborar os treinamentos.
- ➢ Elaborar as campanhas de conscientização e educação em Continuidade de Negócios.
- ➢ Executar os treinamentos e as campanhas de conscientização e educação.

Alta Direção/Comitê de Continuidade de Negócios
- ➢ Aprovar os treinamentos e as campanhas de conscientização e educação em Continuidade de Negócios.

TERMOS E DEFINIÇÕES

As definições dos termos e expressões utilizados neste documento constam nos termos e definições das Normas ISO 22300:2018, ABNT NBR ISO 22301 e ABNT NBR ISO 22313.

REGRAS E PROCEDIMENTOS

1 Implementar a cultura de Continuidade de Negócios na organização
Devem ser estabelecidos programas de treinamento, conscientização e educação para todos os funcionários, prestadores de serviço e até os fornecedores atuais que podem ser afetados por um incidente de interrupção. O intuito é demonstrar que as pessoas que fazem o trabalho sob a sua supervisão têm a competência necessária para desempenhar suas funções para o SGCN e os papéis de reação que executarão.

É responsabilidade da Alta Direção assegurar que todos os funcionários saibam como proteger os ativos de informação e estejam de acordo com os documentos normativos publicados pela organização. Contudo, a responsabilidade pela preservação dos princípios de Continuidade de Negócios permanece de toda a organização. É uma responsabilidade de todos!

Nesse contexto, a elaboração de um Procedimento Documentado de Competências, Treinamento e Conscientização se faz necessária para direcionar quais são as campanhas de divulgação e quais ferramentas serão utilizadas para educar e conscientizar as pessoas sobre o tema Continuidade de Negócios.

O Chefe de Continuidade de Negócios define as temáticas, os conteúdos relevantes, o público a ser treinado e os profissionais adequados para ministrar os treinamentos.

A organização deve reter informação documentada de todos os artefatos de conscientização e educação, desde palestras realizadas, atas de presença de curso, material didático etc; principalmente, todos os cursos e treinamentos dos quais as pessoas envolvidas no SGCN participaram.

A área de Recursos Humanos deve armazenar registros que evidenciam a competência requerida das pessoas envolvidas nos processos de trabalho do SGCN que executam atividades e afetam a Continuidade de Negócios. Esses registros devem ser apropriados para demonstrar formação, treinamento, habilidade e experiência requerida e podem abranger um ou mais dos seguintes itens:

➢ *Curriculum vitae.*
➢ Registros de treinamentos.
➢ Lista de presença em treinamentos.
➢ Cópias de certificados, diplomas, carteira profissional, entre outros.

As informações dos funcionários e todo o seu histórico de treinamentos devem ser mantidos atualizados e armazenados pela área de Recursos Humanos.

2 Alinhamento com o Plano de Ação de Continuidade de Negócios

O SGCN é uma engrenagem em funcionamento. Basicamente, um documento é a entrada das atividades do próximo documento, por isso no documento de Plano de Ação de Continuidade de Negócios são descritas as atividades que devem ser implementadas para cumprir as cláusulas 7.2 e 7.3 da Norma ABNT NBR ISO 22301. Tudo se encaixa. Essas ações devem estar alinhadas com os projetos que serão introduzidos para implementar a cultura do SGCN na organização.

Conforme preconizado na Norma ABNT NBR ISO 22301, a organização deve estabelecer um sistema adequado e eficaz para a gestão de competência das pessoas que estão envolvidas no SGCN, determinando as competências para todas as funções e responsabilidades do SGCN.

No Sistema de Gestão de Continuidade de Negócios existem pelo menos quatro tipos de grupos de pessoas que precisam receber treinamento para desempenhar as suas atividades:

➢ **Funcionários, prestadores de serviços e fornecedores.** São as pessoas em geral que podem ser solicitadas a participar de algum processo de trabalho do SGCN. Para isso, elas precisam ser capacitadas.

➢ **Responsáveis pelas áreas ou setores na organização.** São os gestores, as pessoas que têm a responsabilidade por alguma área da organização. Algumas responsabilidades importantes podem recair sobre essas pessoas. Elas podem, por exemplo, elaborar os Planos de Continuidade de Negócios de sua área. Para isso, elas precisam ser capacitadas.

➢ **Chefe de Continuidade de Negócios e sua equipe.** É a pessoa mais importante para o sucesso do SGCN, consequentemente. Deve ser a pessoa que detém maior conhecimento e habilidade sobre o tema. Caso tenha uma equipe à sua disposição, esta também deve ser muito bem capacitada para desempenhar as suas funções e responsabilidades.

➢ **Alta Direção/Comitê de Continuidade de Negócios.** As principais decisões de aprovação de recursos passam por essas pessoas. Se elas não forem bem capacitadas, não tomarão a melhor decisão possível para o sucesso do SGCN.

Os requisitos mínimos para cada cargo dependem de cada organização, como nível de escolaridade. Não há uma descrição básica de funções e responsabilidades. O que deve ser feito para implementar uma gestão de competências é descrever as funções técnicas para cada um dos quatro tipos de grupos de pessoas citados.

A Norma ABNT NBR ISO 22301 é bastante clara quanto à verificação da competência das pessoas que têm funções e responsabilidades no SGCN. É complicado provar se uma pessoa é competente naquilo que faz, mas provar que a pessoa recebeu treinamento adequado para desempenhar as suas funções é bem simples. Com essa perspectiva, é comum desenvolver três tipos de treinamentos para cada um dos grupos de pessoas que trabalha no SGCN.

A seguir são dados exemplos de tipos de treinamentos que podem ser realizados para cumprir os requisitos do SGCN sobre competências e conscientização.

Todas as pessoas envolvidas com funções e responsabilidades no SGCN (funcionários, prestadores de serviços e fornecedores):

> ➢ Conceitos e termos de Continuidade de Negócios e exercícios práticos.
> ➢ Divulgação e treinamento sobre os itens da Política de Continuidade de Negócios.
> ➢ Divulgação dos procedimentos do SGCN.
> ➢ Treinamento nos exercícios e testes dos Planos de Continuidade de Negócios.

Treinamento específico para os responsáveis pelas áreas ou setores na organização: como eles são funcionários, o grupo deve participar de todos os treinamentos realizados para os funcionários. Os treinamentos estão listados a seguir:

> ➢ Metodologia de análise de impacto no negócio e de avaliação de riscos.
> ➢ Desenvolvimento e elaboração de Planos de Continuidade de Negócios.
> ➢ Elaboração e execução de treinamento nos exercícios e testes dos Planos de Continuidade de Negócios.
> ➢ Gestão de incidentes de interrupção e Planos de Continuidade de Negócios:
>   o Avaliação e classificação do incidente de interrupção.
>   o Prevenção do incidente, à detecção, à mitigação, à autoproteção, à evacuação, à reação, à continuidade e à recuperação, incluindo processos de "check-in" para controle dos funcionários.
>   o Procedimentos de trabalho no ambiente de contingência.
>   o Habilidade de comunicações, compartilhamento de informações e entrevista com a mídia.

Treinamento específico para o Chefe de Continuidade de Negócios e sua equipe:

> ➢ Certificação em Fundamentos de Gestão de Continuidade de Negócios.
>   o Comprova que o Chefe conhece e entende os conceitos e termos básicos de Continuidade de Negócios.
> ➢ Gestão de incidentes de interrupção.
>   o Avaliação e classificação do incidente de interrupção.
>   o Prevenção do incidente, à detecção, à mitigação, à autoproteção, à evacuação, à reação, à continuidade e à recuperação, incluindo processos de "check-in" para controle dos funcionários.
>   o Procedimentos de trabalho no ambiente de contingência.
>   o Treinamento de comunicação e entrevistas sobre questionamentos da mídia.
> ➢ Certificação de Auditor Líder da Norma ABNT NBR ISO 22301.
>   o Este treinamento capacita o Chefe de Continuidade de Negócios em compreender os requisitos da ABNT NBR ISO 22301, em planejar e liderar uma auditoria do SGCN, compilar, conduzir e relatar os resultados da auditoria e realizar uma reunião de abertura, fechamento e *follow-up* de auditoria.

Treinamento específico para o Comitê de Continuidade de Negócios:
- ➤ Treinamento de alto nível com no máximo oito horas de duração com os principais conceitos, termos e exercícios práticos sobre a normas de Gestão de Continuidade de Negócios, incluindo no mínimo:
  - o Visão geral das Normas ABNT NBR ISO 22301 e ABNT NBR ISO 22313.
  - o Principais regulamentações, Normas e boas práticas em Continuidade de Negócios.
  - o Avalição de riscos.
  - o Análise de Impacto no Negócio.
  - o Desenvolvimento das estratégias de Continuidade de Negócios.
  - o Desenvolvimento da Política e Procedimentos de gestão de CN.
  - o Desenvolvimento dos Planos de Continuidade de Negócios.
  - o Exercícios, testes e melhoria contínua (PDCL).

Conforme descrito no Plano de Ação, a ação 16 diz: "Estabelecer programa de educação, conscientização e aculturamento sobre Continuidade de Negócios, onde todos os funcionários da organização e demais prestadores de serviço contratados recebam, quando pertinente, treinamento apropriado e regular de acordo com a Política de Continuidade de Negócios".

Ao implementar uma cultura de Continuidade de Negócios, busca-se aumentar o impacto dos benefícios a seguir:
- ➤ Desenvolver a Continuidade de Negócios mais eficientemente em todos os processos do SGCN.
- ➤ Incutir confiança em suas partes interessadas (especialmente funcionários, clientes e agentes de fiscalização) em sua capacidade para tratar de forma correta os incidentes de interrupção.
- ➤ Aumentar sua resiliência organizacional ao longo do tempo assegurando que o tema Continuidade de Negócios é estratégico para a organização.
- ➤ Minimizar a chance de ocorrência e o impacto das interrupções nos processos de negócio críticos.

3 Avaliação da eficácia das ações implementadas de treinamento, conscientização e educação

Deve ser avaliada a eficácia das ações implementadas. Essa avaliação é realizada por qualquer uma das seguintes formas:
- ➤ Auditoria interna.
- ➤ Pesquisas internas.
- ➤ Reuniões ou entrevistas com os gestores das pessoas que participaram do treinamento.

Caso as ações não sejam eficazes, outras formas de atingir o nível de conscientização desejado devem ser identificadas e executadas novamente.

REFERÊNCIA NORMATIVA

ABNT NBR ISO 22301 – Cláusulas 7.2 Competência e 7.3 Conscientização
PL-SGCN-005 – Plano de Ação de Continuidade de Negócios

ANEXOS

Anexo I – Formulário de Treinamento

Objetivo(s):		
Conteúdo(s):		
Instrutor:		
Público:		
Data:	Horário de entrada:	Horário de saída:
Nome e CPF	Área e Setor	Assinatura

Legenda para preencher o formulário:
Objetivo(s): descrever os objetivos da realização do treinamento.
Conteúdo(s): descrever o que será ensinado no treinamento.
Instrutor: indicar nome do responsável por ministrar o treinamento.
Público: descrever o público participante (funcionários, prestadores de serviço, fornecedores etc.).
Data: preencher com a data do treinamento (dd/mm/aa).
Horário de entrada: descrever o horário de início do treinamento.
Horário de saída: descrever o horário de término do treinamento.
Nome e CPF, área e setor e assinatura: cada treinando completa a lista com seu nome completo, CPF, setor onde trabalha e assinatura.

2.5.4 Plano de Comunicação do SGCN – Cláusula 7.4

Entrada: ID-SGCN-003 – Declaração de Escopo do SGCN

A comunicação contínua e interativa que uma organização promove para fornecer, compartilhar ou obter informações, estabelecendo um diálogo com as partes interessadas e outros grupos relacionados à continuidade de negócios, é um aspecto essencial para o sucesso do Sistema de Gestão de Continuidade de Negócios. Além disso, é muito importante que a organização se comunique e consulte todas as partes interessadas de modo a garantir que a estrutura do SGCN continuará sempre adequada.

Como implementar:

O meio mais simples de implementar esses requisitos da cláusula 7.4 é com a elaboração e implementação de um Plano de Comunicação que visa definir a distribuição das informações entre as partes interessadas do Sistema de Gestão de Continuidade de Negócios, estabelecendo quais informações devem ser comunicadas, para quem, de que forma e quando. Esse documento aplica-se aos processos e às atividades do SGCN. Uma boa dica é utilizar as orientações do *PMBOK® Guide* para gestão de projetos e extrair as boas práticas de como realizar a gestão das informações no seu SGCN.

Lembrando que não basta somente ter o Plano de Comunicação. É necessário registrar e manter todas as interações de comunicação, incluindo várias formas diferentes, como e-mail, correio, telefone etc. Você deve manter cópias de e-mails, cartas e ofícios em qualquer tipo de mídia física ou digital. Se a comunicação foi feita através de telefone, uma nota deve ser escrita e então arquivada de acordo com as regras no procedimento de registro de evidências.

Saídas e Documentação: PL-SGCN-007 – Plano de Comunicação do Sistema de Gestão de Continuidade de Negócios.

A seguir descreve-se um exemplo de Plano do SGCN que pode implementar a cláusula 7.4 da Norma ABNT NBR ISO 22301.

Tabela 11. Exemplo de modelo de Plano de Comunicação.

LOGOTIPO DA ORGANIZAÇÃO	Tipo: Plano	Código do Documento: PL – SGCN –007
Plano de Comunicação do Sistema de Gestão de Continuidade de Negócios.		**Autor:** Nome da pessoa ou grupo **Revisado em:** 10/01/2018 **Aprovador**: Nome da pessoa ou grupo **Versão:** 1.00 **Aprovação:** 10/02/2018

FINALIDADE

Planejar, estabelecer, manter e definir a distribuição das informações internas e externas para todas as pessoas envolvidas nos processos de trabalho do Sistema de Gestão de Continuidade de Negócios, estabelecendo quais informações devem ser comunicadas, para quem, de que forma e quando.

APLICABILIDADE

Aplica-se a todas as pessoas envolvidas nos processos de trabalho do SGCN.

FUNÇÕES E RESPONSABILIDADES

Funcionários, prestadores de serviços e fornecedores
  ➢ Seguir as instruções deste documento quando solicitado.
Responsáveis pelas áreas ou setores na organização
  ➢ Seguir as instruções deste documento quando solicitado.

Chefe de Continuidade de Negócios
- ➤ Elaborar os artefatos do SGCN.
- ➤ Elaborar e revisar o Plano de Comunicação.
- ➤ Distribuir as informações do SGCN de acordo com as instruções deste Plano.

TERMOS E DEFINIÇÕES

As definições dos termos e expressões utilizados neste documento constam nos termos e definições das Normas ISO 22300, ABNT NBR ISO 22301 e ABNT NBR ISO 22313.

REGRAS E PROCEDIMENTOS

1 Aspectos gerais do Plano

A Comunicação é a alma do Sistema de Gestão de Continuidade de Negócios. Sem uma comunicação eficiente, a probabilidade de a execução ser feita de forma incorreta, fora do planejamento, é muito alta.

O Chefe de Continuidade de Negócios deve elaborar procedimentos eficazes de comunicação e consulta para a troca de informação com as partes interessadas. Nesse documento devem ser incluídos os requisitos a seguir:

a) Como será realizada a comunicação interna e externa entre as partes interessadas, incluindo funcionários, clientes, governo, comunidade local e órgãos de segurança pública. Os insumos de quem são as partes interessadas internas e externas estão enumerados na Declaração de Escopo do SGCN. Pegue-os de lá e descreva qual tipo de informação enviar para cada um deles.

b) Como será o recebimento, a documentação e a resposta à comunicação de informações de todas as partes interessadas.

c) Deve ser adaptado e integrado o sistema de prevenção de desastres das secretarias de defesa civil de cada cidade, pois o governo realiza esse serviço de forma eficiente e é recomendado que sejam realizadas consultas permanentes a esse serviço.

d) O Plano de Administração de Crises deve prever a garantia da disponibilidade de meios de comunicação durante um incidente de interrupção.

e) Garantia da capacidade de se comunicar com os órgãos de segurança pública e outras autoridades governamentais.

f) Os exercícios e testes dos Planos de Continuidade devem prever também o teste de funcionamento dos ativos de comunicações para utilização durante o tratamento de uma interrupção de comunicações normais.

É impossível gerir a Continuidade de Negócios de forma sozinha. Por isso, é recomendado que sejam convidadas a participar do SGCN partes interessadas que podem ser envolvidas no tratamento de incidentes de interrupção, como os bombeiros, polícia, defesa civil, entre outros.

É importante monitorar os boletins de notícias de empresas fornecedoras e do governo, principalmente em busca de informações que podem trazer impacto negativo a algum ativo de informação do SGCN e, consequentemente, causar prejuízos para a organização.

2 Plano de Comunicação

Este Plano de Comunicação pode ser elaborado assegurando que tenha os seguintes requisitos:

> As necessidades de comunicações internas e externas relevantes para o SGCN, incluindo os aspectos descritos a seguir:
> o o que comunicar;
> o quando comunicar;
> o quem comunicar;
> o quem será comunicado; e
> o o processo pelo qual a comunicação será realizada.
>   ▪ A maneira mais simples de implementar esses requisitos é elaborar uma matriz com esses termos e descrever quem é o responsável por enviar as informações e quais são os receptores.
> De recebimento, documentação e resposta à comunicação dos grupos interessados.
> o Como receber as informações das partes interessadas? Pode ser um e-mail ou tem que ser um documento oficial com papel timbrado e assinado? Determine quais são as formas de recebimento de informações no Plano de Comunicação.
> Para adaptação e integração de um sistema de assessoria a ameaças nacionais ou regionais, ou equivalente, no planejamento ou na operação, se apropriado.
> o Nessa equipe é importante ter alguém da organização preocupado em receber e monitorar as informações de ameaças climáticas e de segurança pública que podem afetar a organização.
> Para garantia de disponibilidade dos meios de comunicação durante o incidente gerador da interrupção.
> o Este requisito está contemplado nos Planos de Continuidade de Negócios. É evidente que montar uma estratégia de continuidade para a interrupção dos meios de comunicação da organização estará no escopo dos seus Planos.
> Para facilitação da estrutura de comunicação com as autoridades apropriadas para garantir interoperabilidade de múltiplas organizações e pessoal, quando apropriado.
> o Uma boa dica é manter um canal de comunicação com as autoridades de segurança pública, como polícia, defesa civil e bombeiros, em virtude da ocorrência de um desastre. Essas informações podem ser incluídas no Plano de Administração de Crises.
> Para operação e teste das capacidades de comunicação destinados a ser utilizados durante a interrupção dos meios normais de comunicação.
> o Este item está contemplado nos exercícios e testes do SGCN.

3 Implementação do Plano de Comunicação

O Plano de Comunicação deve determinar as comunicações internas e externas pertinentes para o Sistema de Gestão de Continuidade de Negócios. É importante incluir os requisitos das próximas seções deste documento.

3.1 O que será comunicado

Basicamente, todas as informações importantes do SGCN serão comunicadas para as partes interessadas, ou seja, todas as informações documentadas, todos os resultados de atividades, como, por exemplo, o resultado da Análise de Impacto no Negócio e do Processo de Avaliação de Riscos, todas as informações críticas serão comunicadas.

A seguir são descritos alguns exemplos de documentações obrigatórias que serão comunicadas no seu SGCN.

- Declaração de Escopo do SGCN
- Os processos (entradas e saídas, recursos, responsabilidades e autoridades)
- Política e os objetivos de Continuidade de Negócios
- Contratos com clientes e fornecedores e acordos de nível de serviço de cada um
- Procedimento de competências de pessoas envolvidas no SGCN
- Resultados da Análise de Impacto no Negócio
- Resultados do Processo de Gestão de Riscos
- Planos de Continuidade de Negócios
- Planos de Gerenciamento de Incidentes
- Plano de Administração de Crises
- Relatório de Avaliação de Exercícios e Testes
- Resultado dos indicadores de desempenhos
- Informações documentadas
- Resultado de auditorias internas
- Resultados de análises críticas
- Informações sobre não conformidades e ações corretivas
- Resultados de ações corretivas

3.2 Quando comunicar

Para cada artefato identificado no item anterior, deve-se definir qual a periodicidade do envio das informações para as partes interessadas. A periodicidade de envio pode ser somente uma vez, semanal, mensal e anual.

3.3 Para quem comunicar

Para toda informação enviada é necessário responsabilizar alguma pessoa da equipe do SGCN por enviar as informações e descrever quem irá recebê-las.

3.4 O meio pelo qual a comunicação será realizada

As informações podem ser enviadas por muitos meios de comunicação; por exemplo, envio de e-mail, por envio de documento impresso via malote, por ofício enviando um documento oficial para um órgão do governo, por uma reunião, se for uma informação verbal etc.

3.5 Exemplo de Matriz de Informações do Plano de Comunicação

Para aglutinar todas essas informações de modo fácil e rápido, pode ser elaborada uma matriz do Plano de Comunicação. Essa matriz está descrita no Anexo I.

REFERÊNCIA NORMATIVA

ABNT NBR ISO 22301 – Cláusulas 7.4 Comunicação

ANEXOS

Anexo I – Exemplo de Matriz de Informações do Plano de Comunicação

Exemplo de Matriz de Informações do Plano de Comunicação								
Cód.	Qual informação ou documento	Breve descrição do documento	Quem é o responsável	Quem precisa da informação	Meio de comunicação	Quando e qual periodicidade	Onde os registros serão armazenados	Comentários
1	ID-SGCN-003 – Declaração de Escopo do SGCN	Definir claramente os limites do SGCN – Sistema de Gestão da Continuidade de Negócios – da Organização	Chefe de Continuidade de Negócios	Alta Direção	Envio por e-mail	Única vez	Pasta na rede	Documento aguardando aprovação da Alta Direção
2	PO-SGCN-004 – Política de Continuidade de Negócios	Definir claramente as responsabilidades de cada pessoa diante de um incidente de interrupção qualquer que venha afetar a disponibilidade, visando minimizar os impactos decorrentes de eventuais paralisações nos processos de negócios	Chefe de Continuidade de Negócios	Alta Direção, funcionários e demais partes interessadas	Envio por e-mail	Única vez	Site institucional	Este documento deve ficar disponível para todas as partes interessadas no site institucional

2.6   Resumo de estudo para certificação Fundamentos em Gestão de Continuidade de Negócios

A seguir são descritos os tópicos deste capítulo que fazem parte da prova de certificação. Conforme apresentado, o candidato deve:

✓ conhecer o que é um SGCN, os elementos do seu escopo e como se encaixa em outros sistemas de gestão;

✓ saber como determinar os contextos interno e externo da organização;

✓ conhecer a importância das necessidades e expectativas das partes interessadas e a importância de requisitos legais e regulatórios;

✓ conhecer a importância e as implicações vitais do comprometimento da Alta Direção com o planejamento e o SGCN;

✓ saber como a Alta Direção pode demonstrar seu comprometimento em gerenciar a Continuidade de Negócios;

✓ conhecer os elementos de uma Política de Continuidade de Negócios;

✓ conhecer os diferentes papéis do planejamento e da Gestão de Continuidade de Negócios, identificando as competências necessárias para o planejamento e a execução do SGCN;

✓ saber como os objetivos da Continuidade de Negócios são estabelecidos, gerenciados e alcançados através de um Plano de Ação;

✓ conhecer os recursos necessários para planejamento do SGCN;

✓ saber como é garantido o nível correto de competência de pessoas responsabilizando-se pelo SGCN;

✓ conhecer a importância do Plano de Comunicação;

✓ conhecer a importância da informação documentada e de uma padronização dos documentos do SGCN;

✓ conhecer a importância da conscientização relativa à Continuidade de Negócios.

Capítulo 3 – Implementar e Operar o SGCN

"Tudo o que a sua mão encontrar para fazer, faça-o com todo o seu coração."

Salomão

3.1 Planejamento e controle operacional do SGCN – Cláusula 8.1

Entradas: ID-SGCN-003 – Declaração de Escopo do SGCN e PL-SGCN-005 – Plano Ação de Continuidade de Negócios e ações para direcionar riscos e oportunidades.

Esta seção, o coração do SGCN, descreve a implantação do seu planejamento operacional e o controle.

Na medida em que acontecem eventos externos e internos, o contexto e o conhecimento modificam-se, novos riscos surgem, alguns se modificam e outros desaparecem. Assim sendo, para que o SGCN possa sentir e se adaptar às mudanças, tanto o monitoramento quanto a análise crítica devem ser incorporados, de forma planejada, envolvendo verificações regulares ou a vigilância constante. Isso pode ser feito de forma periódica ou em resposta a uma situação específica. O planejamento e o controle permitem que a capacidade de Continuidade de Negócios seja estabelecida e mantida de forma apropriada ao tamanho e à complexidade da organização.

Como implementar:

Esta é uma função importante que deve ser exercida pelo Chefe de Gestão de Continuidade de Negócios.

Como a organização cumprirá sua Política e objetivos da Continuidade de Negócios e atenderá às necessidades e aos requisitos aplicáveis? Essa resposta deve ser dada elaborando um documento que diga como determinar, planejar, implementar e controlar todas as ações e atividades do SGCN.

Essas ações podem ser programadas para criar o SGCN e para assegurar que a Continuidade de Negócios seja gerida de forma adequada e sua eficácia mantida e melhorada.

No Planejamento de Controle Operacional é necessário incluir alguns mecanismos de controle, como:

- ✓ como as ações de Continuidade de Negócios devem ser determinadas, planejadas, executadas e controladas, por exemplo, através da criação de um planejamento com a adoção da metodologia da ABNT NBR ISO 22313:2015;

- ✓ assegurar que os controles sobre essas ações sejam executados de acordo com as decisões tomadas, por exemplo, definindo os marcos do projeto e especificando resultados necessários conforme descrito neste livro na seção 1.4, "Etapas do Projeto de Estruturação do SGCN".

- ✓ manter informação documentada para demonstrar que os processos foram realizados como planejado.

Toda e qualquer nova implementação no SGCN deve ser realizada por intermédio de um processo de Gestão de Mudanças. O objetivo desse processo é minimizar o impacto de eventuais incidentes que possam surgir durante a implementação das ações de Continuidade de Negócios. Dada a complexidade que as mudanças podem alcançar, um processo para gerenciá-las se faz necessário, pois ele define o fluxo a ser seguido para que todas as solicitações de mudança sejam analisadas, ordenadas, priorizadas, planejadas e implementadas de forma segura, sem impacto nos processos de negócio da organização.

É de suma importância que os fornecedores e parceiros reajam de forma adequada e esperada caso ocorra um incidente de interrupção. A recomendação é verificar em cada contrato os acordos de nível de serviço com cada fornecedor que está no escopo do SGCN. E cada novo contrato deve ter os requisitos mínimos de continuidade que o fornecedor deve cumprir – caso ele não cumpra, deve-se aplicar uma multa contratual e até mesmo trocar de fornecedor.

Além disso, um incidente que ocorra com os fornecedores pode vir a prejudicar os processos de negócio da organização; por isso os acordos de nível de serviços devem estar bem alinhados em conformidade com os resultados da Análise de Impacto no Negócio, onde o fornecedor terá que cumprir os níveis de serviços especificados. Se o seu tempo objetivado de recuperação é de 4 horas para um processo, por exemplo, o tempo de acordo de nível de serviço do fornecedor deve ser menor que esse tempo.

Não se pode esquecer que também faz parte integrar toda a cultura de GCN na organização, incluindo as competências, funções e responsabilidades de todos os envolvidos no SGCN.

A seguir, uma breve descrição das principais atividades que são executadas na fase de Implementar e Operar o SGCN:

Planejamento e controle operacional

O planejamento e o controle operacional eficazes estão no coração do Sistema de Gestão de Continuidade de Negócios. O Chefe de Continuidade de Negócios deve ser o responsável por essa atividade. Ele terá a responsabilidade de garantir a relevância do escopo do SGCN e das funções e responsabilidades para a Continuidade de Negócios, por intermédio da promoção da continuidade em toda a organização; e, além disso, deve fazer a gestão das capacidades, que é assegurar a manutenção da documentação de gerenciamento dos incidentes elaborando e atualizando os Planos de Continuidade de Negócios.

Análise de Impacto no Negócio e Análise e Avaliação de Riscos

A priorização dos processos de negócios e os requisitos para a Continuidade de Negócios são alcançados por intermédio da execução da BIA – Análise de Impacto no Negócio – e o processo de Avaliação de Riscos. A BIA permite a priorização dos processos para a retomada das atividades que suportam seus produtos e serviços. O processo de avaliação de riscos promove a identificação dos riscos para os processos priorizados e suas dependências e as consequências potenciais de um incidente de interrupção. Os resultados permitem que seja selecionada a melhor estratégia de Continuidade de Negócios.

Estratégia de Continuidade de Negócios

É necessário fazer a identificação e a avaliação de um conjunto de opções de estratégias de Continuidade de Negócios para prevenir a interrupção de seus processos de negócio priorizados. A seleção da melhor estratégia proporcionará a retomada das atividades em um nível aceitável de operação em conformidade com os prazos acordados na Análise de Impacto no Negócio.

Estabelecer e implementar procedimentos de Continuidade de Negócios

Elaboração e implementação dos Planos de Continuidade de Negócios.

Exercitando e testando

Os exercícios e testes são necessários para promover a educação e conscientização dos funcionários e o desenvolvimento e a verificação de suas competências. Essa etapa é fundamental para assegurar que a Continuidade de Negócios e seus procedimentos estejam completos, atualizados e adequados aos processos da organização e, por último, para identificar oportunidades para melhoria contínua do SGCN.

Saída e documentação mandatória: PL-SGCN-008 – Planejamento e Controle Operacional do Sistema de Gestão de Continuidade de Negócios.

A seguir descreve-se um exemplo de Procedimento Documentado do SGCN que pode implementar a cláusula 8.1 da Norma ABNT NBR ISO 22301.

Tabela 12. Exemplo de modelo de Planejamento e Controle Operacional.

LOGOTIPO DA ORGANIZAÇÃO	Tipo: Plano	Código do Documento: PL – SGCN –008
Planejamento e Controle Operacional do Sistema de Gestão de Continuidade de Negócios		**Autor:** Nome da pessoa ou grupo **Revisado em:** 10/01/2018 **Aprovador:** Nome da pessoa ou grupo **Versão:** 1.00 **Aprovação:** 10/02/2018

FINALIDADE

A finalidade deste documento é planejar, implementar e controlar os processos necessários para atender a requisitos e implementar as ações para direcionar riscos e oportunidades estabelecendo critérios para os processos. É preciso implementar um controle para os processos em acordo com os critérios definidos e manter a documentação de informações na extensão necessária para ter a confiança de que os processos têm sido conduzidos de acordo com o planejado.

APLICABILIDADE

Aplica-se a todas as pessoas envolvidas nos processos de trabalho do SGCN.

FUNÇÕES E RESPONSABILIDADES

A Política de Continuidade de Negócios é o documento que melhor define as responsabilidades para o SGCN. Esse documento deve ser visto e divulgado para todas as partes interessadas na organização. A seguir, a representação gráfica da estrutura hierárquica do Sistema de Gestão de Continuidade de Negócios, bem como das suas funções e responsabilidades em cada nível.

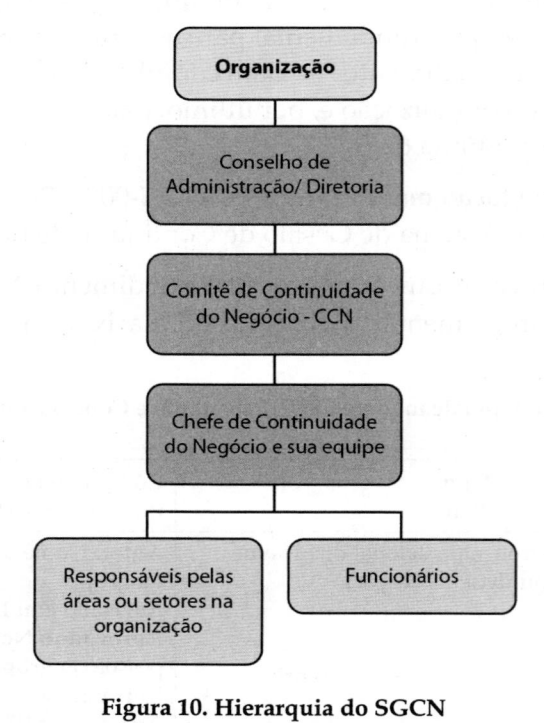

Figura 10. Hierarquia do SGCN

Diretoria
- Aprovar a composição da Alta Direção do SGCN, que será chamada de CCN – Comitê de Continuidade de Negócios.
- Aprovar o Planejamento e Controle Operacional e respectivo orçamento apreciados pelo CCN.
- Aprovar a Estratégia de Continuidade de Negócios, apreciada pelo CCN.
- Aprovar demais documentos solicitados pelo CCN.

Comitê de Continuidade de Negócios – CCN
- Acompanhar a execução do Planejamento e Controle Operacional.
- Apreciar a proposta de orçamento relativa ao SGCN.
- Aprovar os resultados da Análise de Impacto no Negócio e da Avaliação de Riscos.
- Apreciar a Estratégia de Continuidade de Negócios e submeter para aprovação da Diretoria.
- Garantir que os Planos de Continuidade de Negócios estejam atualizados e aderentes à Estratégia de Continuidade de Negócios definida.
- Aprovar os Planos de Continuidade de Negócios.
- Aprovar os Planos de Teste e Validação.
- Reportar à Diretoria o desempenho do SGCN.
- Aprovar a revisão dos procedimentos, planos e demais documentos do SGCN.

Chefe de Continuidade de Negócios e sua equipe
- Elaborar o Planejamento e Controle Operacional.
- Elaborar o orçamento e levar para apreciação do Comitê.
- Promover a gestão da documentação relacionada ao SGCN.
- Coordenar o processo de Análise de Impacto no Negócio e de Avaliação dos Riscos de Interrupção.
- Revisar os procedimentos, planos e demais documentos do SGCN.
- Coordenar a realização dos testes, a avaliação dos resultados e a implementação de melhorias para o SGCN.

Responsáveis pelas áreas ou setores na organização
- Elaborar, implementar e manter atualizados os Planos de Continuidade de Negócios relacionados aos processos sob sua responsabilidade, sob coordenação do Chefe.
- Elaborar os Planos de Teste e Validação, quando indicada a necessidade pelo CCN.

Funcionários
- Seguir as orientações do Chefe de Continuidade de Negócios.

TERMOS E DEFINIÇÕES

As definições dos termos e expressões utilizados neste documento constam nos termos e definições das Normas ISO 22300, ABNT NBR ISO 22301 e ABNT NBR ISO 22313.

REGRAS E PROCEDIMENTOS

1 Aspectos gerais do plano

A Gestão da Continuidade de Negócios (GCN) é um processo abrangente de gestão que identifica ameaças potenciais, os possíveis impactos nos processos de negócio caso essas ameaças se concretizem e estabelece os procedimentos necessários para garantir a Continuidade de Negócios. Tem como objetivo principal aumentar a resiliência organizacional.

O Sistema de Gestão de Continuidade de Negócios (SGCN) faz parte do sistema global de gestão da organização e estabelece, implementa, opera, monitora, analisa criticamente, mantém e melhora a continuidade de negócios de acordo com as metodologias das Normas ABNT NBR ISO 22301 e ABNT NBR ISO 22313.

Como a organização irá cumprir sua política e objetivos da continuidade de negócios e atender às necessidades e aos requisitos aplicáveis? Essa resposta deve ser dada elaborando um documento que diga como determinar, planejar, implementar e controlar todas as ações e atividades do SGCN.

Essas ações podem ser programadas para criar o SGCN e para assegurar que a continuidade de negócios seja gerida de forma adequada e sua eficácia mantida e melhorada. A melhor forma é elaborar um Planejamento e Controle Operacional.

Planejamento e controle operacional eficaz está no coração do Sistema de Gestão de Continuidade de Negócios. O Chefe de Continuidade de Negócios deve ser o responsável por essa implementação.

O Sistema de Gestão de Continuidade de Negócios é composto por quatro etapas. São elas:

- Estabelecendo o SGCN
- Implementação e Operação do SGCN
- Monitoramento e Revisão do SGCN
- Manutenção, Melhoria e Aprendizado do SGCN

O Planejamento e Controle Operacional são específicos para a fase de Implementação e Operação do SGCN.

A figura a seguir representa as atividades do elemento da Gestão de Continuidade de Negócios que estão no Planejamento e Controle Operacional:

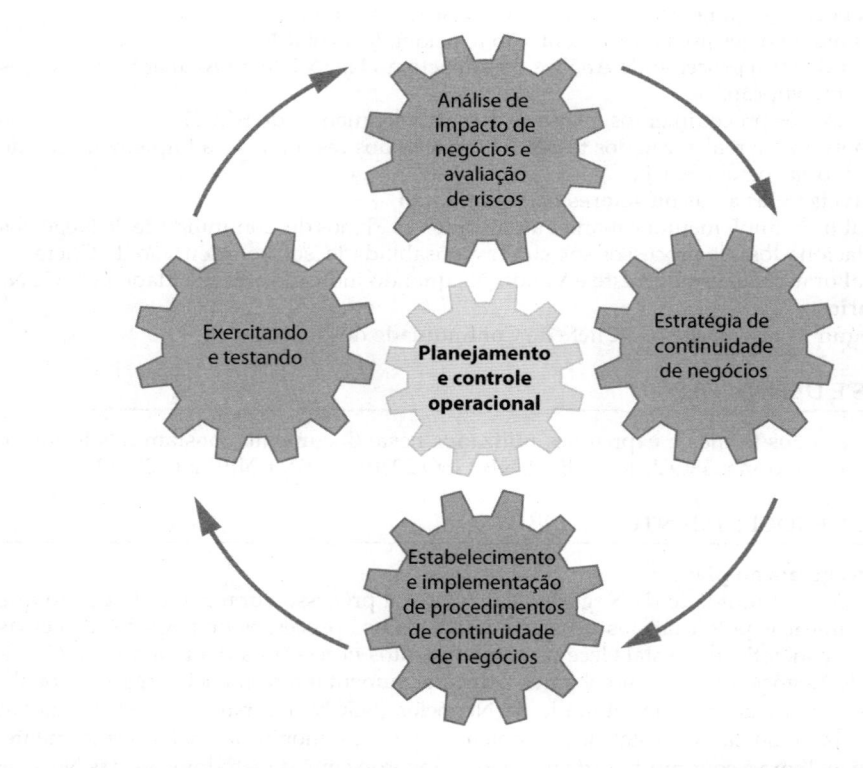

Figura 11. Elementos da GCN. Adaptado da Norma ABNT NBR ISO 22313.

No Planejamento e Controle Operacional do SGCN você define como as atividades e o ciclo de melhoria contínua do SGCN serão executados. Nessa etapa também são gerados os informes de acompanhamento da execução ao longo do período de implementação. As fases de Planejamento e Controle são descritas em detalhes nas próximas seções indicadas deste documento.

Na etapa de Análise de Impacto no Negócio e Avaliação dos Riscos de Interrupção são realizadas duas atividades:

a) Mapeamento de processos e inventário de ativos. Após, realiza-se a análise de todos os processos em relação ao impacto nos objetivos da organização em caso de interrupção. O resultado dessa análise é uma lista de processos prioritários com informações pertinentes ao SGCN, como, por exemplo, produtos ou serviços contingenciados e insumos necessários, os tempos ideais de recuperação, entre outros.

b) Avaliação dos riscos de interrupção aos quais a organização está vulnerável. Tem como resultado o(s) cenário(s) de interrupção que será(ão) considerado(s) nas etapas subsequentes do SGCN.

Após a realização da Análise de Impacto no Negócio e da Avaliação dos Riscos de Interrupção, define-se a Estratégia de Continuidade de Negócios, que determina as medidas de proteção para os processos prioritários e as orientações para sua continuação e recuperação. A Estratégia de Continuidade de Negócios é operacionalizada através da elaboração e implantação de Planos de Continuidade de Negócios, que descrevem como a organização irá atuar no caso da ocorrência de um incidente de interrupção no cenário considerado. Para responder a um incidente de interrupção deve-se observar os Planos de Continuidade de Negócios compostos de:

a) Plano de Administração de Crises – PAC

b) Plano de Gerenciamento de Incidentes – PGI

c) Plano de Continuidade Operacional – PCO

d) Plano de Recuperação de Desastres – PRD

Na última etapa do ciclo da Gestão de Continuidade de Negócios são planejados e realizados testes para avaliar a eficiência, eficácia e a efetividade dos Planos de Continuidade de Negócios estabelecidos. Os resultados dos testes realimentam as demais etapas do SGCN.

O guia de gerenciamento de projetos *Project Management Body of Knowledge – PMBOK® Guide* – pode ser utilizado para executar a implementação do SGCN. Durante a fase de monitoramento do projeto é necessário instituir alguns marcos para melhor acompanhamento da implementação. Os marcos que podem ser utilizados para esse fim são:

- **Primeiro marco** – Elaboração e divulgação da Política de Continuidade de Negócios.
- **Segundo marco** – Execução e conclusão da Análise de Impacto no Negócio.
- **Terceiro marco** – Execução e conclusão da Avaliação de Riscos.
- **Quarto marco** – Definição e implementação da Estratégia de Continuidade de Negócios.
- **Quinto marco** – Elaboração dos Planos de Continuidade de Negócios.
- **Sexto marco** – Exercícios e Testes dos Planos de Continuidade de Negócios.

Toda e qualquer nova implementação no SGCN deve ser realizada por intermédio de um processo de Gestão de Mudanças. O objetivo desse processo é minimizar o impacto de eventuais incidentes que possam surgir durante a implementação das ações de Continuidade de Negócios. Dada a complexidade que as mudanças podem alcançar, um processo para gerenciá-las se faz necessário, pois define o fluxo a ser seguido para que todas as solicitações de mudança sejam analisadas, ordenadas, priorizadas, planejadas e implementadas de forma segura, sem impacto aos processos de negócio da organização.

É de suma importância que fornecedores e parceiros reajam de forma adequada e esperada caso ocorra um incidente de Continuidade de Negócios. A recomendação é que se verifique em cada contrato os acordos de nível de serviço com cada fornecedor que está no escopo do SGCN. E cada novo contrato deve ter os requisitos mínimos de continuidade que o fornecedor deve cumprir – caso ele não cumpra, deve-se aplicar uma multa contratual.

Além disso, um incidente que ocorra com os fornecedores pode vir a prejudicar os processos de negócio da organização, por isso os acordos de nível de serviços devem estar bem alinhados em conformidade com os resultados da Análise de Impacto no Negócio, onde o fornecedor terá que cumprir os níveis de serviços especificados. Se o seu tempo objetivado de recuperação é de 4 horas para um processo, por exemplo, o tempo de acordo de nível de serviço do fornecedor deve ser menor que esse tempo.

Para demonstrar que os processos foram realizados conforme o planejado, deve ser mantida a informação documentada de cada um dos marcos.

2 Regras para a Implementação do Planejamento e Controle Operacional

A seguir são apresentados as diretrizes, as responsabilidades e os critérios que devem ser adotados na implementação do Planejamento e Controle Operacional.

O Chefe de Continuidade de Negócios deve planejar, implementar e controlar as atividades necessárias para o funcionamento do SGCN, pois ele é o profissional que detém maior conhecimento sobre o tema Continuidade de Negócios.

Essa é uma função importante que deve ser exercida pelo Chefe de Gestão de Continuidade de Negócios.

Fica estabelecido o CCN – Comitê de Continuidade de Negócios. É recomendado que este Comitê seja formado por representantes dos membros de diretorias da organização com objetivo de estabelecer e coordenar as ações do SGCN e assessorar a Diretoria.

O Chefe de Continuidade de Negócios deve elaborar as atividades de gestão visando à evolução e atualização do SGCN. Sem que se busque a melhoria contínua, a probabilidade que se morra na praia é enorme. Por isso a sua missão é melhorar sempre, diariamente observando os seguintes critérios:

- Horizonte de até dois anos, com início em janeiro do primeiro ano e término em dezembro do segundo ano. Esse pode ser um tempo factível para a implementação de todas as atividades do SGCN, principalmente a implementação da Estratégia de Continuidade, onde é necessário adquirir recursos de contingência.
- Revisão de todos os procedimentos, planos e demais documentos do SGCN em até dois anos.
- Exercícios e testes deverão ser realizados no mínimo uma vez ao ano.
- Revisão anual no início de cada ano.

A melhor forma de manter o SGCN vivo e pulsante é com ações de treinamento, conscientização e educação dos seus funcionários. Com os funcionários conscientizados fica mais fácil demonstrar todos os benefícios da implementação do SGCN.

O Chefe de Continuidade de Negócios deverá:

a) definir mecanismos para gestão da documentação do SGCN conforme descrito no PR-SGCN-001 – Procedimento Documentado de Elaboração de Documentos do SGCN;

b) coordenar a Análise de Impacto no Negócio de todos os processos, técnicos e corporativos. Como resultado dessa análise, serão identificados os processos críticos de negócios, e seus produtos e serviços deverão ser definidos documentando os impactos de uma interrupção nos processos avaliados;

c) coordenar uma Avaliação de Riscos de interrupção observando:
   1. a identificação dos ativos e ameaças internas e externas, bem como as respectivas vulnerabilidades e controles existentes;
   2. a avaliação da probabilidade de materialização das ameaças nos ativos identificados, bem como seu impacto para a organização;
   3. definição dos riscos de interrupção a serem tratados no âmbito do SGCN.

Os resultados da Análise de Impacto no Negócio e da Avaliação de Riscos de interrupção deverão ser aprovados pelo CCN.

O Chefe de Continuidade de Negócios deverá propor uma Estratégia de Continuidade de Negócios que considere os resultados da Avaliação de Impacto do Negócio e da Avaliação de Riscos de Interrupção com a finalidade de atender aos Objetivos de Continuidade de Negócios.

As medidas que reduzam o período, a possibilidade e o impacto de uma interrupção dos Processos Prioritários deverão ser identificadas e documentadas.

A Estratégia de Continuidade de Negócios deverá considerar os recursos relativos a pessoas, instalações, tecnologia, informação, suprimentos e às partes interessadas.

A Estratégia de Continuidade de Negócios deve ser apreciada pelo CCN e submetida à aprovação da Diretoria.

As ações que demandem recursos financeiros para sua implantação serão submetidas às regras do processo de captação orçamentária da organização.

Os Planos de Continuidade de Negócios devem permitir a resposta aos incidentes de interrupção, a continuação e a recuperação dos processos de negócio críticos dentro dos prazos previstos.

Na Avaliação de Riscos de Interrupção e na Definição da Estratégia de Continuidade, os planos devem ser elaborados, implementados e mantidos com base na Análise de Impacto no Negócio.

Os responsáveis pelas áreas ou setores na organização poderão ser responsáveis por elaborar, implementar e manter atualizados os Planos de Continuidade de Negócios relacionados aos processos sob sua responsabilidade, sob coordenação do Chefe de Continuidade de Negócios.

Os planos devem ser analisados e atualizados sempre que houver uma mudança significativa no ambiente operacional da organização ou em seus recursos humanos, processos ou tecnologias, assim como quando um teste ou incidente revelar deficiências ou sempre que for identificada uma necessidade de correção ou implementação de melhoria.

O Chefe de Continuidade de Negócios deverá planejar e coordenar a realização de testes com o objetivo de assegurar que políticas, estratégias, procedimentos e planos em prática são adequados e atendem aos Objetivos de Continuidade de Negócios.

Deverão existir Planos de Testes e Validação (PTV) que descrevam os detalhes dos exercícios e testes a serem realizados.

Os PTVs poderão ser elaborados por responsáveis pelas áreas ou setores na organização, sob coordenação do Chefe de Continuidade de Negócios; os Planos serão aprovados pelo CCN.

Os exercícios e testes executados periodicamente garantem que as pessoas envolvidas com responsabilidades nos Planos de Continuidade de Negócios sejam treinadas para responder eficazmente a um incidente ou interrupção.

Além dos exercícios e testes dos planos, cada componente do arranjo do SGCN, incluindo toda a informação documentada, deve ser revisado periodicamente e as suas correções devem ser atualizadas mediante a aprovação do processo de Gestão de Mudanças.

O Chefe de Continuidade de Negócios é responsável por verificar se alguma mudança pode causar um impacto negativo no SGCN.

3 Mantendo a continuidade dos negócios

Para manter a Continuidade de Negócios eficaz, é necessário:

a) conservar a Gestão de Continuidade de Negócios atualizada por meio de boas práticas de gestão, como, por exemplo, as Normas ABNT NBR ISO 22301 e ABNT NBR ISO 22313;

b) gerenciar os exercícios e testes dos Planos de Continuidade de Negócios periodicamente com a participação das pessoas envolvidas com responsabilidades nos planos;

c) gerenciar a revisão periódica e atualização das atividades de GCN, mediante a aprovação das melhorias pelo processo de Gestão de Mudanças, incluindo a revisão da Análise de Impacto no Negócio (BIA), Estratégia de Continuidade e o processo de Avaliação de Riscos; e

d) certificar a manutenção e atualização de procedimentos e atividades de Continuidade de Negócios adequados às necessidades das equipes de resposta dos incidentes de interrupção, de acordo com o Plano de Gerenciamento de Incidentes.

REFERÊNCIA NORMATIVA

ABNT NBR ISO 22301 – Cláusula 8.1 Planejamento e Controle Operacional

ANEXOS

Não aplicável

3.2 Análise de Impacto no Negócio e Processo de Avaliação de Riscos – Cláusula 8.2

Uma organização pode conquistar o seu objetivo de negócio ao oferecer seus produtos e serviços aos seus clientes. É de suma importância, portanto, conhecer qual é o impacto negativo ao longo do tempo que a interrupção desses produtos e serviços (e as atividades associadas) terão sobre os objetivos de negócios e o funcionamento da própria organização – além de entender as interrelações e requisitos; os ativos de informação que suportam os produtos e serviços; e quais são as ameaças que podem explorar as vulnerabilidades nesses ativos, causando prejuízos.

A Análise de Impacto no Negócio e o Processo de Avaliação de Riscos permitem que sejam identificadas medidas que:

✓ limitem o impacto negativo de uma interrupção nos processos de negócio;

✓ diminuem o período de interrupção; e

✓ diminuem a probabilidade de ocorrer uma interrupção.

Os resultados dessas atividades servirão de entrada para escolher a melhor Estratégia de Continuidade de Negócios.

3.2.1 Análise de Impacto no Negócio (BIA – *Business Impact Analysis*) – Cláusula 8.2.2

Entrada: ID-SGCN-003 – Declaração de Escopo do SGCN com seu mapeamento de processos.

Quando se pensa em Análise de Impacto no Negócio, a primeira coisa que vem à cabeça é: **tomada de decisão**. Imagine que você tenha uma quantia disponível para investir na sua organização ou precise solicitar dinheiro para investir em algum novo projeto. Você até tem ideia de onde investir esse dinheiro, mas se tivesse certeza de que o investimento estará sendo realizado nos processos críticos de negócio, seria até mais fácil conquistar novos investimentos com a Alta Direção. Na Análise de Impacto no Negócio, a resposta para o que é mais crítico/importante na sua organização será entregue com o seu resultado final.

Todas as atividades que ocorrem nos processos de negócio são de alguma forma importantes para o desempenho da organização. Essas atividades são distribuídas ao longo de um período de tempo que representa custos e riscos diferentes que não devem ser interrompidos. Pois a Análise de Impacto no Negócio prioriza todos os processos dos mais críticos para os menos críticos de forma prática e simples para que todos os gestores possam compreender a sua metodologia de apuração de resultados.

O resultado dessa análise permitirá uma avaliação de antemão dos recursos necessários para mitigar as supostas ameaças, bem como para reduzir a probabilidade de impactos (perdas) que ocorrem em uma situação de emergência, minimizando o tempo para o processo de negócio em recuperação.

Além disso, o BIA é a identificação e análise de processos de negócios com o objetivo de compreender o impacto e os efeitos em uma interrupção nesses processos – o que leva à atribuição do tempo objetivado de recuperação e à sua priorização de recuperação. O resultado dessas informações é importante porque contribui para determinar a melhor Estratégia de Continuidade de Negócios adequada para que, em caso de desastres, seus ambientes e recursos tecnológicos vitais na continuidade das suas operações possam ser restaurados ou substituídos no menor tempo possível para cada um dos processos de negócio.

Também é possível determinar o Período Máximo de Interrupção Tolerável, o Objetivo Mínimo de Continuidade de Negócios, o Ponto Objetivado de Recuperação e recursos humanos e financeiros necessários para a estruturação da Estratégia de Continuidade de Negócios.

Por meio do BIA serão estimados os impactos financeiros, operacionais e de imagem resultantes de uma interrupção dos processos de negócios críticos, e serão conhecidos os recursos necessários para sua recuperação e qual o período de tempo suportável para uma interrupção.

Por isso, o BIA é considerado a atividade mais importante do Sistema de Gestão de Continuidade de Negócios.

Uma tarefa importante é a identificação de impactos que podem trazer prejuízos para a organização. Podemos definir impacto como um dano causado aos ativos de informação que suportam os processos de negócio. Durante a execução do BIA deve-se determinar e documentar o impacto nos processos de negócio. Em se tratando de impacto, deve-se avaliar no mínimo:

✓ a consequência avaliada de um impacto negativo em particular em cada processo de negócio;

✓ a comparação de todos os impactos para definir se um incidente se tornou um desastre ou não. Sempre que ocorre, um incidente traz consigo um dano, um impacto, também mensurável em diversos aspectos.

> **A função do Sistema de Gestão de Continuidade de Negócios é minimizar os impactos, evitando que se transformem em desastres.**

Os impactos podem ser de até sete tipos diferentes, cada um merecendo um tratamento adequado e focado.

Pessoas   Financeiro   Operacional   Legais

Ambientais   Imagem   Instalações

Figura 12. Tipos de impactos.

✓ **Impactos de pessoas:** dano à integridade física dos funcionários, parceiros, fornecedores e clientes ou a qualquer indivíduo que esteja envolvido com os processos de negócio da organização.

✓ **Impacto de imagem:** Afeta a imagem da organização junto ao seu público. Para muitas grandes empresas, o valor da marca é maior do que os valores dos ativos tangíveis. Basta verificar na bolsa de valores quanto vale uma ação de uma grande empresa.

✓ **Impacto financeiro:** causa prejuízos financeiros. Todos os demais impactos levam a um prejuízo financeiro.

✓ **Impacto operacional:** afeta a operação dos serviços, processos e produtos.

✓ **Impacto legal:** quebra de cláusulas contratuais de contratos com fornecedores, parceiros e clientes, além de leis e regulamentações que a organização deve cumprir para não ser multada.

✓ **Impacto nas instalações:** incidente nas instalações físicas pode causar grande prejuízo, incluindo perda de vidas.

✓ **Impacto ambiental:** quaisquer danos ao meio ambiente produzidos pelo processo de negócio da organização podem trazer graves prejuízos para a organização.

Defina quais os tipos de impactos são mais importantes para a sua organização, pois cada um tem um foco e impactos mais críticos em detrimento de outros.

Diferentemente dos custos contábeis normais, os prejuízos causados por esses impactos não são representados por valores limitados, mas incluem complexas variáveis intangíveis, muitas vezes difíceis de quantificar em termos contabilísticos (por exemplo, o impacto na imagem, em caso de parada de um processo crítico de negócio), mas podem ser, em termos de impactos, avaliados qualitativamente no contexto de um BIA.

É importante observar que para realizar a Análise de Impacto no Negócio é necessário conceber um cenário para um desastre que será utilizado como referência. Esse cenário será o mesmo para todo o processo do BIA, fazendo com que a referência para a definição da criticidade dos processos seja uma só. Lembrando que os tipos de desastres que estão no escopo de trabalho do SGCN estão descritos na Política de Continuidade de Negócios.

Ficará mais difícil avaliar todos os impactos durante a execução do BIA se você não souber como o processo de negócio funciona. Verifique todas as entradas, atividades e saídas, basicamente onde o processo começa e termina; por causa disso a tendência durante a Análise de Impacto no Negócio é realizar várias reuniões e comunicações com as pessoas que estão trabalhando diretamente com o processo de negócio que está sendo avaliado.

> **Sempre executar o BIA sob o prisma do Pior Cenário Possível, para que se possa enfrentar as adversidades em um momento de crise.**

Com esses resultados, a Alta Direção pode decidir:

- ✓ quais operações e processos devem ser protegidos para garantir uma redução das perdas e a continuidade dos negócios;
- ✓ como a reinicialização dos processos deve ser realizada de modo que os impactos decorrentes das interrupções não se transformem em desastres;
- ✓ quais as alternativas de recuperação mais plausíveis em relação à janela de recuperação, com base na relação dos custos de parada, e o investimento em recursos para garantia da continuidade dos negócios; e
- ✓ quais ativos de informação são necessários para manter os processos críticos em operação.

Como implementar:

A metodologia de Análise de Impacto no Negócio será descrita mais adiante, no modelo de documento da Tabela 13.

Saídas e documentação mandatória: PR-SGCN-009 – Procedimento Documentado de Análise de Impacto no Negócio e o Relatório da Análise de Impacto no Negócio.

Tabela 13. Modelo de documento de Análise de Impacto no Negócio.

LOGOTIPO DA ORGANIZAÇÃO	Tipo: Procedimento Documentado	Código do Documento: PR – SGCN –009
Procedimento Documentado de Análise de Impacto no Negócio		**Autor:** Nome da pessoa ou grupo **Revisado em:** 10/01/2018 **Aprovador**: Nome da pessoa ou grupo **Versão:** 1.00 **Aprovação:** 10/02/2018

FINALIDADE

Definir responsabilidades, diretrizes e procedimentos para a execução da Análise de Impacto no Negócio.

APLICABILIDADE

Aplica-se a todas as pessoas envolvidas nos processos de trabalho do SGCN.

FUNÇÕES E RESPONSABILIDADES

Funcionários, Prestadores de Serviços e Fornecedores
- Participar das atividades de Análise de Impacto no Negócio, quando solicitado.

Responsáveis pelas áreas ou setores na organização
- Participar das atividades de Análise de Impacto no Negócio, quando solicitado.

Chefe de Continuidade de Negócios
- Elaborar, revisar e atualizar este documento.
- Executar as atividades necessárias de Análise de Impacto no Negócio.

Alta Direção/Comitê de Continuidade de Negócios
- Participar das entrevistas de Análise de Impacto no Negócio, quando solicitado.
- Decidir sobre eventuais assuntos divergentes resultantes da Análise de Impacto no Negócio.
- Aprovar o Relatório de Análise de Impacto no Negócio.

TERMOS E DEFINIÇÕES

As definições dos termos e expressões utilizados neste documento constam nos termos e definições das Normas ISO 22300, ABNT NBR ISO 22301 e ABNT NBR ISO 22313.

REGRAS E PROCEDIMENTOS

1 Aspectos gerais
A Análise de Impacto no Negócio analisa os processos de negócios e os efeitos que uma interrupção de negócio pode ter sobre eles.

O resultado dessa análise permitirá uma avaliação de antemão dos recursos necessários para mitigar as supostas ameaças, bem como para reduzir a probabilidade de impactos (perdas) que ocorrem em uma situação de emergência, minimizando o tempo para o processo de negócio em recuperação.

É de responsabilidade do Chefe de Continuidade de Negócios a coordenação e execução da Análise de Impacto no Negócio. O sucesso de todo o SGCN depende dessa análise. Se ela for malfeita, todas as tomadas de decisão serão executadas sem se favorecer dos benefícios da Gestão de Continuidade de Negócios, que é a proteção daquilo que é mais importante da organização.

A Análise de Impacto no Negócio deve identificar os processos críticos, seus produtos e serviços, considerando todos os processos de negócio da organização e os seus ativos de informação. Essa análise deve considerar, mas sem se limitar a:

   a) missão, visão e objetivos estratégicos da organização, seus deveres legais e obrigações perante as partes interessadas e o ambiente interno e externo no qual a organização está inserida;
   b) identificação de outros processos, incluindo a interligação com outros processos de fornecedores que suportam os processos de negócios da organização;
   c) avaliação da pertinência e a prioridade da seleção dos processos, identificando quais são os mais críticos;
   d) compreender o impacto e os efeitos em uma interrupção nesses processos, o que leva à atribuição do tempo objetivado de recuperação e à sua priorização de recuperação;
   e) determinar o Período Máximo de Interrupção Tolerável, o Objetivo Mínimo de Continuidade de Negócios, o Ponto Objetivado de Recuperação e recursos humanos e financeiros necessários para a estruturação da Estratégia de Continuidade de Negócios;
   f) identificar os impactos que podem trazer prejuízos para a organização.

2 Atividades de execução
As atividades para a execução da Análise de Impacto no Negócio são descritas a seguir:

   ➢ **Planejamento das entrevistas com os gestores e responsáveis técnicos.** Olhando o organograma de uma organização você verá quais são os principais gestores. São essas pessoas que devem responder às entrevistas. Experiências adquiridas de quem já participou de muitas entrevistas mostram que os gestores de nível hierárquico médio são os mais indicados, pois serão abordadas questões operacionais. Agende sempre com um titular e um suplente para caso de ausência do titular.
   ➢ **Inventariar e mapear processos, sistemas e ativos de informação.** Esse é um requisito que é fator crítico para toda a atividade do BIA, pois, se você mapear os processos de forma equivocada, as outras atividades que precisam desse produto trabalharão de forma errada. Imagine um processo no qual você deixou de inventariar os ativos de conectividade – um roteador, por exemplo. Caso aconteça algum problema com esse equipamento, você não terá um Plano de Continuidade de Negócios, e a indisponibilidade desse ativo pode acarretar na parada de um processo de negócio que está classificado como crítico pelo resultado do BIA. Segue um exemplo:

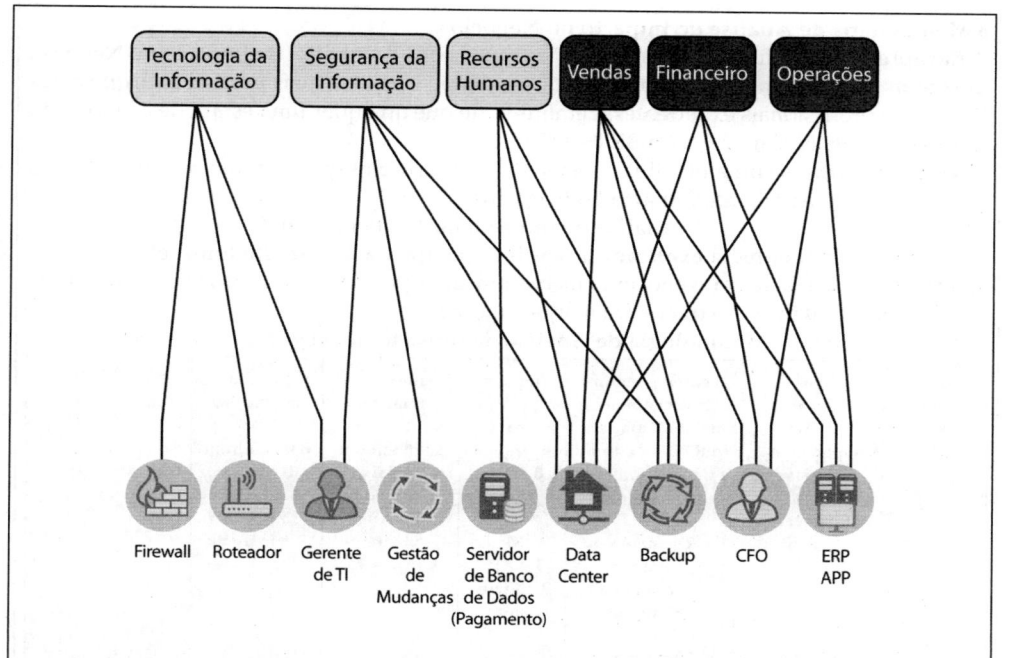

Figura 13. Modelo de mapeamento de ativos. Adaptado de Módulo Security Solutions.

- ➢ **Elaborar o questionário do BIA.** O questionário deve conter somente algumas perguntas simples e diretas, de acordo com a cultura e linguagem corporativa da organização; deve ser de fácil entendimento para os gestores que irão responder às perguntas.
- ➢ **Realizar entrevistas em campo.** No início de toda entrevista é uma boa prática explicar a metodologia do BIA para o entrevistado, pois as respostas devem ser as mais realistas possíveis. Caso o entrevistado não conheça bem a metodologia, a sua resposta pode não ser confiável e os resultados finais do BIA podem ser comprometidos.
- ➢ **Consolidar os resultados das entrevistas.** Na consolidação dos resultados das entrevistas podem ainda aparecer algumas dúvidas. Elimine-as. Nada é tão frustrante como entregar um relatório que você não tem certeza de que os resultados são fidedignos.
- ➢ **Apresentar resultados.** Agora é hora de explicar mais uma vez a metodologia do BIA, as entrevistas e os seus resultados. Podem surgir algumas alterações a serem feitas no relatório final. Faça-as o quanto antes e envie para a revisão final.
- ➢ **Aprovar resultados.** Os resultados da Análise de Impacto no Negócio devem ser aprovados e formalizados. Essa aprovação gera um registro que deve ser mantido e armazenado. Como é um documento importante, a partir de agora todos os processos do SGCN serão implementados em conformidade com ele.

3 Metodologia de Análise de Impacto no Negócio

Serão apresentadas duas metodologias para a execução da Análise de Impacto no Negócio: uma mais simples, que é ensinada no meio acadêmico; e outra mais profissional, que é utilizada por profissionais experientes. Lembre-se de que qualquer uma estará de acordo com os requisitos da Norma ABNT NBR ISO 22301.

A seguir descreve-se uma planilha com os níveis de critérios que poderão ser utilizados na metodologia de Análise de Impacto no Negócio.

Análise de Impacto no Negócio
A metodologia explicada a seguir foi adaptada do site CSOonline[1].

A Análise de Impacto no Negócio começa com uma pergunta: se o processo sofrer uma interrupção, qual impacto trará para a organização?

Metodologia de Análise de Impacto no Negócio

Processos ou serviços	Tipos de impacto O – Operacional I – Imagem F – Financeiro	Tempo para impacto severo nesta metodologia será o RTO – Tempo Objetivado de Recuperação 0 = 2 semanas ou mais 1 = 1 semana 5 = Menor que 3 dias 10 = 1 dia 20 = 4 horas 40 = Imediato	Impacto Operacional 0 = Nenhum 1 = Baixo 3 = Médio 5 = Alto 7 = Extremo	Impacto Imagem 0 = Nenhum 1 = Baixo 3 = Médio 5 = Alto 7 = Extremo	Impacto Financeiro 0 = Nenhum 1 = Baixo 3 = Médio 5 = Alto 7 = Extremo	Soma total	Código
Processo 1	O e F	20	7	0	3	30	AA
Processo 2	O, I e F	40	7	3	7	57	AAA
Processo 3	I e F	20	3	3	3	29	AA
Processo 4	O, I e F	10	5	5	3	25	AA

Breve explicação de preenchimento da planilha de Análise de Impacto no Negócio

Na primeira coluna devem ser incluídos os processos que estão no escopo da análise. Depois, na segunda coluna, devem-se inserir três tipos de impactos mais adequados para a organização, ou seja, aqueles que estão mais em evidência no mercado onde a organização atua. Na terceira coluna deve ser definido o RTO de cada um dos processos seguindo os critérios definidos na coluna. Nas próximas colunas deve-se definir qual o valor do tipo de impacto para cada um dos processos. Na penúltima coluna deve-se somar as colunas 3, 4, 5 e 6; e por fim, na última coluna, devem-se inserir os códigos de priorização de cada processo.

Conforme demonstrado, o BIA permite avaliar a prioridade na recuperação de processos e seus ativos de informação que devem ser mapeados e inventariados.

Identificação do tempo de recuperação dos processos de negócios			
Processos de negócios	RPO – Ponto Objetivado de Recuperação – Ponto em que a informação usada por uma atividade deve ser restaurada para permitir a operação da atividade na retomada.	MTPD – Período Máximo de Interrupção Tolerável – Tempo necessário para que os impactos adversos se tornem inaceitáveis, que podem surgir como resultado de não executar um processo ou fornecer um produto/serviço ou realizar uma atividade.	OMCO – Objetivo Mínimo de Continuidade de Negócios – Níveis mínimos aceitáveis de serviços e/ou produtos para a organização alcançar seus objetivos de negócios durante uma interrupção.
Processo 1	2 horas	72 horas	Equipe de vendas de cinco pessoas com *notebook* e celular.
Processo 2	Imediato	24 horas	Um analista técnico e máquina virtual configurada com todos os softwares do inventário de ativos e rede *wi-fi*.
Processo 3	2 horas	96 horas	Servidor físico com *link* de internet e máquinas virtuais configuradas de acordo com o inventário de ativos.
Processo 4	18 horas	48 horas	Equipes do setor de administrativo e operação com no mínimo quatro pessoas, cada uma com *notebook* e internet.

Na segunda planilha adicione os mesmos processos e faça a avaliação do RPO, do MTPD e do OMCO.

A figura a seguir representa graficamente os tempos de recuperação que podem ser obtidos durante a execução da Análise de Impacto no Negócio.

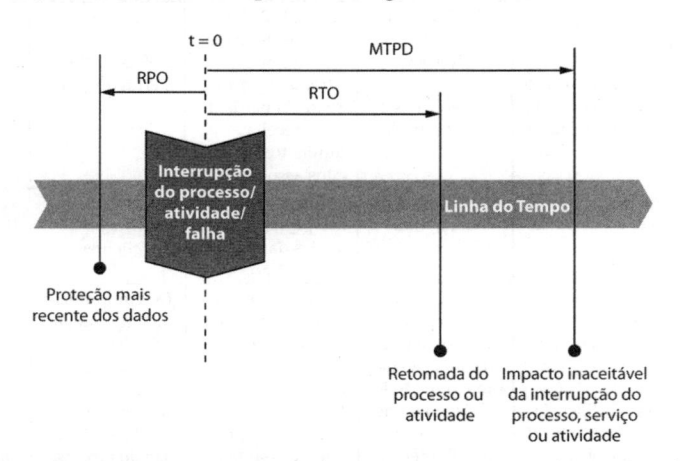

Figura 14. Linha de tempo dos tempos de recuperação de um incidente.

A tabela a seguir apresenta um código de priorização dos processos de acordo com o mais crítico (o "AAA") para o menos crítico (o "D").

Código dos pontos totais

Código	Soma dos pontos totais
AAA	45 ou mais
AA	De 25 a 44
A	15 a 24
B	10 a 14
C	7 a 10
D	0 a 6

A priorização das atividades poderá ser realizada de acordo com o código de priorização. Esse modelo de Análise de Impacto no Negócio foi adaptado do *Simple BIA Form*, de Kelley Okolita. Ver rodapé anterior.

Tabela de Impacto

Agora, utilizando uma outra metodologia mais eficiente para uma organização diferente Uma escala de gradação dos tipos de impactos pode ser criada em conjunto com a Alta Direção com o objetivo de estabelecer um parâmetro de avaliação de impactos para todos os processos de negócio do escopo do SGCN. Essa escala varia de 1 a 5 (1 – Não Crítico, 2 – Necessário, 3 – Importante, 4 – Significante e 5 – Catastrófico) e, conforme descrito na tabela a seguir, foram estabelecidos exemplos de impactos que representam esses níveis, para uma melhor compreensão dos entrevistados do BIA.

Metodologia de Análise de Impacto no Negócio

Nível de severidade	1	2	3	4	5
Categorias de consequências do impacto e tipos de impacto (a seguir)	Não Crítico	Necessário	Importante	Significante	Catastrófico
FINANCEIRO	Menos de US$ 5.000. Multas por atraso de pagamento de contas ou tributos.	US$ 5.000 a menos de US$ 100.000 Indenizações contratuais.	US$ 100.000 para menos de US$ 3 milhões Impacto decorrente da perda de receita; aumento dos custos associados.	US$ 3 milhões para menos de US$ 20 milhões. Perda do lucro.	US$ 20M +. Falta de liquidez Perda financeira nos negócios atuais e futuros.
IMAGEM	Perda da confiança dos acionistas.	Exposição negativa na mídia.	Afetar o negócio das partes interessadas da organização.	Perda de fidelização dos clientes.	Perda de credibilidade no mercado onde atua a organização.
LEGAL	Nenhuma ou pouca violação processual. Evidência de boa-fé por grau de cuidado/diligência. Um assunto legal menor.	Alguma parte interessada apresenta uma reclamação de uma violação legal. Dano menor com a investigação. Evidência de boa-fé discutível.	Violação de obrigações contratuais ou estatutárias, ou infrações de probidade. A falta de boa-fé é evidente. O descumprimento resulta na revisão do desempenho.	Descumprimento importante de obrigações contratuais ou estatutárias. O descumprimento resulta em rescisão do processo ou penalidades impostas. Investigação formal ou ação disciplinar.	Violação grave das obrigações contratuais ou estatutárias. O descumprimento resulta na perda de credenciamento, contencioso ou processo com penalidade significativa.

Nível de severidade	1	2	3	4	5
Categorias de consequências do impacto e tipos de impacto (a seguir)	Não Crítico	Necessário	Importante	Significante	Catastrófico
PESSOAS	Pouco ou nenhum impacto notado na parada do processo para a segurança física das pessoas.	Recuperação da parada no processo sem complicações na segurança física das pessoas.	A parada do processo pode impactar moderadamente na segurança física das pessoas.	A parada do processo pode ter impactos sérios em números significativos de indivíduos.	A parada do processo pode ocasionar morte de uma ou mais pessoas.
OPERACIO-NAL	Quebra de diretrizes e normas internas e sindicais.	Impacto na gestão operacional; impossibilidade de entrega.	Perda da capacidade de gestão e controle.	Suporte tecnológico, administrativo, contábil e financeiro.	Suspensão de atendimento a clientes.
INSTALA-ÇÕES (ambiente físico)	Destruição de máquinas ou equipamentos.	Destruição da sala de trabalho.	Destruição parcial do ambiente de trabalho da organização.	Destruição total das instalações sem risco de morte.	Destruição total das instalações com risco de morte de partes interessadas.
AMBIENTAL	Possibilidade de causar um incidente de baixo impacto.	Pode causar um incidente.	Desastre ambiental causando impacto nas instalações da organização.	Desastre ambiental de grandes proporções causando impacto na cidade.	Desastre ambiental de grandes proporções causando impacto no estado.

Escolha apenas quatro tipos de impacto; caso queira escolher mais de cinco, será necessário alterar a fórmula matemática.

Os valores obtidos com os gestores para medir os impactos potenciais (até quatro tipos de impactos) são utilizados no cálculo da Criticidade dos Processos de Negócios. Ele é obtido através da média dos valores máximos de impacto para cada critério.

Por exemplo, se você escolheu os quatro tipos de impactos, são eles: impactos financeiros; impactos à imagem; impactos operacionais; impactos legais.

A criticidade de cada impacto será calculada de acordo com a expressão matemática a seguir:

$$Criticidade = \frac{\sum (\textit{Máx. Impacto Fin.} + \textit{Máx. Impacto Oper.} + \textit{Máx. Impacto Imag.} + \textit{Máx. Impacto Legal})}{\textit{total de critérios} \ (4)}$$

Com base no cálculo da criticidade, proponho os seguintes intervalos para classificação dos processos de negócio:

Nível de criticidade dos processos

Criticidade entre 4, 1 e 5	Catastrófico
Criticidade entre 3, 1 e 4	Significante
Criticidade entre 2, 1 e 3	Importante
Criticidade entre 1, 1 e 2	Necessário
Criticidade entre 0 e 1	Não Crítico

Mediante eventual interrupção das atividades da organização, a criticidade permite ordenar e controlar o tratamento adequado de recuperação de cada processo de negócio. A criticidade permite à Alta Direção conduzir com disciplina, isenção de interesses e prioridade a tomada de decisão necessária e mais adequada em um momento de crise ou de desastre. A Análise de Impacto no Negócio começa com uma pergunta: se o processo sofrer uma interrupção, qual impacto trará para a organização?

Exemplo de resultado da Análise de Impacto no Negócio						
Processos de negócios	Impacto Operacional 1 = Não Crítico 2 = Necessário 3 = Importante 4 = Significante 5 = Catastrófico	Impacto Imagem 1 = Não Crítico 2 = Necessário 3 = Importante 4 = Significante 5 = Catastrófico	Impacto Financeiro 1 = Não Crítico 2 = Necessário 3 = Importante 4 = Significante 5 = Catastrófico	Impacto Legal 1 = Não Crítico 2 = Necessário 3 = Importante 4 = Significante 5 = Catastrófico	Criticidade	Criticidade
Processo 1	3	1	4	1	2,0	*Importante*
Processo 2	1	2	3	1	1,75	*Necessário*
Processo 3	4	4	5	3	4,0	*Significante*
Processo 4	5	4	5	4	4,5	*Catastrófico*
Processo 5	1	1	1	1	1,0	*Não Crítico*

Da mesma forma como explicado anteriormente, será necessário entrevistar as pessoas para coletar os índices de RTO, RPO, MTPD e OMCO. Pode-se utilizar a mesma tabela do exemplo anterior.

Uma boa dica para planejar as entrevistas de Análise de Impacto no Negócio é saber quais perguntas devem ser feitas para os entrevistados e quais cenários devem ser considerados. Isso pode ajudar as pessoas a se concentrar em questões específicas de negócios e gerar melhores respostas. Algumas dessas perguntas a seguir:

1. Como o departamento funcionaria se *desktops*, *laptops*, servidores, e-mail e o acesso à internet estiverem indisponíveis?

2. Existe algum ponto único de falha na transmissão da informação, ou seja, um equipamento crítico sem redundância? Caso tenha, já foi realizada uma avaliação de riscos nesse equipamento?

3. Qual o tempo necessário para recuperar (RTO) o processo que sofreu a interrupção? E qual o período de interrupção que não é tolerável (MTPD) pela organização?

4. O processo de negócio depende de prestadores de serviços para ser executado?

5. Se ocorrer uma interrupção do negócio, quais soluções você usaria para manter o processo funcionando?

6. Qual é o número mínimo de pessoas de que você precisaria em caso de interrupção no processo de negócio e quais funções elas precisam executar?

7. Quais são as principais informações a serem recuperadas? Quais são os principais papéis que devem estar presentes para a organização operar de acordo com o objetivo mínimo de continuidade de negócios?

8. Como o processo de negócio funcionaria em um ambiente de contingência? O que seria necessário em termos de pessoas, equipamentos, suprimentos, comunicações, processos e procedimentos de continuidade?

9. Qual é a última posição de informações e dados (RPO) de que o processo precisa para trabalhar no caso de uma interrupção?

O tempo médio de uma entrevista de BIA é de 1h e 30min até 2h.

Uma BIA deve ser revisada anualmente, incluindo novamente passar pela Alta Direção após a revisão para ser aprovada.

REFERÊNCIA NORMATIVA

ABNT NBR ISO 22301 – Cláusulas 8.2.2 Análise de Impacto no Negócio

ANEXOS

Não aplicável

3.2.2 Processo de Avaliação de Riscos – Cláusula 8.2.3

Entradas: o inventário de ativos de informação dos processos escolhidos no Relatório de Análise de Impacto no Negócio e a ID-SGCN-003 – Declaração de Escopo do SGCN.

Nesta atividade é tomada uma decisão. Você pode escolher trabalhar no seu escopo do SGCN somente os processos de negócios mais críticos e descartar os processos que não são importantes; sendo assim, o processo de avaliação de riscos será executado somente nos processos mais críticos e não em todos os processos de negócio.

O objetivo da avaliação de riscos é identificar de forma sistemática quais incidentes de Continuidade de Negócios podem ocorrer em sua organização e, então, através do processo de tratamento de riscos, preparar a organização de forma a minimizar os danos de tais incidentes.

É de suma importância entender que a avaliação e o tratamento de riscos precisam ser realizados em sequência, seguindo a ordem proposta na Norma ABNT NBR ISO 31000. Você não pode implementar controles de segurança nos ativos de informação que suportam os processos a menos que saiba quais deles são os mais apropriados, nem pode saber quais salvaguardas são mais apropriadas antes de identificar quais são as vulnerabilidades desses ativos. Portanto, a recomendação é seguir as atividades sequenciais da norma citada.

Como implementar:

A metodologia de Avaliação de Riscos será descrita a seguir no documento de exemplo de modelo de PR-SGCN-010 – Procedimento Documentado de Gestão de Riscos que pode implementar a cláusula 8.2.3 da Norma ABNT NBR ISO 22301.

> Apesar de a Norma expressar o termo "Avaliação de Riscos", o modelo apresentado será o de Gestão de Riscos com o ciclo completo, conforme descrito na Norma ABNT NBR ISO 31000. Todos os produtos das etapas de execução devem ser inseridos em um único documento chamado de Relatório de Tratamento de Riscos.

Saída e documentação mandatória: Relatório de Tratamento de Riscos, que contém todos os documentos citados no fim de cada etapa da metodologia de gestão de riscos.

Tabela 14. Exemplo de modelo de documento de Gestão de Riscos.

LOGOTIPO DA ORGANIZAÇÃO	Tipo: Procedimento Documentado	Código do Documento: PR – SGCN –010
Procedimento Documentado de Gestão de Riscos		**Autor:** Nome da pessoa ou grupo **Revisado em:** 10/01/2018 **Aprovador:** Nome da pessoa ou grupo **Versão:** 1.00 **Aprovação:** 10/02/2018

FINALIDADE

Definir responsabilidades, diretrizes e procedimentos para o Processo de Avaliação de Riscos.

APLICABILIDADE

Aplica-se a todas as pessoas envolvidas nos processos de trabalho do SGCN.

FUNÇÕES E RESPONSABILIDADES

Funcionários, prestadores de serviços e fornecedores
➢ Participar das atividades de Processo de Avaliação de Riscos, quando solicitado.
Responsáveis pelas áreas ou setores na organização
➢ Participar das atividades de Processo de Avaliação de Riscos, quando solicitado.
Chefe de Continuidade de Negócios
➢ Elaborar, revisar e atualizar este documento.
➢ Executar as atividades necessárias do Processo de Avaliação de Riscos.
Alta Direção/Comitê de Continuidade de Negócios
➢ Participar das entrevistas de Processo de Avaliação de Riscos, quando solicitado.
➢ Decidir sobre eventuais assuntos divergentes resultantes do Processo de Avaliação de Riscos.
➢ Aprovar o Relatório de Tratamento de Riscos.

TERMOS E DEFINIÇÕES

As definições dos termos e expressões utilizados neste documento constam nos termos e definições das Normas ISO 22300, ABNT NBR ISO 22301, ABNT NBR ISO 22313 e ABNT NBR ISO 31000.

REGRAS E PROCEDIMENTOS

1 Aspectos gerais

Nesta fase a organização pode tomar uma decisão. Você pode escolher trabalhar no seu escopo do SGCN somente os processos de negócios mais críticos e descartar os processos que não são importantes; sendo assim, o processo de avaliação de riscos será executado somente nos processos mais críticos e não em todos os processos da organização.

O objetivo da avaliação de riscos é identificar de forma sistemática quais incidentes de Continuidade de Negócios podem ocorrer em sua organização e, então, através do processo de tratamento de riscos, preparar a organização de forma a minimizar os danos de tais incidentes.

É de suma importância entender que a avaliação e o tratamento de riscos precisam ser realizados em sequência, seguindo a ordem proposta na Norma ABNT NBR ISO 31000. Você não pode implementar controles de segurança nos ativos de informação que suportam os processos a menos que você saiba quais deles são os mais apropriados, nem pode saber quais salvaguardas são mais apropriadas antes de identificar quais são as vulnerabilidades desses ativos.

2 Metodologia do processo de avaliação de riscos

O processo de avaliação de riscos consiste na identificação e avaliação dos fatores de risco presentes no ambiente organizacional de forma a antecipar possíveis incidentes de Continuidade de Negócios, permitindo uma visão do impacto negativo causado às estratégias da organização e fornecendo conhecimento para que controles eficazes sejam implementados.

Para minimizar o risco, a execução de processo de avaliação de riscos é vital para apoiar a priorização das ações.

Em se tratando de Continuidade de Negócios, avaliam-se riscos (negativos) e oportunidades (positivas), ou seja, perda financeira ou prejuízo na imagem da organização, perda de vidas etc.; o ganho para a organização ao realizar um treinamento e as oportunidades de negócio ao aumentar a disponibilidade dos serviços prestados aos clientes. Portanto, deve-se avaliar sempre os dois casos: riscos e/ou oportunidades. Em se tratando de gestão de riscos, a melhor metodologia a ser utilizada é a descrita na Norma ABNT NBR ISO 31000, que orienta a identificação e o tratamento de riscos negativos (ameaças) e positivos (oportunidades).

Para implementar o processo de avaliação de riscos no SGCN utiliza-se uma boa prática de Gestão de Riscos – composta pelas seguintes atividades na ABNT NBR ISO 31000, conforme a figura a seguir:

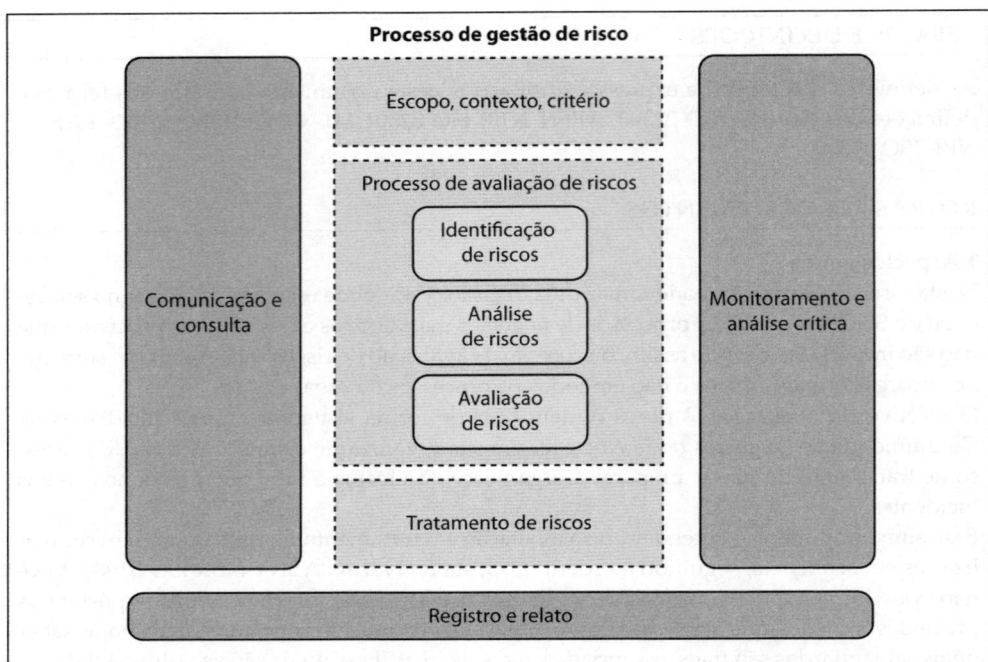

Figura 15. Processo de gestão de riscos. Adaptado da norma ABNT NBR ISO 31000.

Nessa seção descreve-se uma visão geral sobre o processo de gestão de riscos. Não se restringe somente às atividades de avaliação de riscos. Tampouco se entra no detalhe de cada fase, tendo em vista que todo processo é muito bem explicado na Norma ABNT NBR ISO 31000. Para se aprofundar no tema, basta que o leitor consulte a Norma citada.

A Metodologia de Gestão de Riscos é composta por seis subprocessos, a seguir descritos: escopo, contexto e critério; avaliação de riscos; tratar riscos, registro e relato; comunicar riscos; e monitorar e analisar criticamente, conforme ilustrado na figura a seguir:

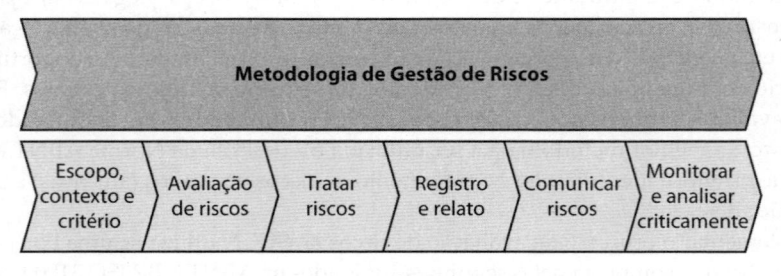

Figura 16. Processo de gestão de riscos.

Subprocesso "Escopo, contexto e critério" – Contexto é um conjunto de circunstâncias que se relacionam de alguma forma com um determinado acontecimento. É a situação geral ou o ambiente a que está sendo referido um determinado assunto; neste caso, a análise e avaliação de riscos. Denomina-se contextualização a atividade de mapear todo o ambiente que envolve o evento sob análise. Esse subprocesso é composto de três etapas, a saber: identificar as informações sobre escopo, o contexto interno e externo, definir os critérios da gestão de riscos e, por último, mapear os ativos de informação.

Em se tratando dessa atividade no SGCN, o escopo é definido no documento de Declaração de Escopo do SGCN e no relatório de Análise de Impacto no Negócio. Veja os subprocessos conforme ilustrado na figura a seguir:

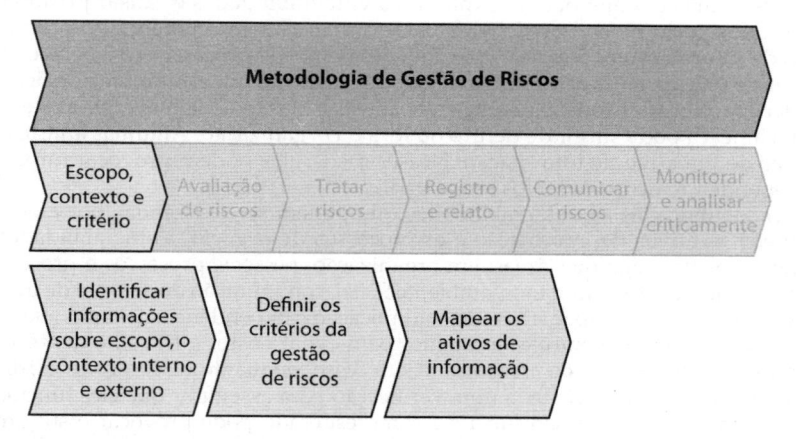

Entradas: Informações relevantes sobre o ambiente (processos, serviços associados a estes processos, ativos relacionados a estes serviços, entre outros)
Saídas: Identificação do escopo, contexto e critérios

Figura 17. Subprocesso "Escopo, contexto e critério".

Nas atividades que envolvem a Gestão de Riscos, o estabelecimento do contexto é a parte inicial e tem como objetivo permitir o conhecimento do ambiente da organização. Contextualização é a atividade de mapeamento de todo o ambiente que envolve o evento em análise. Além de identificar o contexto interno e externo, os critérios da Gestão de Riscos deverão ser identificados e os ativos de informação mapeados. Esses itens já foram descritos na Declaração de Escopo do Sistema de Gestão de Continuidade de Negócios. Basta retirar esses requisitos do documento.

No que tange à etapa de definição de critérios da Gestão de Riscos, é importante ressaltar que os critérios fazem parte da Metodologia de Gestão de Riscos e são a forma e o valor (pesos) com que os riscos e impactos serão valorados. Fala-se sobre esses critérios no subprocesso de analisar e avaliar riscos, lembrando que os critérios são requisitos obrigatórios do SGCN.

Quanto à etapa de identificação dos ativos, deve ser feita em um nível de detalhamento que permita o fornecimento de informações adequadas e suficientes para a análise e avaliação de riscos. Devem ser listados os ativos de informação considerados críticos pelo contratante e, também, uma lista de componentes organizacionais que esse ativo suporta.

A entrada dessa atividade é a Análise de Impacto no Negócio; a saída é a definição do escopo de quais ativos devem ser analisados na Gestão de Riscos.

Subprocesso "Avaliação de riscos" – Devem ser identificados as fontes de risco, as áreas de impactos, os eventos (incluindo mudanças nas circunstâncias) e suas causas e consequências potenciais. A finalidade desta etapa é gerar uma lista abrangente de riscos com base nesses eventos que possam criar, aumentar, evitar, reduzir, acelerar ou atrasar a realização dos objetivos de Continuidade de Negócios. Devem ser aplicadas ferramentas e técnicas de identificação de riscos que sejam adequadas aos seus objetivos e capacidades e aos riscos enfrentados. Informações pertinentes e atualizadas são importantes na identificação de riscos. Convém que incluam informações adequadas sobre os fatos por trás dos acontecimentos, sempre que possível. Convém que pessoas com um conhecimento adequado sejam envolvidas.

Devem ser identificadas todas as ameaças que podem causar impacto para a organização, pois são essas ameaças que podem explorar as vulnerabilidades e causar prejuízo para os processos de negócio no escopo do SGCN. Uma ameaça tem o potencial de comprometer os ativos de informação e, por isso, consequentemente, os processos de negócio. Ameaças podem ser de origem natural ou humana e podem ser acidentais ou intencionais.

Devem ser identificadas todas as fontes das ameaças, tanto acidentais quanto as intencionais. Uma ameaça pode surgir de dentro ou fora da organização. Algumas ameaças podem afetar mais de um ativo de informação. Nesses casos, elas podem provocar impactos diferentes, dependendo de quais ativos são afetados.

Devem ser identificadas as vulnerabilidades que podem ser exploradas por ameaças para comprometer os ativos de informação e os processos de negócio. Vulnerabilidades podem ser identificadas nas seguintes áreas: em organização, pessoas, processos e procedimentos, rotinas de gestão, recursos humanos, ambiente físico, configuração do sistema de informação, hardware, software ou equipamentos de comunicação e dependência de entidades externas.

Devem ser verificados os controles existentes para evitar custos e trabalho desnecessários – por exemplo, na duplicação de controles. Além disso, enquanto os controles existentes são identificados, convém que seja feita uma verificação para assegurar que eles funcionem corretamente. Um controle que não funciona como esperado pode provocar o surgimento de vulnerabilidades.

O subprocesso "Avaliação de riscos" também visa a produzir os dados que auxiliarão na decisão sobre quais riscos serão tratados e quais formas de tratamento serão empregadas. Também se subdivide em três etapas, a saber: identificar os riscos, analisar os riscos e avaliar os riscos, conforme ilustrado na figura a seguir.

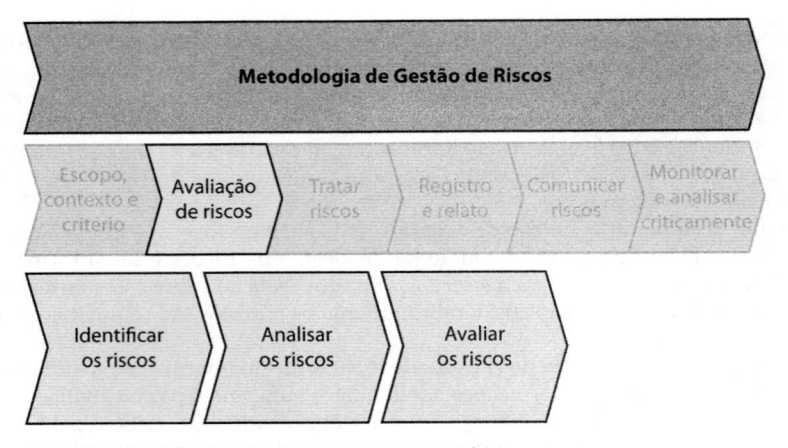

Entradas: Identificação de escopo, contexto e critérios
Saídas: Relatório de avaliação de riscos

Figura 18. Subprocesso "Avaliação de riscos".

Para analisar os riscos utiliza-se a metodologia da empresa Módulo GRC *Metaframework*, que emprega um método de Análise de Riscos qualitativa, calculando um índice ("rating") denominado PSR® (Probabilidade, Severidade e Relevância). Este índice define o risco para cada controle ausente encontrado na análise. Da fórmula do risco:

RISCO = PROBABILIDADE X IMPACTO

Segundo a metodologia Módulo GRC *Metaframework*, o valor do impacto no negócio é atendido pelas duas variáveis S e R, Severidade e Relevância respectivamente, e a fórmula do risco é calculada, então, pela seguinte equação:

RISCO = PROBABILIDADE X SEVERIDADE X RELEVÂNCIA

Essa metodologia considera que a ausência de controle representa uma ou mais vulnerabilidades associadas ao ativo. Caso não exista a vulnerabilidade associada à falta de um controle específico em algum ambiente, então o controle deve ser considerado como não aplicável – N/A.

Em conformidade com a Norma ISO *Guide* 73, que define o risco como "a combinação da probabilidade de um evento e sua consequência", é considerado para cálculo do risco um índice (PSR®) que represente a estimativa desses fatores.

Este valor PSR® representa o grau de risco associado à ausência de um controle, sendo calculado pela equação Risco = Probabilidade X Severidade X Relevância, onde os fatores da Probabilidade e Severidade são pontuados durante as análises técnicas. A Relevância é pontuada considerando-se a visão do negócio em termos da relevância do ativo para a organização.

Assim, o risco associado a cada controle ausente é calculado multiplicando-se os três fatores básicos. O resultado é um valor numérico entre 1 e 125, com seu nível variando conforme o resultado dessa multiplicação:

Nível de riscos e valores do PSR®.

Nível de risco	Valores Possíveis PSR®
Muito baixo	1, 2, 3, 4, 5,6
Baixo	8, 9, 10, 12, 15,16
Médio	18, 20, 24, 25, 27,30
Alto	32, 36, 40, 45, 48,50
Muito alto	60, 64, 75, 80, 100,125

O PSR® representa o índice para o cálculo do risco.

Apesar de o risco técnico (binômio Probabilidade e Severidade) da ausência do controle ser importante para os gestores de tecnologia para a Análise de Riscos, e, consequentemente, para a Segurança da Informação e a Continuidade de Negócios, o que importa é considerar o risco ao negócio como fator de priorização de ações (pois considera o fator Relevância do ativo).

A matriz a seguir segue como referência para estabelecer uma pontuação adequada para cada um dos fatores do PSR®. É importante frisar que essa matriz serve como instrumento de sintonia do senso comum, de forma a substituir avaliações subjetivas por critérios mais objetivos para cada um dos fatores do PSR®, transformando-os em valores de 1 a 5.

		Critérios do PSR®		
		PSR®		
	Probabilidade A ocorrência de a vulnerabilidade ser explorada pelas ameaças	**Severidade** A consequência de a vulnerabilidade ser explorada pelas ameaças	**Relevância** O comprometimento da segurança dos ativos	
5	É quase certa (> 95%)	Afetará extremamente a segurança	Pode afetar toda a organização.	Muito alta
4	É muito provável (65% ≤ P < 95%)	Afetará muito gravemente a segurança	Pode afetar um ou mais processos de negócios da organização e os prejuízos serão muito altos.	Alta
3	É provável (35% ≤ P < 65%)	Afetará gravemente a segurança	Pode afetar uma parte do negócio da organização e os prejuízos serão razoáveis.	Média
2	É improvável (5% ≤ P < 35%)	Afetará pouco a segurança	Pode afetar uma parte pequena e localizada do negócio da organização e os prejuízos serão baixos.	Baixa
1	É muito improvável (< 5%)	Quase não afetará a segurança	Pode afetar uma parte muito pequena do negócio da organização e os prejuízos serão desprezíveis.	Muito baixa

A seguir descrevem-se alguns exemplos de riscos identificados e analisados:

- Risco identificado: ausência de um processo de gestão de cópias de segurança para os ativos no escopo do SGCN, podendo ocasionar parada nos sistemas.
- Ameaça: falha técnica de hardware ou software.
- Vulnerabilidade: não há cópias de segurança.
- Controle: não há nenhum controle aplicado.

Análise de Riscos = Probabilidade X Severidade X Relevância do ativo

A probabilidade de ocorrer um incidente e não ter o *backup* para corrigir é média (3), ou seja, é provável que aconteça.

Caso aconteça esse risco, a Severidade é média (3), pois afetará gravemente a segurança da organização.

E a relevância do ativo nesse contexto para essa organização é alta (4), pois pode afetar um ou mais processos de negócios da organização e os prejuízos serão muito altos.

Cálculo do risco: P (3) X S (3) X R (4) = 36. De acordo com a tabela de nível de riscos, este risco é considerado alto.

A seguir, o desenho de uma figura gráfica da metodologia de análise de riscos.

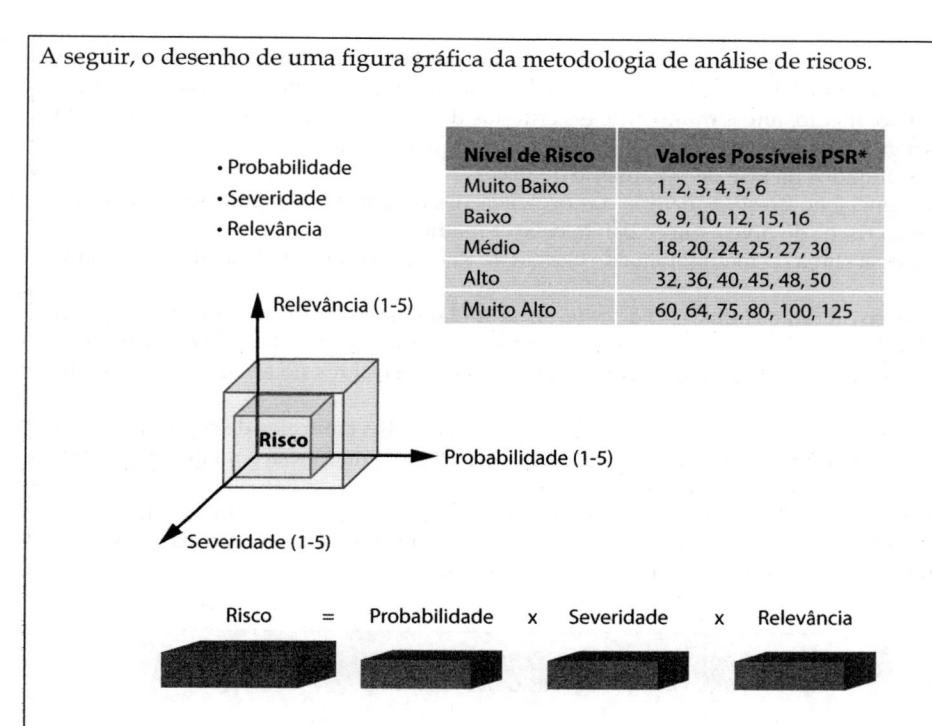

Nível de Risco	Valores Possíveis PSR*
Muito Baixo	1, 2, 3, 4, 5, 6
Baixo	8, 9, 10, 12, 15, 16
Médio	18, 20, 24, 25, 27, 30
Alto	32, 36, 40, 45, 48, 50
Muito Alto	60, 64, 75, 80, 100, 125

- Probabilidade
- Severidade
- Relevância

Relevância (1-5)

Risco

Probabilidade (1-5)

Severidade (1-5)

Risco = Probabilidade x Severidade x Relevância

Figura 19. Metodologia de análise de riscos. Fonte: Módulo GRC *Metaframework*.

Na próxima etapa cabe avaliar os riscos que foram analisados. Agora sabe-se qual o nível de risco, ou seja, entende-se se um risco tem o seu nível muito baixo, baixo, médio, alto e muito alto.

A avaliação de riscos determina se os riscos são aceitáveis ou se requerem algum tipo de tratamento, comparando os resultados da análise de riscos com os critérios estabelecidos na definição do contexto do SGCN. Deve-se relacionar os riscos que requeiram tratamento, priorizando-os de acordo com os critérios estabelecidos na definição de contexto.

A Norma ABNT NBR ISO 22301, em seu requisito mandatório no item 4 Contexto da Organização, diz que a organização deve determinar o seu apetite aos riscos e estabelecer os seus critérios de riscos levando em conta o apetite aos riscos.

Alguns critérios foram definidos na etapa de análise de risco. Por exemplo, como a probabilidade será definida, a evolução no tempo da probabilidade e/ou consequência/severidade, e como o nível de risco deve ser determinado.

Um critério importante e também mandatório para a implementação do SGCN é definir qual o apetite aos riscos da organização.

O apetite ao risco se refere a quanto de risco uma organização tem disposição para sofrer a fim de atingir os seus objetivos de Continuidade de Negócios. Se valores financeiros em dinheiro são seu critério de risco, a faixa desses valores que você está disposto a perder em busca de um objetivo reflete o seu apetite ao risco. Na verdade, a área financeira é o melhor exemplo de uso do conceito de apetite ao risco. Por exemplo, a organização está disposta a perder até R$ 100.000,00 caso o risco se concretize; acima disso, ela vai implementar controles para que esse risco não se concretize.

Nessa metodologia utiliza-se um critério de apetite ao risco qualitativo, mas também muito eficiente. Para isso determinam-se os níveis de cada risco identificado e analisado em muito baixo, baixo, médio, alto e muito alto. Os critérios de apetite ao risco podem ser definidos determinando quais são os níveis de riscos aceitáveis e quais níveis que devem obrigatoriamente ser tratados na fase de tratamento de riscos.

Por experiência, no Brasil, a maioria das organizações opta por um apetite ao risco de aceitar todos os riscos de níveis muito baixo, baixo e médio.

A saída dessa etapa da metodologia de Gestão de Riscos é o relatório de análise e avaliação de riscos.

Subprocesso "Tratar riscos" – Faz referência à cláusula 8.3.3 Proteção e mitigação da ABNT NBR ISO 22301. Este subprocesso visa a relacionar os riscos que requeiram tratamento, priorizando-os de acordo com os critérios estabelecidos no subprocesso "Avaliação de riscos".

É importante ressaltar que se recomenda a implantação dos controles de segurança da informação de acordo com as melhores práticas de gestão de mudanças para que não aconteçam possíveis incidentes na implantação dos controles de SI.

Este subprocesso é composto de quatro etapas: determinar a forma de tratamento dos riscos, obter parecer do proprietário do ativo de informação, gestão de mudanças e identificar riscos residuais, conforme ilustrado na figura a seguir.

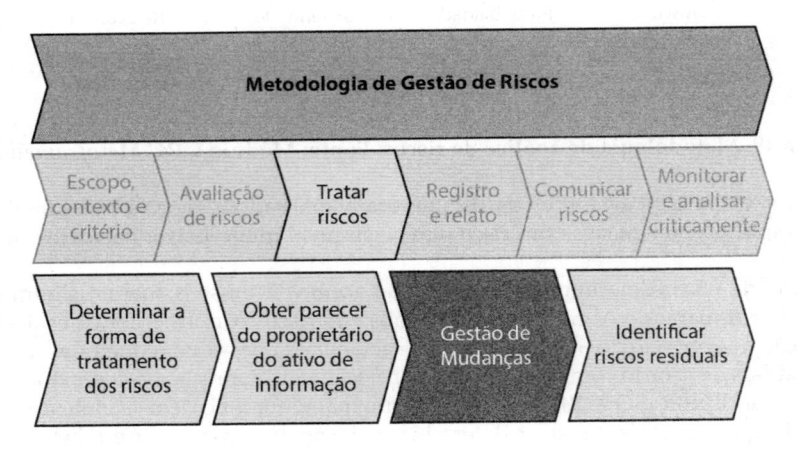

Entradas: Relatório de avaliação de riscos
Saídas: Plano de tratamento de riscos
Termo de aceite de riscos

Figura 20. Subprocesso "Tratar riscos".

Em relação à etapa "Determinar a forma de tratamento dos riscos", para cada risco identificado deverá ser informada a ação de tratamento. Deve-se determinar as opções de tratamento dos riscos, considerando as opções de mitigar, evitar, transferir ou aceitar o risco, observando:

- ➢ a eficácia dos controles de Segurança da Informação já existentes;
- ➢ as restrições organizacionais, técnicas e estruturais de cada organização;
- ➢ os requisitos legais; e
- ➢ a análise custo-benefício.

A seguir são descritas as definições das opções de tratamento de riscos:

- Para riscos negativos ou ameaças:
  - o Mitigar – Implementar controle para reduzir a probabilidade e o impacto negativo, ou ambos, associados a um risco.
  - o Evitar – Deixar de realizar a atividade a fim de se envolver ou agir de forma a se retirar de uma situação de risco.
  - o Aceitar – Realizar a atividade assumindo as responsabilidades caso ocorra o risco identificado.
  - o Transferir – Realizar a atividade compartilhando com outra entidade o ônus associado a um risco.
- Para riscos positivos ou oportunidades:
  - o Melhorar – Essa opção de tratamento é utilizada para aumentar a probabilidade de que o risco (oportunidade) ocorra ou aumentar o tamanho do seu benefício caso venha acontecer. É recomendado identificar e maximizar os principais impulsionadores de impacto positivo para contribuir na probabilidade da ocorrência desse risco.
  - o Explorar – Esta é uma opção de treinamento de eliminar a incerteza associada ao risco (oportunidade) e garantir que a oportunidade realmente aconteça, garantindo assim que a oportunidade seja concretizada.
  - o Compartilhar – Esta opção de tratamento permite que você compartilhe o risco (oportunidade) com uma entidade ou pessoa que tenha mais capacidade de desenvolver a oportunidade em benefício do projeto da organização.
  - o Aceitar o risco – E, por fim, caso não seja possível aplicar nenhuma das outras opções de tratamento de riscos positivos, e a organização deseje que a oportunidade se concretize, mas não tem investimento para aplicar esforços para que ela aconteça, não é implementada nenhuma opção de tratamento. Basicamente, você torce para que essa oportunidade aconteça sem fazer nenhuma ação.

São recomendadas a elaboração de um Plano de Tratamento de Riscos para registro e a aprovação do proprietário de riscos de todas as opções de tratamento que foram aprovadas e serão e foram implementadas, apresentando:

- O quê? – O controle que deve ser implementado
- PSR® – O valor do risco encontrado (nível de risco)
- Por quê? – A importância da implementação do controle
- Como? – A descrição de como implementar o controle
- Quem? – O responsável pela implementação do controle
- Quando? – O prazo para a implementação do controle
- Onde? – O local para implementação do controle
- Quanto custa? – O valor em reais ou em HH (homem X hora) para a implementação do controle (opcional)
- Justificativa – uma explicação para a não implementação do controle

O proprietário do risco é uma pessoa ou entidade com a responsabilidade e a autoridade para gerenciar um risco. Ele tem autoridade para aprovar a opção de tratamento adequado no ativo de informação em que foi identificado o risco. Essa aprovação deve ser formalizada em um documento e registrada no SGCN.

Os riscos que forem aceitos pelos proprietários dos riscos devem assinar um termo de aceite.

Toda e qualquer implementação de controle no SGCN deve ser realizada por intermédio de um processo de Gestão de Mudanças. O objetivo desse processo é minimizar o impacto de eventuais incidentes que possam surgir durante a implementação do controle. Dada a complexidade que as mudanças podem alcançar, um processo para gerenciá-las se faz necessário, pois define o fluxo a ser seguido para que todas as solicitações de mudança sejam analisadas, ordenadas, priorizadas, planejadas e implementadas de forma segura, sem impacto nos processos de negócio da organização.

Após a implementação das opções de tratamento, é necessário monitorar o risco residual, que, por definição, é o risco remanescente após o tratamento do risco. Mesmo após a implementação das ações de controle, ainda é possível que exista algum risco residual.

A saída dessa etapa da metodologia de gestão de riscos é o Plano de Tratamento de Riscos, o termo de aceite de riscos e o monitoramento dos riscos residuais.

Subprocesso "Registro e relato" – Este subprocesso visa a documentar e relatar todos os subprocessos por meio de mecanismos apropriados. Se for conveniente para a organização, pode-se utilizar as orientações de informações documentadas para documentar esses relatos. O registro e o relato objetivam:

- comunicar atividades e resultados de gestão de riscos para toda a organização;
- fornecer informações para a tomada de decisão;
- melhorar as atividades de gestão de riscos;
- auxiliar a interação com as partes interessadas, incluindo aquelas com responsabilidade e com responsabilização por atividades de gestão de riscos.

O subprocesso "Registro e relato", com suas entradas e saídas e a sua atividade de execução, está representado na figura a seguir:

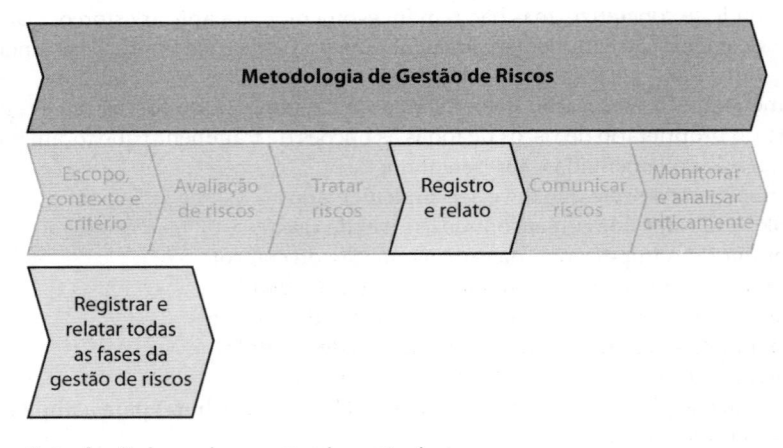

Entradas: Todos os documentos de gestão de riscos
Saídas: Registros do processo de gestão de riscos

Figura 21. Subprocesso "Registro e relato".

A saída dessa etapa da metodologia de Gestão de Riscos são os registros do processo de gestão de riscos.

Subprocesso "Comunicar riscos" – Este subprocesso visa a identificar as partes interessadas do processo de gestão de riscos; elas devem ser identificadas e seus papéis e responsabilidades delimitados. Os riscos serão comunicados para os seus respectivos responsáveis. Assim, o subprocesso "Comunicar riscos" se encarrega de proporcionar essa comunicação e é composto de duas etapas: a primeira relativa à identificação das partes interessadas, e a outra efetivamente associada à comunicação, ambas ilustradas na figura a seguir.

Entradas: Relatório de avaliação de riscos
Plano de tratamento de riscos
Termo de aceite de riscos
Saídas: Comunicação dos riscos para as partes interessadas

Figura 22. Subprocesso "Comunicar riscos".

As partes interessadas foram identificadas anteriormente, no documento de Declaração de Escopo do SGCN. Caso tenha uma nova parte interessada no processo de gestão de riscos, ela também deve ser identificada e informada sobre os riscos sob a sua responsabilidade.

A comunicação do risco é uma troca interativa, documentada formalmente, contínua e intencional de informações, conhecimentos e percepções sobre como os riscos devem ser gerenciados.

A comunicação é realizada entre a equipe envolvida na Gestão de Riscos e partes interessadas nas decisões dos processos de negócio que estão no contexto da análise e avaliação de riscos. Por isso, as partes interessadas deverão ser identificadas e documentadas.

No que tange à comunicação dos riscos às partes interessadas, essa etapa deverá abordar com o máximo de detalhes os riscos encontrados, informando:

- a existência da ameaça, vulnerabilidade e risco;
- a natureza e forma de ação;
- a estimativa de probabilidade;
- sua severidade e consequências possíveis; e
- tratamento e aceitação de riscos.

A saída dessa etapa da metodologia de Gestão de Riscos é a comunicação dos riscos para as partes interessadas.

Subprocesso "Monitorar e analisar criticamente" – Este subprocesso é intrínseco a todo processo; a retroalimentação é necessária para corrigir e aperfeiçoar o próprio processo. Assim, este subprocesso permite detectar possíveis falhas nos resultados, monitorar os riscos, os controles e verificar a eficácia do processo de Gestão de Riscos. Subdivide-se em três etapas, conforme ilustrado na figura a seguir.

Figura 23. Subprocesso "Monitorar e analisar criticamente".

Após o tratamento dos riscos, é necessário consolidar informações sobre o processo e identificar oportunidades de melhoria.

Na etapa de "Analisar e consolidar informações sobre os riscos" deve-se identificar e quantificar os indicadores do processo no documento de Relatório Executivo da Análise.

Quanto à etapa "Identificar oportunidades de melhoria", deve-se analisar as informações consolidadas do processo, através dos seus indicadores, e identificar oportunidades de melhoria.

Por fim, no que tange à etapa "Monitorar riscos residuais", os riscos residuais e seus fatores deverão ser monitorados.

A saída dessa etapa da metodologia é a melhoria contínua do processo de Gestão de Riscos.

REFERÊNCIA NORMATIVA

ABNT NBR ISO 22301 – Cláusulas 8.2.3 Avaliação de Riscos

ANEXOS

Não aplicável

3.3 Estratégia de Continuidade de Negócios – Cláusula 8.3

Entrada: Relatório de Análise de Impacto no Negócio e Relatório de Tratamento de Riscos.

A definição da Estratégia de Continuidade de Negócios permite que uma série de estratégias sejam avaliadas. Isso garante que uma resposta apropriada seja escolhida para cada produto ou serviço, de modo que a organização possa continuar fornecendo esses produtos e serviços em um nível de operações aceitável e em uma quantidade de tempo aceitável durante e logo após uma interrupção. As escolhas feitas devem levar em conta a resiliência e as opções de contramedidas já presentes na organização.

Quem já teve a oportunidade de escolher uma estratégia de continuidade sabe como é difícil definir uma solução adequada que mantenha o compromisso de equilibrar o custo e o tempo de recuperação adequado, pois quanto menor o RTO (Tempo Objetivado de Recuperação), maior o custo; enquanto para um RTO maior, menor o custo da solução. É claro que o RTO mais longo também aumenta a chance de que a recuperação não seja alcançada dentro do MTPD. Consequentemente, deve-se sempre buscar o equilíbrio entre a capacidade de recuperação *versus* custos razoáveis e acessíveis.

A imagem a seguir exemplifica graficamente o relacionamento de custo X tempo:

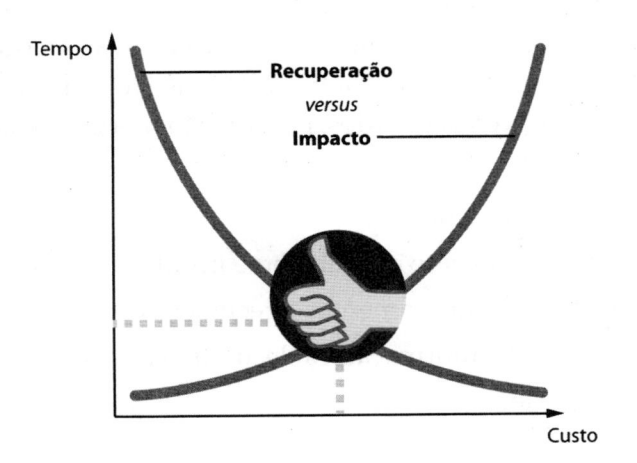

Figura 24. Relação de custo x tempo.

Como implementar:

✓ Assegurar que se defina e selecione a melhor estratégia de continuidade, que deve ser adequada para:

  ➢ proteger atividades prioritárias (neste caso, são os processos de negócio priorizados pela Análise de Impacto no Negócio);

  ➢ estabilizar, continuar, retomar e recuperar atividades priorizadas, bem como suas dependências e recursos de apoio (os requisitos deste item também são descritos na Análise de Impacto no Negócio); e

  ➢ mitigar, responder e gerenciar impactos.

✓ Assegurar que se inclua a aprovação da priorização dos tempos para a retomada das atividades na definição da Estratégia de Continuidade de Negócios.

  ➢ Os tempos de recuperação dos processos de negócios são descritos na Análise de Impacto no Negócio.

✓ Assegurar que realize avaliações da capacidade de Continuidade de Negócios dos fornecedores.

  ➢ Este é um item de suma importância, pois uma falha na prestação dos serviços dos fornecedores pode impactar diretamente nos processos de negócio da organização. Por isso é necessário avaliar e exigir que os fornecedores também tenham Planos de Continuidade de Negócios em caso de um incidente no fornecedor.

✓ Assegurar que se determinem os recursos necessários para implementar as estratégias de Continuidade de Negócios definidas. Os tipos de recursos considerados, porém, não precisam estar limitados a:

a) pessoas

b) informações e dados

c) prédios, ambiente de trabalho e instalações associadas

d) instalações, equipamentos e recursos consumíveis

e) sistemas de informação e telecomunicações

f) transporte

g) finanças

h) fornecedores e parceiros

✓ Assegurar que se considerem medidas proativas para os riscos identificados que necessitam de tratamento, medidas estas que possibilitem:

    a) reduzir a probabilidade de interrupção;

    b) diminuir o período de interrupção;

    c) limitar o impacto da interrupção sobre os processos de negócio.

Todas essas medidas são descritas no processo de gestão de riscos.

✓ Assegurar que sejam escolhidos os tratamentos adequados aos riscos, alinhados ao seu apetite aos riscos.

> ➤ Essa é uma premissa do processo de gestão de riscos e foi explicada na seção anterior deste livro.

Metodologia de escolha de Estratégia de Continuidade de Negócios – Cláusula 8.3.2 – Determinação dos recursos necessários

Saídas: PR-SGCN-011 – Procedimento Documentado de Estratégia de Continuidade de Negócios, Relatório de Estratégia de Continuidade e evidência de implementação da estratégia escolhida.

Lembrando sempre que a Análise de Impacto no Negócio e a avaliação de riscos formam as principais informações/produtos para desenvolvimento da Estratégia de Continuidade de Negócios.

A seguir descreve-se um exemplo de Procedimento Documentado do SGCN que pode contribuir para implementar a cláusula 8.3 da Norma ABNT NBR ISO 22301.

Tabela 15. Exemplo de metodologia de escolha de Estratégia de Continuidade de Negócios.

LOGOTIPO DA ORGANIZAÇÃO	Tipo: Procedimento Documentado	Código do Documento: PR – SGCN – 011
Procedimento Documentado de Estratégia de Continuidade de Negócios		**Autor:** Nome da pessoa ou grupo **Revisado em:** 10/01/2018 **Aprovador:** Nome da pessoa ou grupo **Versão:** 1.00 **Aprovação:** 10/02/2018

FINALIDADE

Definir regras e procedimentos a serem observados para a definição da Estratégia de Continuidade de Negócios.

APLICABILIDADE

Aplica-se a todas as pessoas envolvidas nos processos de trabalho do SGCN.

FUNÇÕES E RESPONSABILIDADES

Responsáveis pelas áreas ou setores na organização
- Participar das atividades de definição da Estratégia de Continuidade de Negócios, quando solicitado.

Chefe de Continuidade de Negócios
- Elaborar, revisar e atualizar este documento.
- Revisar a Estratégia de Continuidade de Negócios sempre que houver uma nova Análise de Impacto no Negócio ou uma nova Avaliação de Riscos.
- Elaborar a proposta de Estratégia de Continuidade de Negócios e encaminhar ao Comitê de Continuidade de Negócios para a sua aprovação.
- Envolver os responsáveis pelas áreas ou setores na organização na elaboração da Estratégia de Continuidade de Negócios.
- Aprovar a priorização dos tempos para a retomada dos processos de negócios.
- Convocar as partes interessadas na definição da Estratégia de Continuidade de Negócios.
- Estimar os custos e o cronograma relacionados na proposta de implementação da Estratégia de Continuidade de Negócios.

Alta Direção/Comitê de Continuidade de Negócios
- Participar das atividades de definição da Estratégia de Continuidade de Negócios, quando solicitado.
- Decidir sobre eventuais investimentos na implementação da Estratégia.
- Divulgar a Estratégia de Continuidade de Negócios.
- Aprovar o Relatório de Estratégia de Continuidade de Negócios.

TERMOS E DEFINIÇÕES

As definições dos termos e expressões utilizados neste documento constam nos termos e definições das Normas ISO 22300, ABNT NBR ISO 22301 e ABNT NBR ISO 22313.

REGRAS E PROCEDIMENTOS

1 Aspectos Gerais

As estratégias de continuidade buscam melhorar a resiliência organizacional perante as interrupções, garantindo que os processos de negócio críticos continuem trabalhando normalmente ou sejam recuperados em um nível mínimo aceitável e no tempo estipulado pela Análise de Impacto no Negócio.

É necessário definir as estratégias de Continuidade de Negócios utilizando as informações obtidas na fase de Análise de Impacto no Negócio e do Processo de Avaliação de Riscos, para identificar e selecionar as opções de recuperação e atender aos Objetivos de Continuidade de Negócios da organização. Isso permitirá que os processos de negócio voltem a operar após uma interrupção antes que sua sobrevivência seja ameaçada pelas perdas decorrentes de uma interrupção.

Uma Análise de Impacto no Negócio e o Processo de Avaliação de Riscos fornecerão o Período Máximo Tolerável de Indisponibilidade para cada processo de negócio no escopo do Sistema de Gestão de Continuidade de Negócios. Quantificará também os requisitos de recuperação para as atividades que suportam a entrega de produtos e serviços críticos.

Devem ser determinadas as opções apropriadas de estratégia para:

- proteger os processos críticos de negócio;
- estabilizar, continuar, retomar e recuperar os processos críticos de negócio;
- tratar, mitigar, responder e gerenciar impactos negativos.

O Chefe de Continuidade de Negócios é o responsável por definir qual é a melhor Estratégia de Continuidade de Negócios para o SGCN. Como a aquisição de uma estratégia pode ser um investimento caro, o Comitê é responsável pela aprovação da estratégia.

Obrigatoriamente na elaboração do relatório de Estratégia de Continuidade de Negócios, o Chefe de Continuidade de Negócios deverá considerar o atendimento às necessidades dos processos identificados na Análise de Impacto no Negócio, visando à proteção das ameaças identificadas na Avaliação de Riscos.

Sempre que houver nova Análise de Impacto no Negócio ou nova Avaliação de Riscos, o Chefe de Continuidade de Negócios revisará a Estratégia definida.

A proposta de Estratégia de Continuidade de Negócios elaborada pelo Chefe de Continuidade de Negócios será encaminhada ao Comitê para aprovação.

A proposta de Estratégia de Continuidade de Negócios deverá considerar e descrever objetivamente:

a) a proteção adequada aos processos críticos de negócios identificados na Análise de Impacto no Negócio;

b) orientações para a continuação e a recuperação dos processos críticos de negócios;

c) as ações de mitigação, resposta e gerenciamento dos impactos do incidente de interrupção;

d) os custos estimados para a sua implantação;

e) o cronograma para sua implantação;

f) os critérios de seleção da Estratégia;

g) as vantagens e desvantagens da escolha definida.

Como resultado do processo de definição da Estratégia de Continuidade, será produzido um documento que explicita a estratégia adotada para garantia da continuidade dos processos críticos de negócios.

Essa estratégia servirá como orientadora para a elaboração e implementação dos Planos de Continuidade de Negócioss.

2 Elaboração do Relatório de Estratégia de Continuidade de Negócios

As opções para mitigar o impacto e a duração de um incidente de interrupção não se limitam, mas podem incluir:

a) **Contratação de um seguro:** a aquisição de seguro fornecerá recompensa financeira para algumas perdas de ativos tangíveis, mas não atenderá a todos os custos dos ativos intangíveis, incluindo, por exemplo, imagem, marca, reputação ou perdas de vidas humanas. Com um seguro não é possível transferir todo o impacto, pois o responsável pelo que acontece na organização ainda é a sua diretoria. Assim, é recomendado que a contratação do seguro seja utilizada em conjunto com uma ou mais estratégias.

b) **Restauração do ativo de informação:** contratação de organizações especializadas em serviços de tratamento de sinistros por 24 horas, pelos 365 dias do ano, especializadas na limpeza ou no reparo dos ativos de informação após a concretização do incidente, diminuindo assim o dano.

c) **Gestão de imagem:** implementar um Plano de Administração de Crises para desenvolver uma capacidade efetiva de alertar e comunicar as partes interessadas no momento de tratamento de uma crise.

Para escolher a melhor estratégia é necessário definir todos os recursos que compõem uma Estratégia de Continuidade de Negócios. Esses recursos são descritos a seguir:

a) Pessoas:

Caso o incidente cause a redução do conhecimento intelectual na organização, devem ser identificadas as medidas apropriadas que mantenham e/ou ampliem a disponibilidade de habilidades e conhecimentos de pessoas.

Opções de estratégias para **pessoas:**

- Identificar quais sãos os funcionários, prestadores de serviços e demais partes interessadas que exercem funções e responsabilidades na organização:
  o Documentar o método de execução dos processos críticos para reter o conhecimento.
  o Reter e gerir o conhecimento de modo que, caso alguma pessoa seja substituída, não haja prejuízos na execução dos processos de negócio.
  o Treinar multidisciplinarmente os funcionários e prestadores de serviços.
  o Separar as habilidades fundamentais inserindo uma segregação de funções de modo a reduzir a concentração do risco.
  o Utilizar terceiros treinados quando for possível e utilizar uma terceirização dos processos críticos.
  o Planejar a sucessão de pessoas da gestão e da Alta Direção.
  o Lista de especialistas alternativos habilitados e plano de chamada.
  o Identificar uma pessoa ou pessoas para garantir o bem-estar de todos após o incidente.
- Importante ressaltar que devem ser implementados procedimentos na realocação do pessoal para o ambiente de contingência. Após a concretização de um incidente de interrupção, podem precisar considerar:
  o transporte das pessoas para o ambiente de contingência;
  o identificação das necessidades das pessoas no ambiente de contingência:
    ▪ acomodação, onde irão trabalhar, onde ficarão hospedadas;
    ▪ instalações de alimentação, identificar se existe alimentação para todas as pessoas no período de trabalho;
    ▪ verificar se as pessoas estão agendadas com compromissos pessoais e familiares, para evitar faltas e ausências durante a contingência.

b) Informações e dados:

Toda informação necessária à continuidade dos processos de negócios críticos deve ser protegida e recuperada de acordo com tempos de recuperação priorizados na Análise de Impacto no Negócio, principalmente pelo Ponto Objetivado de Recuperação – RPO.

Opções de estratégias para **informações e dados:**

- As estratégias devem considerar:
  - o A informação crítica deve estar protegida e recuperável de acordo com os tempos estabelecidos na Análise de Impacto no Negócio, principalmente pelo Ponto Objetivado de Recuperação. O armazenamento e a recuperação de dados devem ser aderentes à legislação brasileira vigente.
    - A informação recuperada deve estar adequadamente atualizada, conforme determinada pelo RPO.
  - o A informação crítica deve possuir os requisitos de Segurança da Informação:
    - Confidencialidade.
    - Integridade.
    - Disponibilidade.
    - Atualização.
- As estratégias devem documentar:
  - o As informações críticas que ainda não tenham sido copiadas.
  - o Estender as estratégias de forma a incluir:
    - formatos físicos (impressos);
    - formatos virtuais (eletrônicos) etc.
- Importante verificar se a informação copiada está armazenada próxima à original, onde pode ocorrer o incidente de interrupção, comprometendo sua integridade ou impedindo o acesso a ela. Imagine que ocorreu um incêndio e a informação armazenada também foi perdida junto com a original. É adequado documentar as evidências sobre a tomada de decisão de como essas questões foram resolvidas e implementadas.

c) Instalações prediais:

Deve ser adotada uma estratégia que reduza o impacto da indisponibilidade dos ambientes físicos contingenciados e de todos os processos de negócios críticos.

Opções de estratégias para **instalações prediais:**

- A organização deve incluir:
  - o instalações de contingências dentro da organização, incluindo a realocação de outras atividades;
  - o ambientes de contingência fornecidos por outras organizações;
  - o ambientes de contingência fornecidos por terceiros especializados;
  - o trabalhar a partir de casa (*home office*) ou de locais remotos;
  - o outros locais que sejam acordados como apropriados; e
  - o usar força de trabalho alternativa em um local estabelecido.

Para definição de estratégias de continuidade de instalações, o mercado tende a adotar algumas "arquiteturas" já conhecidas e testadas. Segue na figura a devida descrição dos conceitos de cada uma:

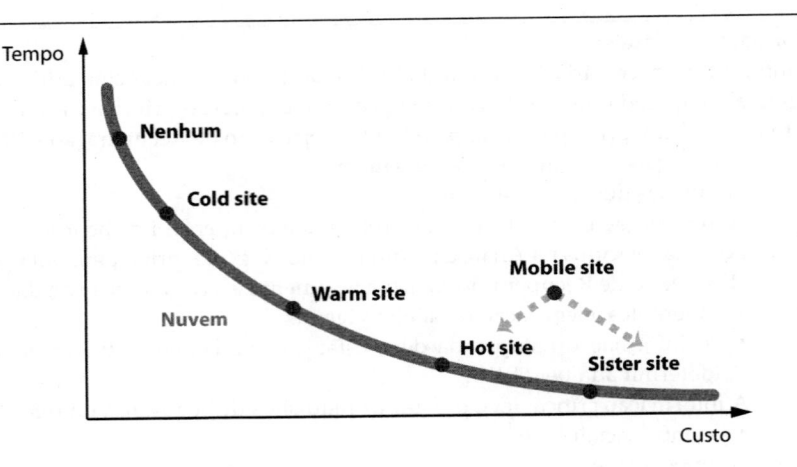

Figura 25. Opções de estratégias de instalações.

- **Nenhum** – Nenhuma estratégia é implementada.
- *Cold site* – Nesta situação há apenas uma localidade física que pode ser utilizada para receber equipamentos. Porém, não existem nem mesmo instalações básicas de energia ou comunicação. É a opção mais barata de todas. Contudo, é também a que consome mais tempo para entrar em funcionamento caso um desastre ocorra.
- *Warm site* – Nesta abordagem complementa-se a estrutura do *cold site* com todos os serviços básicos de infraestrutura, como instalações elétricas adequadas, ar-condicionado, *links* de comunicação e equipamentos de conectividade, como *switches* e roteadores. Mesmo algumas estações ou máquinas podem estar disponíveis. A principal característica desta estratégia é a ausência dos equipamentos extremamente caros, como servidores, *mainframes*, sistemas de *storage*, entre outros.
- **Nuvem (*cloud computing*)** – Devido à alta escalabilidade e ao seu preço baixo, a opção de *cloud computing* está entrando de vez como uma opção nas estratégias de continuidade para instalações, onde todo o *datacenter*, ou os principais serviços da organização, pode estar hospedado na nuvem. Hoje em dia, sem dúvida, é a estratégia mais utilizada devido ao seu baixo custo comparado com as estratégias de *hot site* ou *sister site*.
- *Hot site* – Aqui temos uma estrutura totalmente funcional, igual ao ambiente que está em produção, apenas esperando a ocorrência de um incidente na localidade principal para entrar em funcionamento. Porém, os ambientes não estão sincronizados: em caso de problema o *hot site* receberá os *backups* do sistema principal para que estes possam ser baixados no site alternativo.
- *Mobile site* – Variação do *hot site* ou do *warm site* na qual podemos ter o *datacenter* redundante funcionando dentro de um veículo móvel. A adoção dessa estratégia é válida quando o *datacenter* for afetado, porém o restante dos departamentos da organização não. Nesse caso, em vez de deslocar toda a organização para outra localidade, é mais fácil deslocar o *datacenter*, que foi o único componente afetado, para a localidade principal.

- *Sister site* – Igual ao *hot site*, com a diferença de que aqui existe o sincronismo, até mesmo o balanceamento, entre a localidade principal e a alternativa. É a estratégia que oferece o tempo de resposta mais rápido, porém é também a mais cara.

O ambiente de contingência deve ser escolhido levando em consideração uma área geográfica, como o mesmo bairro ou cidade, poder ser afetada por um desastre. Um incidente de interrupção como uma catástrofe natural pode causar danos em vastas áreas e afetar serviços essenciais como eletricidade, gás, água e comunicação. É recomendado que o ambiente de contingência esteja distante, em outro bairro ou cidade. A regra é simples: o ambiente de contingência não pode ser impactado pelo mesmo incidente.

d) Equipamentos e recursos consumíveis (suprimentos):

Devem ser identificados e inventariados todos os suprimentos e recursos necessários para o suporte aos processos de negócios críticos.

Opções de estratégias para **equipamentos e recursos consumíveis (suprimentos):**

- Em ambientes de escritório, os suprimentos podem ser cheques, cartões de crédito, contratos, notas fiscais etc.
- Em indústrias, pode significar o estoque de vendas, os suprimentos necessários para seu funcionamento ou combustíveis.
- A organização deve manter inventário dos suprimentos essenciais, que podem incluir:
  - o Armazenar suprimentos adicionais em outro local.
  - o Contratar prestadores de serviços para entregas emergenciais.
  - o Remanejar entregas programadas para os ambientes de contingência.
  - o Transferir atividades de montagem de unidades para o ambiente de contingência que possua esses suprimentos.
  - o Identificar suprimentos e equipamentos alternativos ou substitutos.
- A organização deve identificar os fornecedores de suprimentos especiais; pode incluir:
  - o Aumentar o número de fornecedores. É uma boa medida ter pelo menos dois fornecedores para os seus processos de negócio críticos.
  - o Recomendar ou exigir que os fornecedores tenham uma capacidade de continuidade de negócios validada, ou seja, exigir que o fornecedor tenha também um Plano de Continuidade de Negócios.
  - o Obrigações contratuais e/ou acordos de nível de serviços com os principais fornecedores.
  - o Identificar fornecedores alternativos que sejam capazes de atender à demanda em um momento de crise na sua organização.

e) Sistemas de Informação e Tecnologia da Informação e Comunicação (TIC):

Os sistemas de TIC devem ser restabelecidos antes que as atividades sejam retomadas. As soluções dependerão da tecnologia utilizada e sua relação com os processos de negócios críticos.

Opções de estratégias para **Sistemas de Informação e Tecnologia da Informação e Comunicação (TIC):**

- Serviços entregues à organização que são suportados por equipamentos tecnológicos.
- Serviços realizados externamente por prestadores de serviços. Uma falha deles pode impactar um processo de negócio crítico.
- Distribuir geograficamente a tecnologia, ou seja, manter a tecnologia em locais diferentes que não serão afetados pela mesma interrupção de negócios.

- Armazenar o equipamento mais antigo como substituto em caso de emergências. Essa é uma boa dica para as emergências.
- Equipamento único pode determinar um único ponto de falha tecnológica.
- Objetivos de tempo de recuperação (RTOs) de sistemas e aplicativos que suportam as atividades fundamentais identificadas na BIA.
- Local e distância entre instalações tecnológicas.
- Quantidade de instalações tecnológicas distribuídas em locais distintos.
- Fornecer tecnologia adequada para o aumento do número de pessoas utilizando acesso remoto para trabalhar durante o tratamento de incidente de interrupção.
- Conectividade de telecomunicações e roteamento redundante.
- Conectividade com terceiros e *links* externos.

As estratégias de tecnologia vão variar significativamente entre as organizações de acordo com o tamanho, a natureza e a complexidade de cada negócio.

f) Transporte:

Devem ser avaliadas as opções de transporte necessárias para garantir o deslocamento dos profissionais responsáveis pelos processos de negócios críticos após um incidente que resulte em uma interrupção.

Opções de estratégias para **transporte:**

- Pode haver necessidade de transporte após um incidente de interrupção para:
  - o envio de funcionários e prestadores de serviços para as suas casas se o meio de transporte estiver indisponível;
  - o realocação de funcionários e prestadores de serviços no ambiente de contingência de trabalho; e
  - o enviar ativos de informação, como computadores, *storages*, fitas de *backup* para o ambiente de contingência.
- Na definição da estratégia de transporte, devem ser estabelecidas e treinadas antecipadamente as opções para fornecer meios alternativos de locomoção que possam ser necessários durante o tratamento de um incidente de interrupção. Essas opções podem incluir:
  - o de acordo com o processo de avaliação de riscos, é necessário identificar cenários possíveis de interrupções que podem ser causados diretamente por um incidente;
  - o determinar meios logísticos e rotas alternativas de locomoção considerando o pior cenário das condições de tráfego, meios de transporte e das outras redes de transporte;
  - o contratação de fornecedores de emergência para transportar os funcionários e prestadores de serviço.

g) Finanças:

Na definição da estratégia de finanças devem ser estabelecidas as opções para garantir que os recursos financeiros (dinheiro) estejam disponíveis durante e após um incidente que resulte em uma interrupção. Todas as despesas e custos, durante e após o incidente de interrupção, devem ser objeto de valores limite devidamente controlados e documentados por uma pessoa que detenha autoridade para isso na Alta Direção.

Opções de estratégias para **finanças:**

- fornecer dinheiro suficiente para comprar suprimentos de emergência, como comida, acomodação, equipamentos, materiais de consumo e de transporte ágil;
- o reembolso das despesas que os funcionários e os prestadores de serviços possam utilizar para tratar o incidente. Esse reembolso deve ser feito o mais rápido possível para evitar descontentamento das pessoas;

- a compra de prédios ou salas para alocar as pessoas ou a aquisição de equipamentos de alto investimento.

h) Fornecedores:

Devem ser identificados os fornecedores para os processos de negócios críticos. Devem ser realizadas avaliações da capacidade de continuidade de negócios dos fornecedores, sempre que necessário. Pode-se até exigir que o fornecedor tenha Planos de Continuidade de Negócios para diminuir a probabilidade que o fornecedor não entregue o serviço ou produto contratado.

Opções de estratégias para **fornecedores:**

- Na definição da estratégia de fornecedores deve ser utilizada a Análise de Impacto no Negócio concentrando os esforços de implementação sobre os fornecedores cuja falha na entrega interromperia rapidamente os processos críticos de negócio. As estratégias podem incluir:
  - especificação de requisitos de Continuidade de Negócios e Segurança da Informação em documentos de licitações e contratos;
  - auditorias permanentes dos Planos de Continuidade de Negócios de fornecedores. O fornecedor que não aceitar esse requisito não irá fornecer os seus produtos e serviços;
  - exercícios e treinamentos devem ser executados pelos fornecedores em conjunto com as pessoas envolvidas no SGCN.

3 Critério de seleção de Estratégia de Continuidade de Negócios

Para determinar a melhor estratégia, deve-se estimar quais são os tipos de ambientes de contingência adequados, tamanho, localização, infraestrutura de utilidades etc. Uma dica importante é dar alguma função para esse ambiente no dia a dia da organização, como, por exemplo, ser uma sala de treinamento ou uma sala de reunião. Assim fica mais fácil conseguir o investimento necessário para a implementação e recuperação dos processos críticos de negócio.

A seleção das estratégias tem como objetivos reduzir o impacto das interrupções, reduzir o período de interrupção e reduzir sua intensidade para níveis aceitáveis.

Para não errar na melhor escolha da estratégia é importante definir os critérios de seleção das estratégias. Na maioria das vezes o valor do investimento poderá ser um delimitador para a escolha da melhor estratégia, e nesse caso a organização deverá se adaptar até mesmo aumentando o tempo do RTO. Um exemplo comum é escolher como a melhor estratégia a construção de um *datacenter* de contingência em outro local; assim, se o *datacenter* principal falhar, o de contingência entra em operação. Mas construir um novo é um investimento muito elevado e a organização pode não dispor desse investimento de imediato. Por isso é necessário se adaptar a essa realidade e escolher uma nova estratégia.

Portanto, é necessário estabelecer alguns critérios, que não sejam apenas financeiros, para escolher a melhor estratégia de continuidade do SGCN.

Adicionalmente, a Alta Direção deverá determinar os pesos atribuídos a cada um dos critérios de avaliação, de maneira a refletir o mais fielmente possível a realidade do negócio da organização.

A seguir são descritos alguns critérios de seleção que foram adaptados do livro "Gestão de Continuidade de Negócios", do autor William Alevate (2014).

Os critérios que podem ser adotados na análise qualitativa são:

Exemplos de níveis de critérios de seleção de estratégia.			
CRITÉRIOS DE ANÁLISE			
SEQ	**CRITÉRIO**	**DESCRIÇÃO**	**PESO**
1	Custo	Custo total estimado de implantação e de manutenção mensal do ambiente de contingência.	5
2	Isolamento	Isolamento do ambiente de contingência de qualquer desastre ou incidente que possa inviabilizar a operação dos processos de negócio.	5
3	Agilidade operacional	Rapidez no deslocamento e capacidade de atendimento às necessidades operacionais dos funcionários da organização.	5
4	Facilidade da rede de telecomunicações	Disponibilidade da infraestrutura de telecomunicações necessária para o ambiente de contingência.	5
5	Segurança da informação	Capacidade de garantir as condições necessárias para a integridade, autenticidade e confidencialidade das informações tratadas.	5
6	Capacidade técnica (configuração e pessoal)	Disponibilidade de infraestrutura técnica e de recursos humanos na ativação e operação dos Planos de Continuidade de Negócios.	5
7	Autonomia no acionamento	Facilidade de utilização dos recursos no ambiente de contingência independentemente da necessidade de acordos ou negociações comerciais.	5
8	Facilidade de implementação da solução	Grau de complexidade envolvido na implementação da estratégia.	3
9	Facilidade de manutenção da solução	Grau de complexidade da manutenção do ambiente de continuidade.	3
10	Facilidade de testes (quantidade, flexibilidade etc.)	Facilidade para a mobilização de recursos e para a realização de testes dos procedimentos de contingência.	3
11	Facilidade de auditoria	Facilidade de a estratégia adotada estar disponível para ser auditada no âmbito dos ambientes físicos e lógicos.	1

O autor William Alevate também descreve um método científico de escolha das estratégias. Esse método foi adaptado e é descrito a seguir.

Para realizar a análise e pontuação das estratégias, pode-se considerar:

- Peso – Relevância relativa de cada critério.

Tabela dos pesos	
Alto	5
Médio	3
Baixo	1

- Pontuação – Grau de aderência da estratégia a cada critério.

Tabela de pontuação	
Excede	2
Atende	1,5
Parcialmente	1
Não atende	0

- Avaliação do critério – É o produto entre o peso e a pontuação atribuída para cada critério.
- Avaliação da Estratégia – é a soma das avaliações dos critérios de cada estratégia.

Exemplo de quadro de Avaliação de Estratégias.

Quadro de Avaliação de Estratégias							
Critérios de avaliação		Aquisição de *datacenter* próprio		Utilização de serviços de terceiros		Utilização de serviços em nuvem	
	Pesos	Pontuação	Avaliação do critério	Pontuação	Avaliação do critério	Pontuação	Avaliação do critério
Custo	5	1,0	5	1,5	7,5	2,0	10
Isolamento	5	1,5	7,5	1,5	7,5	2,0	10
Agilidade operacional	5	1,2	6	1,5	7,5	1,2	6
Facilidade da rede de teleco-municações	5	1,2	6	1,2	6	1,5	7,5
Segurança da informação	5	2,0	10	1,2	6,0	1,0	5,0
Capacidade técnica	5	1,5	7,5	1,5	7,5	1,5	7,5
Autonomia no acionamento	5	1,5	7,5	1,0	5,0	2,5	10
Facilidade de implementação da solução	3	1,2	4,8	1,0	4	1,0	4
Facilidade de manutenção da solução	3	1,2	4,8	1,0	4	1,0	4
Facilidade de testes	3	1,5	4,5	1.0	3	1,5	4,5
Facilidade de auditoria	1	2,0	4	1,5	3	1,5	3
Total de cada estratégia			67,6		61		71,5

Resultado do exemplo da análise:
- De acordo com esse exemplo, a utilização de serviços de contingência em nuvem é a melhor estratégia, com 71,5 de pontuação.

Lembrando que a Alta Direção deve aprovar as estratégias que foram documentadas de forma a confirmar que a determinação das estratégias de continuidade seja efetuada de forma correta e atenda às mais prováveis causas e efeitos de incidentes, e que as estratégias escolhidas sejam apropriadas para alcançar os objetivos da organização, dentro do seu apetite aos riscos.

Uma dica importante: nas grandes cidades do Brasil, o tratamento de incidente crítico ou desastre dura em média dois dias. Isso quer dizer que em até 48 horas todo o incidente será tratado e a organização voltará à normalidade.

REFERÊNCIA NORMATIVA

ABNT NBR ISO 22301 – Cláusula 8.3 Estratégia de Continuidade de Negócios
PL-SGCN-007 – Planejamento e Controle Operacional do Sistema de Gestão de Continuidade de Negócios

ANEXOS

Não aplicável

3.4 Planos de Continuidade de Negócios – Cláusula 8.4

Entradas: ID-SGCN-003 – Declaração de Escopo do SGCN, PR-SGCN-006 – Procedimento Documentado de Competências, Treinamento e Conscientização de pessoas envolvidas no SGCN, Relatório de Análise de Impacto no Negócio e Relatório de Estratégia de Continuidade de Negócios.

Com a Estratégia de Continuidade definida e implantada, estão estabelecidas as principais premissas para a criação dos planos que são os produtos do Sistema de Gestão de Continuidade de Negócios. Se os planos forem bem escritos, conforme descrito neste livro, eles se traduzem em sobrevivência de uma organização na ocorrência de um incidente de interrupção. Ao contrário, se forem escritos incorretamente, podem ser grandes transtornos, pois, em momento de crise, seguir um Plano mal elaborado ou desatualizado aumenta o prejuízo da organização.

O desenvolvimento e a implementação de procedimentos de Continuidade de Negócios resultam na criação de uma estrutura de gestão e em uma estrutura de gerenciamento de incidentes. Avisos e comunicação com as partes interessadas e planos de recuperação, que detalham os passos a serem tomados durante e após um incidente de interrupção, são fundamentais para manter ou restaurar as operações em um tempo hábil acordado com as partes interessadas.

As características que todos os Planos de Continuidade de Negócios devem ter estão descritas a seguir:

- ✓ **Eficiente** – Em termos de mitigar os impactos de incidentes de interrupção, por intermédio dos procedimentos que serão executados. Para isso os testes são fundamentais.

- ✓ **Adaptável** – Os procedimentos de continuidade devem ser executados para tratar incidentes com ameaças imprevistas que podem gerar mudanças nas condições internas e externas.

- ✓ **Aplicável** – Os planos devem se relacionar claramente com o impacto dos incidentes de interrupção e com uma devida análise de interdependências das atividades e processos de negócios.

- ✓ **Exclusivo** – No que se refere à tomada de decisão que deve ser executada imediatamente após um incidente de interrupção. Para cada plano podem existir procedimentos exclusivos.

Como implementar:

Uma organização pequena pode ter um único plano que tenha como abrangência todos os requisitos do negócio e que cubra todos os processos que estão no escopo do SGCN. Uma maior pode ter vários planos, com cada um especificando em detalhes a recuperação de:

- ✓ cada um dos processos de negócio;
- ✓ ambiente físico específico; e
- ✓ um cenário de desastre ou incidente de interrupção específico.

Além disso, pode haver documentação separada para os estágios de administração de crises, tratamento do incidente, continuidade da operação e recuperação dos ativos de informação.

Conforme descrito na ABNT NBR 15999-1, a figura a seguir ilustra as três principais fases de tempo de um incidente e a relação entre o Plano de Gerenciamento de Incidentes e os demais Planos de Continuidade de Negócios.

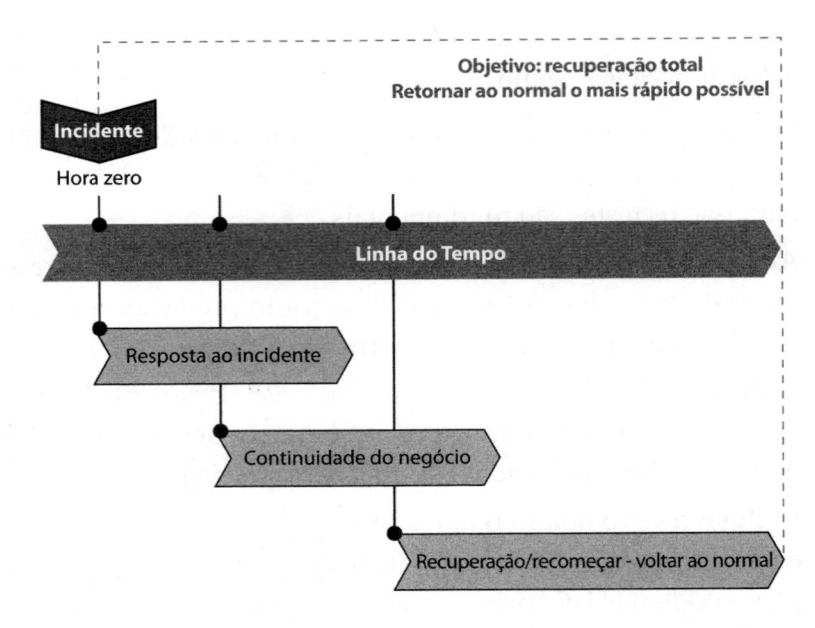

Figura 26. Linha do tempo de incidente. Adaptado da Norma ABNT NBR 15999-1.

A seguir, a legenda da imagem:

✓ **Resposta ao Incidente – Foco no incidente.** Em minutos a horas: toda a equipe preocupada em tratar as vítimas, confirmando os danos e o início do tratamento do incidente. Acionamento do PCN.

✓ **Continuidade de Negócios – Foco no negócio.** Minutos a dias: contata a equipe, clientes, fornecedores etc. Recupera os processos críticos do negócio. Reconstrução de trabalhos perdidos em andamento.

✓ **Recuperação/Recomeçar, voltar ao normal – Foco na recuperação do ativo de informação.** Horas, meses a anos: repara danos/substituição, mudança permanente de local de trabalho. Recuperação dos custos.

Em alguns casos, a ativação do Plano de Administração de Crises, do Plano de Gerenciamento de Incidentes, do Plano de Continuidade Operacional e do Plano de Recuperação de Desastres pode ocorrer em rápida sucessão ou simultaneamente.

Um cenário de acionamento do plano é o seguinte: detectado o incidente de interrupção, a equipe deve avaliar se existe um Plano de Gerenciamento de Incidente para tratá-lo de forma adequada. Se o incidente gerar uma crise, convoca-se a equipe de Gestão de Crise. Cada organização deve descrever antecipadamente os cenários que podem gerar uma crise – na maioria das vezes, são os cenários que abalam a imagem da organização, como uma descoberta de fraude financeira ou acidentes de trabalho com os seus funcionários. É necessário fazer uma comunicação com as partes interessadas, e a equipe de gestão de crises deve executar medidas para tratar essa situação paralelamente a outras atividades. Essas atividades devem ser executadas de acordo com os planos, pois eles foram escritos pensando em tratar os incidentes e as pessoas foram treinadas para isso. Para tratar o incidente deve-se executar o Plano de Gerenciamento de Incidentes – ele faz a gestão de todo o processo desde a detecção até o fechamento do incidente. Enquanto está sendo tratado o incidente, os processos de negócios devem ser executados em outro local ou de outra forma. Quem executa esses procedimentos é o Plano de Continuidade Operacional e quem trata especificamente do ativo de informação que sofreu o dano é o Plano de Recuperação de Desastres. Quando esse plano consertar o ativo danificado, pode-se retornar à normalidade gradativamente. Então, a equipe de recuperação de desastres informa à equipe do Plano de Gerenciamento de Incidentes que os processos de negócios podem ser executados no seu ambiente original e os processos voltam a ser executados no ambiente de origem.

Exemplo: incidente de incêndio.

Em 2013, um raio atingiu uma filial da organização no estado do Mato Grosso. Um incêndio começou no galpão de armazenamento de mercadorias e se alastrou por toda a área externa, atingindo uma sala onde os funcionários estavam empacotando mercadorias.

O Plano de Gerenciamento de Incidentes foi ativado pelo brigadista de plantão. Depois da chegada dos bombeiros, o fogo foi controlado e os acidentados, levados para o hospital mais próximo. Como esse incidente envolveu vítimas e o fogo consumiu quase completamente essa filial, a equipe de gestão de crises ativou o Plano de Administração de Crises para dar assistência às vítimas e conceder entrevistas para a mídia sobre o incêndio ocorrido, além de avisar as partes interessadas sobre os prejuízos e as ações tomadas. O Plano de Continuidade Operacional foi ativado para executar os processos de trabalho em outra localidade da organização, com o transporte dos funcionários até a localidade mais próxima para exercer o trabalho do dia a dia. O Plano de Recuperação de Desastres foi ativado para recuperar todos os ativos de informação que foram destruídos. Assim que todos os ativos foram consertados, os procedimentos de retorno à normalidade foram executados e a organização voltou a trabalhar na localidade onde havia ocorrido o incêndio.

Os Planos de Continuidades devem ser elaborados de acordo com cada um dos desastres para cada um dos processos de negócios críticos, definindo detalhes operacionais para cada um dos incidentes de Continuidade de Negócios que podem acontecer. Cada um dos planos é descrito a seguir.

Os planos devem:

- ✓ estabelecer protocolos apropriados de comunicação interna e externa;
- ✓ ser específicos sobre as medidas imediatas que devem ser tomadas durante uma interrupção;
- ✓ ser flexíveis para responder a ameaças imprevistas e às mudanças de condições internas e externas;
- ✓ focar no impacto de eventos que podem interromper as operações;
- ✓ ser desenvolvidos com base em premissas declaradas e interdependências analisadas; e
- ✓ ser eficazes para minimizar as consequências, através da implementação de estratégias de mitigação apropriadas.

Para conhecer de fato o quanto um plano pode ser eficiente é preciso estabelecer sua abrangência, seu escopo e entender como ele irá funcionar no momento de contingência entre as diversas atividades e processos de negócios da organização. Os funcionários precisam saber o que, quando e como trabalhar se seu local de trabalho for evacuado ou destruído durante um desastre. Para isso é necessário estabelecer diferentes cenários de desastre e documentar os procedimentos de continuidade para cada cenário diferente.

É importante que o Chefe de Continuidade de Negócios faça a coordenação de todas as funções e responsabilidades dos funcionários envolvidos nos planos e principalmente dos gestores de processos. Sabe-se que gestores gostam de determinar tudo que acontece na sua área, sob a sua gestão, por isso há uma tendência muito grande de se acabar executando procedimentos personalizados em detrimento dos procedimentos escritos nos planos. Por isso, duas ações são fundamentais:

✓ A primeira é chamar os gestores para participar da elaboração dos planos, fazendo com que se sintam parte daquilo, pois foram eles que escreveram os procedimentos, revisaram e aprovaram, ou seja, eles detêm responsabilidade por aquilo que está escrito e pelo sucesso da implementação dos planos.

✓ A segunda ação é fazer com que os gestores participem ativamente dos exercícios e testes dos planos. Quando se participa dessa iniciativa, um dos maiores benefícios é introduzir uma cultura de Gestão de Continuidade de Negócios em toda a organização e também se preparar proativamente para o desafio de tratar um incidente na sua área de negócio.

É recomendado realizar uma entrevista com os principais gestores e especialistas dos processos para coletar informações para serem introduzidas nos planos. Nessa entrevista deve-se fazer no mínimo as perguntas a seguir:

✓ Como funcionaria a área de negócio se *desktops*, *laptops*, servidores, e-mail e acesso à internet não estivessem disponíveis?

✓ Existe algum ponto de falha, ou seja, um único ativo que se falhar interrompe todo o fluxo de informação do processo?

✓ Quais são os controles de Segurança da Informação implementados ou de gerenciamento de riscos que estão atualmente implantados?

✓ Quais são as relações e dependências críticas dos prestadores de serviços?

✓ Durante uma interrupção, quais soluções existem para os principais processos de negócios?

✓ Qual é o número mínimo de funcionários necessários e quais as funções que eles precisam para realizar as suas responsabilidades em um ambiente de contingência?

O conjunto de Planos de Continuidade de Negócios é formado por cinco planos que se complementam. São eles:

- ✓ **PAC – Plano de Administração de Crises.** Plano que define as funções e responsabilidades das equipes envolvidas com o acionamento das ações de Continuidade de Negócios, antes, durante e após a ocorrência dos desastres, e a comunicação institucional da organização durante o período de crise.

- ✓ **PGI – Plano de Gerenciamento de Incidentes.** Plano que descreve os procedimentos para a contenção e limitação de danos ocasionados pela ocorrência de um incidente de Continuidade de Negócios.

- ✓ **PCO – Plano de Continuidade Operacional.** Plano que deve oferecer soluções para a contingência dos processos de negócios em uma situação de falha ou interrupção nos ativos que sustentam esses processos.

- ✓ **PRD – Plano de Recuperação de Desastres.** Plano focado na recuperação e restauração dos ativos que suportam os processos de negócio e que venham a ser afetados por incidentes de interrupção.

- ✓ **PTV – Plano de Teste e Validação.** Plano que contribui para a melhoria contínua do SGCN, pois estabelece, após a elaboração dos planos e nos contextos de desenvolvimento dos Planos de Continuidade de Negócios, os testes, exercícios e seus planejamentos para executar as coletas de evidências (auditoria) e para a correção de falhas que possam invalidar a eficiência dos planos.

Certifique-se de ter a informação certa. O seu plano não precisa ter centenas de páginas, apenas precisa da informação correta – e essa informação deve ser atual, precisa e simples. Um plano de uma página com a informação certa pode ser mais valioso do que um documento volumoso, imprestável, guardado dentro de uma gaveta no escritório.

Em cada plano devem ser inseridos os termos a seguir:

- ✓ **A finalidade:** que tipo de plano, se é um PAC, PGI, PCO, PRD etc. e o **escopo do plano** – qual o cenário de incidente, processo ou ativo de informação pelo qual está sendo elaborado o plano.

✓ **Objetivos e indicadores de sucesso:** em termos das atividades prioritárias, um indicador de sucesso pode ser executar o plano de forma correta dentro dos tempos determinados pelo RTO.

✓ **Premissas:** os pré-requisitos que precisam existir para que o plano seja eficiente.

✓ **Documentos de referência:** com quais documentos o plano se relaciona? Normalmente, são outros planos, políticas, normas internas etc.

✓ **Critérios:** pode ser em quanto tempo o plano deve ser ativado, procedimentos de ativação e principalmente quem tem autoridade para ativar o plano.

✓ **Papéis, responsabilidades e autoridades:** quem é responsável por ativar o plano, o que cada equipe envolvida deve fazer para executar com sucesso os procedimentos de continuidade.

✓ **Procedimentos de continuidade:** é o passo a passo das atividades que devem ser executadas no Plano para atingir o seu objetivo. Os procedimentos devem:

> estabelecer protocolos apropriados de comunicação interna e externa;

> ser específicos sobre as medidas imediatas que devem ser tomadas durante um incidente;

> ser flexíveis para responder às ameaças imprevistas e às mudanças de condições nos contextos internos e externos;

> focar no impacto dos incidentes que podem interromper os processos de negócios;

> ser elaborados com base em premissas e interdependências analisadas;

> ser eficazes para mitigar os impactos, através da implementação de estratégias de continuidade de negócios apropriadas;

> conter ações de ativação e desativação do plano.

✓ **Contatos-chave:** detalhes de contato de todas as pessoas que participarão da execução do plano com nome, telefone celular e e-mail.

✓ **Ambiente de contingência:** quais são os ambientes principal e de contingência, quais são os pontos de reunião e como as pessoas irão para o ambiente de contingência.

✓ **Requerimentos e procedimentos de comunicação:** quem não se comunica em um momento de crise está fadado ao fracasso – a comunicação talvez seja o requisito mais importante para o sucesso do plano. Por isso, descreva todos os tipos de alertas e comunicações, seja telefone, e-mail, ofício ou uma entrevista para a mídia.

✓ **Interações e interdependências internas e externas:** para executar o plano é necessário acionar algum fornecedor ou outra área da organização.

✓ **Requerimentos de recursos:** descrever quais são os ativos de informação que devem ser utilizados durante a execução do plano.

✓ **Processos de documentação e fluxo de informação:** fluxogramas podem ajudar no entendimento dos procedimentos de continuidade, mas não são obrigatórios. Qualquer processo que ajude no entendimento do plano é bem-vindo.

✓ **Informação documentada:** todos os planos devem ter os requisitos de controle da cláusula 7.5 Informação documentada da ABNT NBR ISO 22301.

Quem tem autoridade para ativar os Planos de Continuidade de Negócios?

Por experiência, o acionamento dos planos pode ser executado de muitas formas. Seguem algumas alternativas.

Para acionar um plano é preciso ter uma coisa: autoridade. Alguém deve ter a autoridade formalizada para o seu acionamento.

Os acionamentos podem ser descritos em três cenários diferentes de autoridade:

Primeiro cenário – Um Comitê de Gestão de Continuidade de Negócios com a função de um Comitê de Gestão de Crise e com a responsabilidade de aprovar os acionamentos dos Planos de Continuidade de Negócios.

Esse cenário é mais propício para as grandes organizações em que uma tomada de decisão abrange modificar os processos de trabalho de toda a organização, porque há muitos funcionários envolvidos. Imagine, por exemplo, levar uma centena de funcionários para trabalhar em outra localidade de um dia para o outro. Para isso, exige-se um colegiado com autoridade para a tomada de decisão.

Segundo cenário – Equipe de Tratamento de Incidentes responsável pelo Plano de Gerenciamento de Incidentes. Dependendo do nível do incidente, poderá acionar os demais Planos de Continuidade de Negócios.

Na maioria das organizações há uma equipe responsável por tratamento de incidentes de Tecnologia da Informação. Abre-se um chamado sempre para a execução de uma solicitação de serviços. Essa mesma equipe, desde que seja capacitada para isso, pode assumir a função de acionar os Planos de Continuidade de Negócios – como que para cada condição de desastre deve ser elaborado um Plano de Gerenciamento de Incidentes. Essa equipe pode coordenar a ativação de todos os planos, desde que lhe seja concedida autoridade para isso.

Terceiro cenário – Cada Plano de Continuidade de Negócios terá um responsável e um substituto com autoridade para ativar o Plano.

Esse cenário é muito utilizado em médias e pequenas organizações que não dispõem de muitos funcionários trabalhando no Sistema de Gestão de Continuidade de Negócios. Cada área deve ter um Plano de Continuidade Operacional e cada ativo de informação pode ter o seu Plano de Recuperação de Desastres. Esses planos devem descrever quais são as pessoas responsáveis pela ativação de cada um dos planos.

Em uma organização de pequeno porte é muito comum ter somente um gerente de crise e um time enxuto das áreas de recursos humanos, financeiro e um porta-voz para a comunicação interna e externa.

Uma coisa é certa: somente com todos os envolvidos nos planos participando dos exercícios e testes será possível ensaiar todas as etapas de acionamento dos planos de forma adequada.

Na maioria das vezes, o fluxograma simples de ativação dos planos pode ser executado conforme a imagem a seguir.

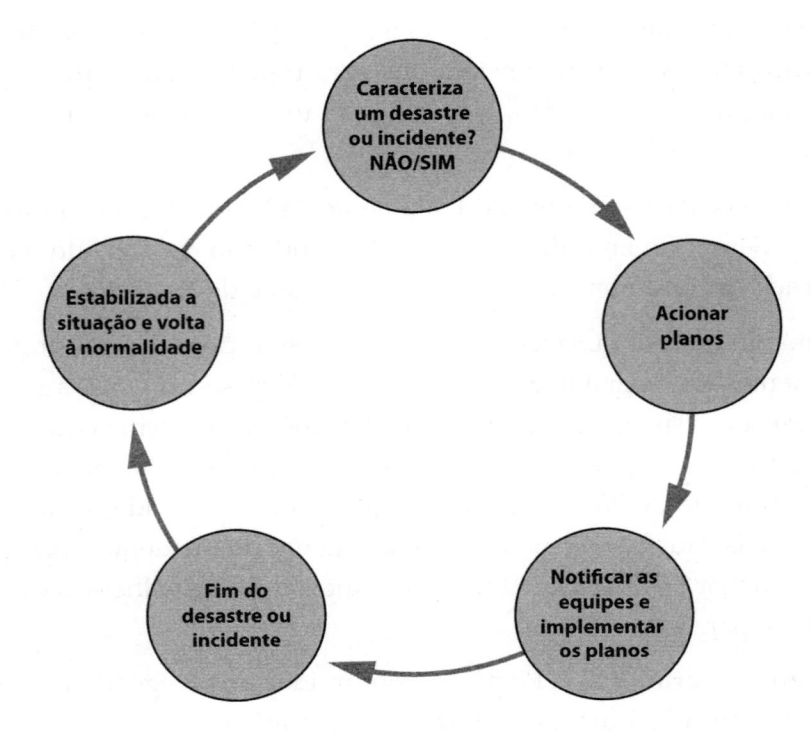

Figura 27. Acionamento dos Planos.

É importante salientar que, segundo a norma internacional ISO/IEC 27035-2:2016 – *Information technology – Security techniques – Information security incident management – Part 2: Guidelines to plan and prepare for incident response*, também poderá ser utilizada para gerenciar o incidente de interrupção a sequência de atividades a seguir:

✓ **Primeiro** – Planejamento de todo o gerenciamento do incidente, desde as ações a serem executadas até os exercícios e testes do Plano. O Planejamento é o próprio Plano de Gerenciamento de Incidentes.

✓ **Segundo** – Detecção/Reporte de Eventos – Verificar se é um incidente de interrupção nos processos de negócios.

✓ **Terceiro** – Declaração do incidente de interrupção e acionamento dos planos.

✓ **Quarto** – Resposta e recuperação do incidente com a execução dos procedimentos de Continuidade de Negócios.

✓ **Quinto** – Emissão do relatório pós-incidente com o diagnóstico de lições aprendidas e possíveis revisões dos planos para melhorar continuamente.

Uma outra sequência de gerenciamento de incidentes que pode ser utilizada é: monitoramento contínuo de um incidente, detectar um incidente e alertar o pessoal de resposta, comunicação interna entre os vários níveis e funções na organização, comunicação externa com partes interessadas, registro de informações vitais sobre o incidente, ações e decisões tomadas e revisão pós-incidente.

> **Atenção: cuidado especial com fornecedores.**

É importante dar uma atenção especial aos fornecedores, pois uma organização não consegue executar todos os seus processos e serviços sem a contratação de fornecedores, cujas falhas na entrega interromperiam rapidamente os processos de negócios críticos. Algumas técnicas podem incluir:

✓ **Especificação de requisitos em licitações e contratos.** Todos os requisitos de Continuidade de Negócios devem estar especificados em contratos. E é de suma importância incluir acordos de nível de serviços para todos os fornecedores contratados.

✓ **Auditorias periódicas dos planos de fornecedores.** Uma boa prática é criar uma lista de verificação de auditoria de Gestão de Continuidade de Negócios e enviar essa lista para os fornecedores. Eles informam o que está implementado ou não e enviam as evidências da implementação dos requisitos solicitados na auditoria.

✓ **Exercícios conjuntos de continuidade de negócios.** O fornecedor deve ser convocado a participar ativamente dos exercícios e testes dos planos. A mesma ação deve ser realizada para os Planos de Continuidade de Negócios do fornecedor, os quais devem contar com especialistas da organização acompanhando os exercícios e testes do fornecedor.

3.4.1 Utilizando o PAC – Plano de Administração de Crises – Cláusula 8.4.3

Entradas: Relatório de Análise de Impacto no Negócio, ID-SGCN-003 – Declaração de Escopo do SGCN e PO-SGCN-004 – Política de Continuidade de Negócios.

O PAC – Plano de Administração de Crises – representa a garantia mais eficaz em termos de administração em situações adversas e desastres. Ele relaciona o funcionamento das equipes (estratégicas, táticas e operacionais) antes e depois da ocorrência de um incidente de Continuidade de Negócios, gerenciando as crises que porventura possam ocorrer.

Alguns autores ainda chamam este plano de Plano de Emergência, pelo seu caráter de cuidar de soluções extremas que são emergenciais para a organização.

As crises não são meramente problemas nem conflitos que acontecem diariamente nas organizações. Crise é um acontecimento que envolve falhas, que gera aflição ou pânico geral, situações de desgaste de relacionamentos; fato que acontece subitamente, ameaçando a imagem da organização e os negócios, podendo acarretar grandes perdas financeiras.

O gerenciamento de crises prepara para tomar decisões eficazes em um período de tempo tolerável pelos processos de negócios afetados (de acordo com os resultados e critérios do BIA – *Business Impact Analysis*).

Não existe uma regra geral que deve ser seguida para ter êxito na execução do Plano de Administração de Crises. Cada organização deve trabalhar de acordo com a sua realidade, mapeando riscos e ameaças, bem como definindo os critérios de crise, que podem identificar os pontos iniciais (incidentes) causadores das crises e indicar o modo de eliminar esses riscos.

É essencial acompanhar a solução dos casos de crises e ter uma resposta imediata a um evento que possa alterar a maneira como os negócios são normalmente conduzidos. Por outro lado, é imprescindível que a execução de um PAC eficiente se inicie com um bom planejamento. O mapeamento dos riscos envolve a determinação de responsabilidades e alçadas para a tomada de decisão dos gestores e suas equipes, ou assessores, e a definição de ações específicas em situações de emergência, bem como a definição dos procedimentos a serem seguidos frente a um incidente crítico.

O PAC visa a:

✓ Assegurar a existência de procedimentos de comunicação, respostas e soluções frente a incidentes que possam trazer impactos negativos junto às principais partes interessadas, além de prejudicar seus negócios e/ou suas operações críticas.

✓ Definir responsabilidades acerca do processo de gestão de crises.

✓ Assegurar a conformidade com regulamentos, normas e exigências legais (internas e/ou externas).

✓ Definir o procedimento para identificação e tratamento de crises, as macroatividades das equipes envolvidas e sua dinâmica de atuação.

Integrado a outros planos, políticas e procedimentos, o Plano de Administração de Crises contribui para aumentar sua capacidade de atuar de maneira organizada e eficaz frente a ameaças de qualquer natureza, garantindo a sustentabilidade dos negócios e a gestão da reputação da organização.

Uma boa prática é o Comitê de Continuidade de Negócios absorver a função e a responsabilidade de ativar o regime de contingência, ou seja, o regime que ativa um ou vários Planos de Continuidade de Negócios, dependendo do incidente a ser tratado. Essa responsabilidade pode estar detalhada no PAC.

Toda as funções e responsabilidades de comunicação interna e externa com as partes interessadas devem ser descritas no Plano de Administração de Crises, entre elas:

✓ definir com a equipe de crise quais são as informações que serão compartilhadas;

✓ fazer a comunicação interna dentro da organização, bem como receber, documentar e responder a comunicações das partes interessadas;

✓ receber, documentar e responder a qualquer sistema de aviso de riscos regional, nacional ou equivalente;

✓ garantir a disponibilidade dos meios de comunicação durante um incidente;

✓ facilitar a comunicação estruturada com equipes de emergência;

✓ alertar as partes interessadas potencialmente impactadas por um incidente de interrupção real ou iminente;

✓ assegurar a interoperabilidade de múltiplas organizações e pessoal e operar uma instalação de comunicações;

✓ testar e exercitar os procedimentos de comunicação.

A função mais importante do Plano de Administração de Crises é conter o desastre, uma situação emergencial em que se faz presente a atuação da

Alta Direção; por esse motivo é recomendado instituir uma pessoa com treinamento de administração de crises para ser o ponto único de contato com as partes interessadas, com visão ampla e holística do funcionamento da organização, com capacidade de tomar boas decisões rapidamente e principalmente sob extrema pressão, pois uma crise mal administrada pode acarretar grande prejuízo para a organização.

Devem ser escolhidas cuidadosamente quais informações serão compartilhadas com a mídia e demais funcionários. Uma informação mal colocada poderá agravar a situação ainda mais, gerando uma crise catastrófica.

Primeiro se fala internamente com a equipe que está gerenciando a crise, depois internamente para os funcionários e público interno. Após todos cientes, pode-se falar externamente para a mídia. Entretanto, na maioria dos casos, dependendo da crise, o representante da organização deve falar imediatamente com a mídia, desde que ele tenha conversado anteriormente com a sua equipe interna. Ele deve informar sobre as explicações e as medidas de tratamento da crise e as ações mitigadoras para evitar o desastre futuramente. Para todos, nunca divulgue uma mentira, mas fazer uma seleção e triagem das informações é fundamental.

A organização deve manter permanentemente comunicações com todas as partes interessadas até o retorno à normalidade das operações de negócio, ou seja, até que o gerenciamento do incidente de interrupção seja encerrado após a elaboração do relatório com as lições aprendidas sobre o tratamento do incidente.

Comunicação é fundamental para tratar uma crise!

Como implementar:

Na maioria das organizações é elaborado apenas um Plano de Administração de Crises com o objetivo de gerenciar qualquer tipo de crise. A seguir, um exemplo de PAC.

Saída e documentação mandatória: PL-SGCN-012 – Plano de Administração de Crises.

A seguir descreve-se um exemplo de Plano de Administração de Crises do SGCN que pode ser utilizado para implementar a cláusula 8.4.3 da Norma ABNT NBR ISO 22301.

Tabela 16. Exemplo de modelo de PAC – Plano de Administração de Crises.

LOGOTIPO DA ORGANIZAÇÃO	Tipo: Plano	Código do Documento: PL – SGCN – 012
Plano de Administração de Crises		**Autor:** Nome da pessoa ou grupo **Revisado em:** 10/01/2018 Aprovador: Nome da pessoa ou grupo **Versão:** 1.00 **Aprovação:** 10/02/2018

FINALIDADE

O Plano de Administração de Crises elenca procedimentos a serem adotados quando em situação de crise ou de ameaça de crise. Os procedimentos aqui abordados englobam o acionamento do comitê de Continuidade de Negócios com foco em cenários críticos que representam ameaça à segurança e à qualidade dos serviços prestados por essa organização. Para alcançar esses objetivos, o Plano deve:

- estar acessível aos responsáveis por sua manipulação e execução;
- ser aprovado pela Alta Direção e exercitado e treinado por aqueles que o porão em prática;
- estar sob a guarda de pessoas que tenham a responsabilidade de manter a revisão, atualização e aprovação dos planos;
- estar sob um controle formal de mudança e distribuição de cópias;
- ser revisado em intervalos de tempo definidos ou quando ocorrerem mudanças significativas na organização;
- estar alinhado com os outros Planos de Continuidade de Negócios.

APLICABILIDADE

É aplicável ao gerenciamento de crises pelo Comitê de Continuidade de Negócios.

FUNÇÕES E RESPONSABILIDADES

Todas as funções e responsabilidades são descritas no Plano de Administração de Crises.

TERMOS E DEFINIÇÕES

As definições dos termos e expressões utilizados neste documento constam nos termos e definições das Normas ISO 22300, ABNT NBR ISO 22301 e ABNT NBR ISO 22313.

REGRAS E PROCEDIMENTOS DO PLANO

1 Identificação do documento

Crise	Incêndio – Coordenar a salvaguarda da segurança física dos funcionários.	PCA-02 -
Área responsável pelo Plano:	Equipe de Continuidade de Negócios	
Autor/Responsável:	Skyler White	
Contato:	Email: skyler@white.com.br	Fone comercial: 21 2207.46566 Fone móvel: 21 82457161617
Indicador:	Verificar se todas as pessoas estão sendo atendidas de forma correta.	
Grupos funcionais que irão atuar no Plano:	Responsáveis pelo Plano: • Estratégico • Tático • Operacional	

Distribuição		
Mídia	Armazenamento	Tiragem
Digital	*Desktop* dos responsáveis envolvidos – .DOCX Repositório de dados da área da Equipe de Continuidade de Negócios – .PDF	01
Papel	Área da Equipe de Continuidade de Negócios – com o Sr. Walter White Sala de Monitoramento de Segurança	01

PLANOS RELACIONADOS

- Plano de Gerenciamento de Incidentes
- Plano de Continuidade Operacional
- Plano de Recuperação de Desastres

2 Objetivo

O Plano de Administração de Crises (PAC) representa a garantia mais eficaz em termos de administração em situações adversas e desastres. O PAC relaciona o funcionamento das equipes (Estratégicas, Táticas e Operacionais) antes e depois da ocorrência de um incidente de interrupção grave.

É através deste Plano de Administração de Crises (PAC) que o Comitê de Continuidade de Negócios irá gerenciar as crises que porventura possam ocorrer.

As crises não são meramente problemas nem conflitos que acontecem diariamente nas organizações. Crise é um acontecimento que envolve falhas, que gera aflição ou pânico geral, situações de desgaste de relacionamentos; fato que acontece subitamente, ameaçando a imagem da organização e os negócios, podendo acarretar grandes perdas financeiras.

Este documento visa a:

- Assegurar a existência de procedimentos de comunicação, respostas e soluções frente a incidentes que possam trazer impactos negativos à organização junto às principais partes interessadas, além de prejudicar seus negócios e/ou suas operações críticas.
- Definir responsabilidades acerca do processo de gestão de crises.
- Assegurar a conformidade com regulamentos, normas e exigências legais (internas e/ou externas).
- Definir o procedimento para identificação e tratamento de crises, as macroatividades das equipes envolvidas e sua dinâmica de atuação.

Integrado a outros planos, políticas e procedimentos da organização, o PAC contribui para aumentar sua capacidade de atuar de maneira organizada e eficaz frente a ameaças de qualquer natureza, garantindo a sustentabilidade dos negócios e a gestão da reputação.

3 Abrangência

Este documento compreende o tratamento de eventos definidos como "crise" para as operações da organização.

Está fora do escopo deste documento estabelecer os procedimentos operacionais de cada área ou procedimentos para tratamento e restauração dos ativos de informação em caso de crise, dado que estes documentos são estabelecidos e mantidos dentro das áreas responsáveis pelo tratamento da crise.

4 Responsabilidades

Visando a definir uma resposta coordenada e eficaz a incidentes críticos, a Gestão de Crises é estruturada em três níveis de atuação: **Estratégico, Tático e Operacional.**

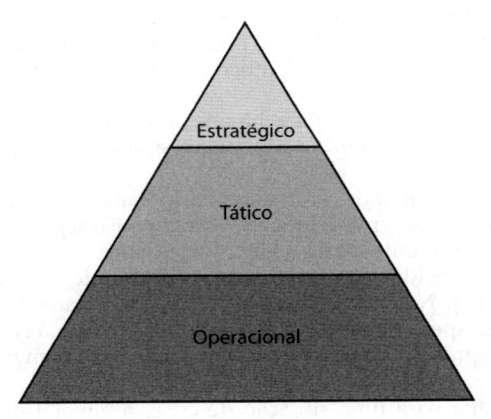

Figura 28. Níveis de atuação do PAC.

Nível Estratégico – Comitê de Continuidade de Negócios

É formado pelo Comitê de Continuidade de Negócios. Neste nível são deliberadas as decisões estratégicas de negócios, as respostas aos incidentes de impactos críticos (elevados), a comunicação às alçadas superiores da organização e às áreas afetadas, além de outros públicos estratégicos ou partes interessadas, durante todo o período de crise.

Este Comitê deve reunir todos que desempenham papel preponderante na adoção de providências para impedir a crise ou administrar suas consequências. Inclui membros permanentes, membros substitutos e integrantes eventuais, de acordo com a situação vivida. Quando for oportuno, o Comitê poder ser ativado antes da crise para que suas ações sejam tomadas de forma proativa.

Este Comitê é o responsável por autorizar o regime de contingência, ou seja, aprovar a execução dos Planos de Continuidade de Negócios.

Todo funcionário atuante em cenário de crise, quando convocado pelo Comitê de Continuidade de Negócios, passa a fazer parte e responder ao Comitê. Não se diferencia nível hierárquico para a convocação de qualquer funcionário em tempos de crise; eles são escolhidos por sua especialidade técnica e liderança.

Nível Tático – Gestores e coordenadores de áreas ou processos

É formado por gestores e coordenadores de áreas ou processos que atuam inicialmente de forma individual na avaliação e resolução do incidente que, dependendo do tipo de evento, podem convocar a participação de outras pessoas para identificação e tratamento do incidente.

Neste nível decide-se pela ativação ou não dos Planos de Continuidade de Negócios em conformidade com as instruções do Comitê de Continuidade de Negócios. O nível tático age na avaliação e resolução de incidentes, mantendo a informação atualizada a todos os envolvidos, analisando o seu impacto em todas as áreas afetadas, monitorando e gerindo o incidente até sua resolução.

Os integrantes do nível tático devem atuar preventivamente, antecipando-se a qualquer fato que possa prejudicar a imagem da organização ou trazer prejuízos financeiros, bem como na elaboração de planos de ação que mitiguem o risco de novos incidentes.

Os gestores do nível tático possuem autonomia para convocação do Comitê de Continuidade de Negócios quando entenderem que o incidente tratado atinja o(s) critério(s) de crise.

É de responsabilidade do Nível Tático definir os critérios de crise de acordo com os cenários de crise previstos.

Nível Operacional – Áreas técnicas ou operacionais

Este nível é composto por analistas e especialistas dos próprios departamentos responsáveis pelo tratamento do incidente. Eles entram em ação quando ocorre a execução efetiva da recuperação e da retomada dos negócios, fazendo o acompanhamento diário dos incidentes e a comunicação de status ao Nível Tático e, consequentemente, ao Comitê, quando envolvido e/ou acionado.

Como o nível operacional trabalha no dia a dia nos processos de negócio, é ele que fica responsável por atualizar os planos frente a mudanças significativas que ocorram nos ativos de informação.

A seguir descreve-se um exemplo de Acionamento do Plano de Administração de Crises.

O processo de acionamento dos envolvidos em caso de crise segue um fluxo predefinido e configurado de acordo com a criticidade do incidente crítico.

É essencial que todos os incidentes críticos sejam informados aos gestores da(s) área(s) envolvida(s) ou afetada(s). Nessas situações, o Nível Operacional aciona o Nível Tático para que este avalie a perspectiva de o incidente evoluir para uma crise e acione o Plano de Continuidade mais adequado ao tratamento da questão e/ou convoque outras áreas para tratativa do incidente.

Caso um incidente evolua para uma situação de crise, o Nível Tático deverá envolver o Comitê de Continuidade de Negócios – e este, se necessário, deve envolver as demais estruturas da organização de acordo com as características da crise que estará sendo tratada.

5 Regras gerais e definições

5.1 Comunicação de incidentes de interrupção

Todos os funcionários devem comunicar incidentes de interrupção que possam afetar negativamente os processos de negócios.

Esses comunicados devem ser enviados imediatamente ao gestor da área e/ou departamento envolvido ou afetado. Para facilitar a análise e as providências, a comunicação do fato potencialmente gerador de uma crise deve vir acompanhada do maior número possível de informações.

Cabe aos responsáveis por cada departamento analisar o incidente e seu impacto, e decidir pelo acionamento do **Chefe de Continuidade de Negócios**.

6 Acionamento da crise

É essencial que todos os incidentes críticos sejam informados aos gestores da(s) área(s) envolvida(s) ou afetada(s). Nessas situações, o Nível Operacional aciona o Nível Tático para que este avalie a perspectiva de o evento evoluir para uma crise e acione o Plano de Continuidade mais adequado ao tratamento da questão e/ou convoque outras áreas para tratativa do incidente de interrupção.

Caso um evento evolua para uma situação de crise, de acordo com os Exemplos de Critérios de Crise para acionamento do Plano de Administração de Crises, o Nível Tático deverá envolver o Comitê de Continuidade de Negócios e este, se necessário, deve envolver as demais estruturas e setores da organização de acordo com as características do evento.

7 Posto de Comando

O Posto de Comando tem a função de abrigar e reunir o Comitê de Continuidade de Negócios quando o prédio principal estiver com o acesso indisponível para tomada de decisões, inclusive aquelas ligadas à execução dos processos críticos, execução de despesas extraordinárias e comunicação interna e externa.

O Posto de Comando é descrito a seguir:

Nome	Sala de Segurança
Descrição	Monitorar alarmes de segurança dos ambientes físicos
Ponto de Encontro	Sala de Segurança

LOCAL			
Empresa	Minha Organização – Rio de Janeiro		
Endereço	Av. Presidente Vargas		
Complemento	145 bloco B		
Bairro	Centro		
Cidade	Rio de Janeiro	**UF**	RJ
Telefone	25259698	**Ramal**	5698

Contatos de Emergência			
Nome Donald Margolis	Cargo: Gerente de Segurança Física	Telefone(s): 21 989898989	e-mail: Donald @margolis.com

7.1 Estrutura Necessária do posto de comando

Serviços Necessários

Telefonia fixa; GSM; contato com serviços de emergência; relações de hospitais.

Hardware/Software

Código	Finalidade	Descrição/ Características	Software
Conjunto de periféricos	Permitir visualização, operação e configurações a serem realizadas em ambientes do tipo *datacenters* e que possuem *racks* com diversos equipamentos alojados e com periféricos compartilhados.	Monitor, teclado e mouse.	
Estação de trabalho padrão	Executar atividades que sejam imprescindíveis à sua utilização	*Notebook* com configuração padrão	Internet Explorer Microsoft Outlook Microsoft Office Windows XP

REFERÊNCIA NORMATIVA

ABNT NBR ISO 22301 – Cláusulas 8.4.2 Estrutura de resposta a incidentes e 8.4.3 Aviso e comunicação
PL-SGCN-008 – Planejamento e Controle Operacional do Sistema de Gestão de Continuidade de Negócios
PO-SGCN-004 – Política de Continuidade de Negócios

ANEXOS

Anexo I – Exemplos de Critérios de Crise para acionamento do Plano de Administração de Crises.

ÁREA	INCIDENTE	QUANDO É CRISE	IMPACTOS
Operações e Infraestrutura	Incêndio no prédio da organização	Ao acionar o alarme de incêndio.	1. Perda de vidas 2. Impactos financeiros 3. Impactos operacionais 4. Impactos na imagem 5. Impactos legais/regulatórios
	Falta de energia no *datacenter*	Indisponibilidades de energia superior a **15 minutos – entre 06h e 22h – Segunda-feira a sexta-feira.** Imediata – Quando gerador não funcionar. Quando o tempo de funcionamento do gerador superar **duas horas.** **Obs.: no caso de sábados e domingos, deve-se verificar se o incidente vai impactar na operação da segunda-feira.**	1. Indisponibilidade de sistemas críticos 2. Indisponibilidade nos processos de negócios que utilizam os sistemas críticos 3. Impactos operacionais 4. Impactos financeiros
	Indisponibilidade do banco de dados principal	Indisponibilidades superior a **1 hora** – Entre **06h e 22h.**	1. Impactos na imagem 2. Impactos no cliente/atendimento 3. Impactos financeiros 4. Impactos operacionais
	Ataques cibernéticos (meio interno e meio externo)	Indisponibilidades superior a **30 minutos** – Entre **06h e 22h.**	1. Impactos financeiros 2. Impactos operacionais 3. Impactos na imagem 4. Indisponibilidade de sistemas críticos

Anexo II – Contato com serviços de emergência; relações de hospitais.		
Nome	**Endereço**	**Telefone(s)**
Bombeiros	Av. Maracanã, 610 – Tijuca, Rio de Janeiro – RJ, 20511-001	193 2332-1639
Secretaria de Estado da Defesa Civil	R. Antônio Basílio, 610 – Tijuca, Rio de Janeiro – RJ, 20511-190	2332-1639
Polícia	6º Batalhão de Polícia Militar Departamento de Polícia do Estado R. Barão de Mesquita, 625	190 2332-1761
Hospital Miguel Couto	Rua Mario Ribeiro, 117 – Leblon, Rio de Janeiro – RJ, 22430-160	3111-3720
Hospital Souza Aguiar	Praça da República, 111 – Centro, Rio de Janeiro – RJ, 20211-350	3111-2600

3.4.2 Utilizando o PGI – Plano de Gerenciamento de Incidentes – Cláusulas 8.4.2 e 8.4.3

Entradas: Relatório de Análise de Impacto no Negócio, PO-SGCN-004 – Política de Continuidade de Negócios e Relatório de Tratamento de Riscos

O Plano de Gerenciamento de Incidentes – PGI – define claramente o que fazer imediatamente após a ocorrência de um incidente, por exemplo, como evacuar o prédio durante um incêndio; para quem você vai solicitar ajuda, para os bombeiros ou para a defesa civil; quais são os procedimentos para controlar o incidente etc.

Os tipos de incidentes, que nesse caso são as condições de desastres, devem estar descritos na Política de Continuidade de Negócios. Deve-se utilizar essas condições para criar os cenários de interrupções, e desses cenários devem ser elaborados os Planos de Gerenciamento de Incidentes.

O processo de Avaliação de Riscos também pode contribuir descrevendo quais são as principais ameaças que a organização sofre e quais são seus impactos. Essas ameaças, explorando as vulnerabilidades dos ativos de informação, também podem se tornar possíveis incidentes que devem ser gerenciados pelo PGI. Por exemplo, foi identificado que *hackers* tentaram invadir os sistemas *web* para roubar informações críticas de uma organização. Um incidente a ser tratado pelo PGI é o de ataque cibernético – que deve ter como objetivo restaurar a normal operação o mais rápido possível com o menor impacto ao negócio e/ou ao usuário a um custo coerente.

É evidente que o gerenciamento de incidentes de um ataque cibernético difere da gerência de um incidente de incêndio. Por isso, para cada tipo de incidente deve ser elaborado um PGI.

Como implementar:

Conforme descrito na ABNT NBR ISO 22301, deve-se estabelecer, documentar e implementar procedimentos, bem como possuir uma estrutura de gestão para responder a um incidente de interrupção, utilizando pessoal com autoridade, responsabilidade e competência necessária para gerenciar um incidente. O que inclui:

✓ Monitorar regularmente a possibilidade de um incidente.

> ➤ Se a organização possuir uma central de serviços ou um *help desk*, é recomendado fazer o monitoramento dos incidentes utilizando essa infraestrutura.

> ➤ A equipe deve ter funcionários formalmente nomeados para responder ao incidente com a responsabilidade, a autoridade e a competência necessárias para administrar um incidente, ou seja, um incidente de interrupção que significativamente impacte ou tenha o potencial de impactar negativamente toda a organização.

✓ Detectar um incidente identificando o ponto inicial de impacto que justifique o início da resposta formal, que é o acionamento dos Planos de Continuidade de Negócios.

> ➤ Se você implementar um software de monitoramento de rede, poderá detectar um incidente de ataque cibernético; se implementar detector de fumaça, poderá detectar um incêndio; se receber informações meteorológicas, poderá detectar um incidente relativo ao clima; e assim sucessivamente.

✓ Avaliar a natureza, a extensão e o impacto potencial de um incidente, e armazenar informações vitais sobre o incidente, ações e decisões tomadas.

> ➤ Uma dica para implementar o gerenciamento de incidentes é utilizar a metodologia do *Information Technology Infrastructure Library* (ITIL®), que diz que todo incidente deve ser registrado, documentado e classificado. Se é um incidente de continuidade ou não, deve ser investigado para saber a sua origem e o seu

impacto. Descoberta a solução e restaurados os ativos que foram danificados por último, o incidente é fechado com as ações que foram realizadas durante o seu tratamento.

✓ Avaliar a natureza, a extensão e o impacto potencial de um incidente. Para cada tipo de incidente há uma resposta diferente; por isso é necessário avaliar sempre antes de agir.

➤ O ideal é ter um Plano de Gerenciamento de Incidentes para cada tipo de desastre da Política de Continuidade de Negócios.

✓ Acionar a resposta de Continuidade de Negócios adequada de acordo com a capacitação realizada com os funcionários e em conformidade com os exercícios e testes dos planos.

➤ Por isso a capacitação e os exercícios e testes dos planos são fundamentais para ter sucesso durante o acionamento dos planos.

✓ Ter processos e procedimentos para a ativação, operação, coordenação e comunicação da resposta.

➤ Esses procedimentos devem ser descritos detalhadamente no Planos de Continuidade de Negócios.

✓ Ter recursos disponíveis para apoiar os processos e procedimentos para gerir o incidente a fim de minimizar o impacto.

➤ Esses recursos devem ser implementados após a definição da melhor estratégia de continuidade para a organização estar preparada no momento de adversidade. Caso não estejam implementados, uma pessoa com autoridade deve estar a postos para adquirir os recursos necessários.

✓ Comunicar-se com as partes interessadas e as autoridades, bem como com os meios de comunicação.

➤ Esses procedimentos devem estar descritos no Plano de Administração de Crises.

A principal motivação da implementação de um Sistema de Gestão de Continuidade de Negócios é salvar vidas. Por isso, deve-se considerar a segurança de vida como a principal prioridade. É necessário estudar, em consulta com as partes interessadas relevantes, a comunicação externa de acordo com seus riscos e impactos e documentar a decisão. Se a decisão é a de comunicar, em seguida deve-se estabelecer e implementar procedimentos para comunicação externa, alertas e avisos, incluindo os meios de comunicação apropriados. Esses procedimentos podem ser descritos no Plano de Administração de Crises.

Lembre-se de que uma resposta rápida após a ocorrência do incidente de interrupção poderá significar a diferença entre o reerguimento da organização ou a sua falência.

A seguir, uma figura que ilustra o acionamento dos Planos de Continuidade de Negócios:

Plano de Continuidade de Negócios

Figura 29. Acionamento dos planos.

Um item importante para a Gestão da Continuidade de Negócios é definir qual será o local para o gerenciamento de incidentes. Esse local permitirá que a Alta Direção tenha um controle durante a fase inicial de um incidente, enquanto sua reputação está mais suscetível de ser ameaçada. Esse local deverá ser o ponto único de contato para o gerenciamento do incidente de interrupção. Deve ter acesso aos recursos apropriados, pelos quais a equipe de gerenciamento de incidentes pode iniciar suas atividades efetivas. Em grandes organizações esse local é chamado de centro de comando e controle.

Esse local deve ser adequado e incluir um espaço planejado para o número necessário de pessoas da equipe de gerenciamento, com os meios de comunicação (internet, celulares etc.) eficaz e instalações para acessar e compartilhar informações.

Uma recomendação a ser feita é planejar um local alternativo, diferente do ponto único de contato em caso de o acesso à localização principal ser negado durante o gerenciamento do incidente.

A infraestrutura de gerenciamento de incidentes de interrupção deve ser planejada e implementada para providenciar as ações descritas a seguir:

✓ Identificação dos desastres que foram descritos na Política de Continuidade de Negócios que justifiquem o gerenciamento de um incidente de interrupção. Recomendam-se as ações a seguir:

  ➤ Escreva as medidas de segurança que serão executadas após acontecerem os desastres e o seu nível de impacto.

  ➤ Identifique qual membro da equipe ficará responsável por qual ação escrevendo nos procedimentos de continuidade.

  ➤ Frise a importância da documentação detalhada de cada procedimento.

  ➤ Faça a revisão e teste se o passo a passo do gerenciamento de incidentes está sendo seguido corretamente.

  ➤ Descreva detalhadamente nos planos os meios de comunicação que serão usados em cada etapa da recuperação e restauração.

✓ Avaliação da natureza e a extensão de um incidente de interrupção e da sua consequência para a organização.

✓ Implementação de controles de segurança para assegurar o bem-estar de todas as partes interessadas.

✓ Implementação de procedimentos de continuidade para o acionamento, a execução, o gerenciamento e a comunicação com as partes interessadas.

✓ Planejamento de ativos de informação para apoiar os procedimentos de continuidade necessários para gerenciar um incidente ou minimizar o seu impacto.

✓ Implementar um Plano de Comunicação com as partes interessadas, instituindo um funcionário com autoridade para ser o porta voz da organização.

✓ Capacitar e treinar uma equipe de gerenciamento de incidentes para gerenciamento dos incidentes até a elaboração do relatório pós-incidente.

Os procedimentos de Continuidade de Negócios devem ser escritos mediante as orientações a seguir:

✓ Descreva todos os procedimentos de recuperação e restauração das atividades em ordem e de forma detalhada.

✓ Inclua os números atuais dos telefones úteis e os principais telefones dos funcionários que estão envolvidos nos planos.

✓ Descreva o responsável por cada procedimento de recuperação e restauração das atividades; se não for possível indicar uma pessoa e o seu substituto, descreva uma função para ser exercida por qualquer pessoa da equipe.

✓ Durante os testes deve-se revisar a estimativa de prazo de execução de cada procedimento.

✓ Informe o endereço da organização e do seu local de ponto único de contato e o local alternativo.

✓ Se for preciso deslocamento para um local afastado da organização, descreva o meio de transporte que será utilizado para essa tarefa.

✓ É importante descrever e testar a possibilidade ou não de parte da recuperação ser feita via *home office*.

✓ Inclusão dos recursos adequados para gerenciar o incidente, que podem ser: funcionários e prestadores de serviços contratados, fornecedores, máquinas e os recursos financeiros quando for necessário comprar algum equipamento.

Caso não seja possível conter o incidente, devem ser acionados os Planos de Continuidade Operacional focados na execução do processo em local alternativo e o Plano de Recuperação de Desastres focado na recuperação e restauração dos ativos de informação que sofreram o sinistro. A ativação dos planos não é automática e deve seguir uma hierarquia de ativação. Essa hierarquia deve estar descrita nos procedimentos de Continuidade de Negócios.

Saídas e documentação mandatória: PL-SGCN-013 – Plano de Gerenciamento de Incidentes e comunicações de incidentes com funcionários e partes interessadas – como boletins, notas de reuniões e alertas, procedimentos de notificação e de resposta de contratante e fornecedor, e relatório de pós-incidente de incidentes.

O Plano de Gerenciamento de Incidentes do SGCN pode implementar as cláusulas 8.4.2 e 8.4.3 da Norma ABNT NBR ISO 22301. Ele é muito parecido com o Plano de Administração de Crises, o que difere é o seu foco em **gerenciar um incidente de Continuidade de Negócios**, como, por exemplo: como a equipe de GCN irá gerenciar um incidente de ataque cibernético? As respostas a essa pergunta devem ser inseridas no Plano, que deve conter no mínimo os seguintes itens:

- ✓ Finalidade do Plano
- ✓ Escopo do incidente que deseja gerenciar (qual é a condição de desastre?)
- ✓ Condições para a ativação do Plano
- ✓ Quem é a pessoa ou equipe com autoridade responsável de gerenciamento do Plano
- ✓ Detalhes de contato de todas as pessoas envolvidas no Plano
- ✓ Comunicação à mídia
- ✓ Localização para o gerenciamento de incidentes
- ✓ As funções e responsabilidades da equipe e de todas as partes interessadas
- ✓ Os procedimentos de gerenciamento do incidente

A seguir está descrito um exemplo de Plano de Gerenciamento de Incidentes.

Tabela 17. Modelo de Plano de Gerenciamento de Incidentes.

LOGOTIPO DA ORGANIZAÇÃO	Tipo: Plano	Código do Documento: PL – SGCN – 013
Plano de Gerenciamento de Incidentes Exemplo de cenário do incidente de interrupção: incêndio.		**Autor:** Nome da pessoa ou grupo **Revisado em:** 10/01/2018 **Aprovador:** Nome da pessoa ou grupo **Versão:** 1.00 **Aprovação:** 10/02/2018

FINALIDADE

O Plano de Gerenciamento de Incidentes – PGI – traz detalhes acerca da forma como será gerenciado um incidente específico que traga prejuízos para a organização. Para alcançar esses objetivos, o Plano deve:

- estar acessível aos responsáveis por sua manipulação e execução;
- ser aprovado pela Alta Direção e exercitado e treinado por aqueles que o porão em prática;
- estar sob a guarda de pessoas que tenham a responsabilidade de manter a revisão, atualização e aprovação dos planos;
- estar sob um controle formal de mudança e distribuição de cópias;
- ser revisado em intervalos de tempo definidos ou quando ocorrerem mudanças significativas na organização;
- estar alinhado com os outros Planos de Continuidade de Negócios.

APLICABILIDADE

É aplicável aos cenários de desastres descritos na PO-SGCN-004 – Política de Continuidade de Negócios.

FUNÇÕES E RESPONSABILIDADES

Todas as funções e responsabilidades são descritas no Plano de Gerenciamento de Incidentes.

TERMOS E DEFINIÇÕES

As definições dos termos e expressões utilizados neste documento constam nos termos e definições das Normas ISO 22300, ABNT NBR ISO 22301 e ABNT NBR ISO 22313.

REGRAS E PROCEDIMENTOS DO PLANO

Incidente	Incêndio	PGI-01 -
Área responsável pelo Plano:	Equipe de Continuidade de Negócios	
Autor/Responsável:	Walter White	
Contato:	Email: walter@white.com.br	**Fone comercial:** +55 21 2206.46566 **Fone móvel:** +55 21 82457161616
Objetivo:	Efetuar combate ao incêndio garantindo a máxima proteção possível à integridade física das pessoas e extinguir o incidente.	
Indicador:	Salvar as pessoas o mais rápido possível.	
Grupos funcionais que irão atuar no Plano:	Brigada de Incêndio Sala de Segurança Defesa Civil Funcionários	

Cenário do incidente	
Incêndio	Propagação de fogo em ambiente predial.

Distribuição		
Mídia	**Armazenamento**	**Tiragem**
Digital	*Desktop* dos responsáveis envolvidos – **.DOCX** Repositório de dados da área da Equipe de Continuidade de Negócios – **.PDF**	01
Papel	Área da Equipe de Continuidade de Negócios – com o Sr. Walter White Sala de Monitoramento de Segurança	01

1 Planos Relacionados
- Não aplicável

2 Contramedidas/Premissas

Contramedidas (medidas de segurança):	Premissas:
✓ Manutenção preventiva contra incêndio sendo executada dentro dos prazos.	✓ Brigadistas treinados ✓ Sistemas de alarmes operacionais em perfeito funcionamento ✓ Treinamento de evacuação dos prédios já ter sido realizado há menos de seis meses

3 Área responsável
Equipe de Continuidade de Negócios
4. Acionamento

Responsável pela Ativação do Plano	Jesse Pinkman
Ambiente de contingência	Não aplicável
Prazo do acionamento	Imediato
Posto de comando	Sala de Segurança
Ambiente	Incêndio em prédios da organização
Normas complementares	ABNT NBR ISO 7240-4:2013 Sistemas de detecção e alarme de incêndio NR 23 – Proteção Contra Incêndio

5 Responsáveis pela execução
Brigada de Incêndio
Tipo: Estratégico
Poder: amplos poderes

Membros do grupo				
Nome	**Cargo/ Função**	**Setor**	**Telefone(s)**	**Responsabilidade**
Tuco Salamanca	**Brigadista**	Diretoria de Segurança	**Comercial: 21 2206.445600** **Celular: 21 8271614561**	**Líder**

Responsabilidades	
Antes do incidente	**Verificar o monitoramento dos sistemas de prevenção a incêndio**
Durante o incidente	**Efetuar combate a incêndio.** **Efetuar a evacuação do prédio.** **Convocar o corpo de bombeiros.**
Após o incidente	**Apoiar o reestabelecimento do ambiente.** **Efetuar limpeza do ambiente.**

Sala de Segurança
Tipo: Estratégico
Poder: amplos poderes

Membros do grupo				
Nome	**Cargo/Função**	**Setor**	**Telefone(s)**	**Responsabilidade**
Jesse Pinkman	**Coordenador**	Sala de Segurança	Celular: 21 8523-655466	**Líder**

Responsabilidades	
Antes do incidente	Monitorar alarmes e eventos de segurança patrimonial.
Durante o incidente	Acionar todas as equipes internas e externas para tratar o incidente.
Após o incidente	Identificar melhorias necessárias. Obter as causas do incidente. Documentar o incidente para posterior avaliação. Revisar e melhorar o Plano de Gerenciamento de Incidentes.

Defesa Civil
Tipo: Estratégico
Poder: amplos poderes

Membros do grupo				
Nome	Cargo/ Função	Setor	Telefone(s)	Responsabilidade
Chefe da equipe da Defesa Civil	Coordenar equipes de emergência	Segurança Pública	Comercial: 21 8545825635	Líder

Responsabilidades	
Antes do incidente	Verificar alarmes de emergência.
Durante o incidente	Coordenar as equipes de emergências.
Após o incidente	Prestar socorro e atendimento a possíveis vítimas.

Funcionários
Tipo: Estratégico
Poder: amplos poderes

Membros do grupo				
Nome	Cargo/Função	Setor	Telefone(s)	Responsabilidade
Skinny Pete	Consultor de Segurança	Diretoria de Segurança	Comercial: 21 2206.4600 Celular 21 82716161	Líder

Responsabilidades	
Antes do incidente	Coordenar treinamentos de evacuação dos prédios.
Durante o incidente	Acionar equipes de emergência.
Após o incidente	Documentar o incidente para posterior avaliação.

6 Posto de Comando

Segue o endereço do Posto de Comando para tratamento do incidente de interrupção.

Nome	Sala de Segurança
Descrição	Monitorar alarmes de segurança dos ambientes físicos
Ponto de encontro	Sala de Segurança

LOCAL					
Empresa	Minha Organização – Rio de Janeiro				
Endereço	Av. Presidente Vargas				
Complemento	145 bloco B				
Bairro	Centro			CEP	09111-310
Cidade	Rio de Janeiro	UF	RRJ	País	Brasil
Telefone	25259698	Ramal	5698	Fax	
Contatos de Emergência					
Nome Donald Margolis	Cargo: Gerente de Segurança Física		Telefone: 21 989898989		e-mail: donald@margolis.com

6.1 Estrutura necessária do posto de comando

Serviços necessários

> Telefonia fixa; GSM; contato com serviços de emergência e relações de hospitais

Hardware/Software

Código	Finalidade	Qtd.	Descrição/ Características	Software
Conjunto de periféricos	Permitir visualização, operação e configurações a serem realizadas em ambientes do tipo *datacenters* e que possuem *racks* com diversos equipamentos alojados e com periféricos compartilhados.	1	Monitor, teclado e mouse.	
Estação de trabalho padrão	Executar atividades que sejam imprescindíveis à sua utilização.	1	*Notebook* com configuração padrão.	Internet Explorer Microsoft Outlook MS Office Windows XP
Desktop ou servidor	Monitoração de eventos	1	Ponto central para onde todos os eventos da rede são encaminhados para tratamento e análise.	Microsoft Windows

7 Infraestrutura Necessária para leitura do Plano
Hardware/Software

Código	Finalidade	Qtd.	Descrição/Características	Software
GSM	Agilizar decisões e comunicações com a equipe.	1	*Smartphone*	Android

8 Fornecedores

Empresa	Tipo	Endereço
NÃO APLICÁVEL	NÃO APLICÁVEL	NÃO APLICÁVEL

9 Procedimentos de Gerenciamento do Incidente

Procedimento:	001	Acionamento de alarme de incêndio por fumaça
Grupo:		Funcionários
Responsável:		Skinny Pete
Dependências:		Não há
Tempo:		1 minuto

Instruções	
1	Automaticamente detectar fumaça em seu estágio inicial.
2	Disparar alarme sonoro e visual na sala de segurança.

Procedimento:	002	Acionamento de alarme de incêndio
Grupo:		Funcionários
Responsável:		Skinny Pete
Dependências:		Não há
Tempo:		2 minutos

Instruções	
1	Identificar princípio de incêndio.
2	Acionar botoeira para disparar alarme sonoro no ambiente e na sala de segurança.
3	Evacuar o local afetado imediatamente.

Procedimento:	003	Acionamento de brigada de incêndio
Grupo:		Sala de Segurança
Responsável:		Jesse Pinkman
Dependências:		Acionamento de alarme de incêndio
Tempo:		1 minuto
Instruções		
1		Gerar alarme visual e sonoro em painel da sala de segurança.
2		Identificar o local da geração do alarme no painel de alarmes.
3		Acionar brigada de incêndio.
4		Informar brigada de incêndio sobre local do incêndio.

Procedimento:	004	Combate ao Incêndio – Local com gás limpo
Grupo:		Brigada de incêndio
Responsável:		Tuco Salamanca
Dependências:		Acionamento de alarme de incêndio. Acionamento de brigada de incêndio.
Tempo:		5 minutos
Instruções		
1		Bloquear o sistema de supressão de incêndio por gás limpo.
2		Identificar se alarme é falso ou não.
2.1		Alarme falso.
2.1.1		Solicitar à sala de segurança a normalização do painel de alarmes.
2.1.2		Normalizar sistema de supressão por gás limpo.
2.1.3		Encerrar incidente.
2.2		Alarme verdadeiro.
2.2.1		Identificar foco do incêndio.
3		Combater incêndio com extintores e mangueiras.
4		Incêndio controlado?
4.1		Não controlado.
4.1.1		Solicitar à sala de segurança que acione a evacuação de todo o prédio.
4.1.2		Normalizar sistema de supressão por gás limpo.
4.1.3		Preparar acionamento do gás limpo evacuando todas as pessoas do ambiente afetado.
4.1.4		Acionar procedimento de acionamento de gás limpo.
4.2		Controlado.
4.2.1		Normalizar sistema de supressão por gás limpo.
4.2.2		Solicitar à sala de segurança que desligue o alarme do ambiente.
5		Avaliar a necessidade de limpeza do ambiente (por exemplo: fumaça, produtos químicos, água etc.).
5.1		Limpeza necessária. Acionar alarme para evacuação de todo(s) o(s) pavimento(s) afetado(s).
5.2		Efetuar a limpeza dos produtos químicos, água, fumaça etc. que estejam no ambiente.
5.3		Encerrar incidente liberando os pavimentos previamente evacuados.

Procedimento:	005	Acionamento de gás limpo
Grupo:		Brigada de incêndio
Responsável:		Tuco Salamanca
Dependências:		Incêndio – Combate ao Incêndio – Prédios que possuam gás limpo
Tempo:		5 minutos
Instruções		
1		Automático. Gerar segundo alarme de fumaça para a central de segurança.
1.1		Disparar sistema automatizado de acionamento do sistema de supressão por gás limpo.
1.2		Acionar sirenes informando do acionamento do gás limpo.
2		Manual. Acionar manualmente a liberação do gás limpo (decisão da brigada de incêndio).
2.1		Evacuar o ambiente imediatamente (intervalo de 30 segundos após acionamento para deixar o local).
2.2		Acionar botoeira para liberar o gás limpo.
3		Incêndio controlado?
3.1		NÃO.
3.1.1		Acionar corpo de bombeiros da região.
3.1.2		Abandonar área do incêndio.
3.1.3		Coordenar a evacuação de todos os pavimentos.
3.2		SIM.
3.2.1		Normalizar sistema de supressão por gás limpo.
3.2.2		Solicitar a sala de segurança que desligue o alarme do ambiente.
4		Efetuar limpeza.
4.1		Acionar alarme para evacuação de todo(s) o(s) pavimento(s) afetado(s).
4.2		Efetuar a limpeza dos produtos químicos, água, fumaça etc. que estejam no ambiente.
4.3		Encerrar incidente liberando os pavimentos previamente evacuados.
Procedimento:	006	Combate ao incêndio – Corpo de Bombeiros
Grupo:		Brigada de incêndio
Responsável:		Tuco Salamanca
Dependências:		Acionamento de alarme de incêndio. Acionamento de brigada de incêndio. Combate ao incêndio.
Tempo:		Indeterminado
Instruções		
1		Chegada do corpo de bombeiros ao prédio sinistrado.
2		Fornecer todas as informações demandadas pelo corpo de bombeiros.
3		Corpo de bombeiros extingue o incêndio.
4		Avaliar estrutura da edificação.
5		Determinar data para reativação do prédio.

Procedimento:	007	Análise da segurança estrutural após sinistro
Grupo:		Defesa Civil
Responsável:		Chefe da equipe da Defesa Civil
Dependências:		Combate ao incêndio (Corpo de Bombeiros)
Tempo:		Indeterminado
Instruções		
1	Defesa civil chega ao prédio sinistrado.	
2	Avaliar estrutura da edificação.	
2.1	Obter informações com equipes atuantes no incidente (corpo de bombeiros, comissão interna de prevenção de acidentes etc.).	
3	Determinar data para reativação do prédio.	

REFERÊNCIA NORMATIVA

ABNT NBR ISO 22301 – Cláusula 8.4.2 Estrutura de resposta a incidentes
PL-SGCN-008 – Planejamento e Controle Operacional do Sistema de Gestão de Continuidade de Negócios
PO-SGCN-004 – Política de Continuidade de Negócios

ANEXOS

Não aplicável

3.4.3 Utilizando o PCO – Plano de Continuidade Operacional – Cláusula 8.4.4

Entradas: ID-SGCN-003 – Declaração de Escopo do SGCN, Relatório de Análise de Impacto no Negócio e Estratégia de Continuidade de Negócios implementada.

O Plano de Continuidade Operacional é focado na execução do processo em outro local ou na utilização de outros ativos de informação.

Todos os processos críticos que foram identificados na Análise de Impacto no Negócio devem ter no mínimo um Plano de Continuidade Operacional associado a eles. Por exemplo, caso o seu processo de venda seja identificado como um processo crítico, deve ser elaborado um Plano para ele respondendo a algumas perguntas. Se acontecer um incidente de interrupção no meu processo de vendas, como posso continuar a vender? Qual será a minha estratégia de vendas? Vou vender somente na internet? Vou contratar prestadores de serviços para vender a minha mercadoria em outro local? Tenho que levar os vendedores para uma loja distante de minha onde ocorreu o incidente para que eles possam vender as minhas mercadorias?

Respondendo a essas perguntas, você começa a elaborar o Plano de Continuidade Operacional. A maioria dos incidentes causa três tipos de problemas:

✓ **Primeiro** – O local de trabalho está interditado em virtude de um incidente de incêndio ou alagamento, por exemplo. Os funcionários ficam sem o acesso ao ambiente físico do seu local de trabalho. Consequentemente, não conseguem operar os processos de negócio.

✓ **Segundo** – Os funcionários e os prestadores de serviço estão sem acesso a algum ativo de informação – os mais comuns de ocorrerem são falhas em ativos de tecnologia. Ou seja, o funcionário quer utilizar um software e não tem acesso, por motivo de um problema na rede, na internet, no seu banco de dados etc. Com essa falha de disponibilidade não há como operar os processos de negócio.

✓ **Terceiro** – Os funcionários e os prestadores de serviço não conseguem chegar ao local de trabalho por virtude de uma greve de ônibus ou uma epidemia de dengue, por exemplo. Se ninguém chegar para trabalhar na organização, não existe operação. É menos um dia de trabalho que pode ser crucial caso o seu cronograma de entrega de produtos esteja apertado.

A organização pode implementar controles que incluam os funcionários e prestadores de serviços que possuem habilidades e conhecimentos especializados, pois são esses requisitos que fazem falta no momento de tratar um incidente. As técnicas para proteger ou aprimorar essas habilidades podem incluir:

✓ lista de especialistas alternativos habilitados, caso o especialista principal do processo de negócio não possa atuar no ambiente de contingência e um plano de chamada de convocação de todas as pessoas que estão envolvidas em atividades nos planos;

✓ é quase que obrigatória a participação dessas pessoas nos exercícios e testes dos planos;

✓ é importante implementar uma segregação de funções com separação de habilidades centrais para reduzir o impacto da ausência de um funcionário importante na execução do Plano, incluindo a separação física dos funcionários com habilidades específicas em mais de uma localidade;

✓ contratação de prestadores de serviços para a execução dos Planos de Continuidade de Negócios;

✓ planejamento de sucessão dos funcionários da Alta Direção; e

✓ processos de documentação e outras formas de retenção e gestão de conhecimento.

Depois de um incidente, é importante ressaltar também que os Planos de Continuidade de Negócios respaldados na realocação dos funcionários podem considerar:

✓ Transporte dos funcionários para o ambiente de contingência.

➢ Qual transporte utilizar? Público, aluguel de ônibus? Ir de táxi com recursos próprios ou é preciso contratar antecipadamente esses transportes?

✓ Necessidades do pessoal no local alternativo, como:

➢ Acomodação: onde as pessoas irão descansar ou dormir durante a sua folga?

➢ Instalações de alimentação: há alimentos disponíveis para todos durante a estadia no ambiente de contingência? Onde os alimentos serão armazenados?

➢ Compromissos pessoais e familiares: os funcionários podem ficar vários dias sem voltar para casa durante a execução dos planos?

➢ É recomendado que todos os funcionários sejam treinados em equipamentos diferentes, pois, na ausência de algum, outro pode assumir o seu lugar.

✓ Desafios decorridos do trabalho em casa.

➢ O trabalho em *home office* cresce em todo o mundo, mas algumas questões devem ser bem trabalhadas para não causar prejuízo para as organizações. A primeira delas é a conformidade com as leis trabalhistas. Nessas questões, é recomendado envolver as áreas jurídica e de recursos humanos para dirimir as dúvidas trabalhistas.

O PCO está preocupado em resolver o problema – ele é a solução. Aconteceu um incidente que impacte no processo. Como você trabalha com esse processo no ambiente de contingência de acordo com os tempos e os objetivos mínimo de Continuidade de Negócios acordados na Análise de Impacto no Negócio? A responsabilidade de recuperar o ativo que foi danificado é do Plano de Recuperação de Desastres.

O Plano de Continuidade Operacional está preocupado em retomar a execução do processo afetado o mais rápido possível, de acordo com a estratégia de Continuidade de Negócios aprovada pela Alta Direção.

Um dado importante que ajuda na hora de elaborar os planos e também na escolha da melhor Estratégia de Continuidade de Negócios é que, na maioria das vezes, nas grandes cidades brasileiras, uma indisponibilidade não dura mais que 48 horas. Por isso, você tem que se preparar para elaborar planos que trabalhem no mínimo 48 horas no ambiente de contingência. Essa informação também evita que você elabore estratégias mirabolantes para vários dias sem acesso às informações no local onde elas são criadas e trabalhadas. Com isso, se evita desperdício de dinheiro, pois quanto mais o ambiente de contingência é utilizado, maior será o gasto com investimento desnecessário. Tenha sempre em mente esse tempo usual de indisponibilidade.

A seguir descreve-se um exemplo utilizando o processo de vendas, pois a maioria das organizações vende alguma coisa, pode ser um produto ou o conhecimento sobre um determinado assunto.

Incidente: o ambiente físico da organização está interditado em virtude de um incêndio que ocorreu de madrugada e foi controlado pelo brigadista de plantão. A previsão é que o trabalho de rescaldo do incêndio e a avaliação de suas causas durem 24 horas.

A primeira coisa a se fazer é transportar as pessoas para trabalhar em outro local, no ambiente de contingência que foi definido na Estratégia de Continuidade.

Plano de Continuidade Operacional – Processo de Vendas

O que fazer: transportar a equipe de vendas até o ambiente de contingência.

Quem é o responsável: administrador do processo de vendas. Nesse cenário, quem tem autoridade de ativar o PCO é o responsável pelo Plano; nesse caso, o administrador do setor de vendas de organização.

Quando: até 10 minutos para identificar o impacto do incidente e verificar que não há possibilidade de trabalho nas instalações da organização no período de 24 horas.

Tempo do RTO: o administrador de vendas tem até duas horas para levar todos os funcionários para o ambiente de contingência e começar a trabalhar.

Premissa: o ambiente de contingência deve estar com todos os ativos de informação prontos para utilização, de acordo com os objetivos mínimos de Continuidade de Negócios.

Contrato válido de aluguel de veículos com a empresa de transporte

Como: os procedimentos de continuidade de negócios são os seguintes:

✓ Providenciar e validar os nomes de quem será enviado para lá. Somente serão transportados os funcionários que foram treinados para trabalhar no ambiente de contingência.

✓ Solicitar o transporte, que será um micro-ônibus alugado de uma empresa especializada em aluguel de transporte.

✓ Ao chegar no local de contingência deve-se testar se os softwares de vendas estão funcionando perfeitamente. Esse teste deverá ser executado em conjunto com a equipe de Tecnologia da Informação.

✓ Enviar e-mail para a organização informando que as vendas estão sendo realizadas no ambiente de contingência.

✓ Comunicar aos clientes que, apesar do incidente ocorrido, as vendas estão sendo realizadas normalmente.

✓ Aguardar as instruções para retornar ao local principal da organização após a recuperação do ambiente físico.

Lembrando que todos os procedimentos descritos nesse exemplo devem estar previamente definidos e detalhados no PCO.

A seguir descreve-se uma imagem que demonstra graficamente a utilidade do PCO.

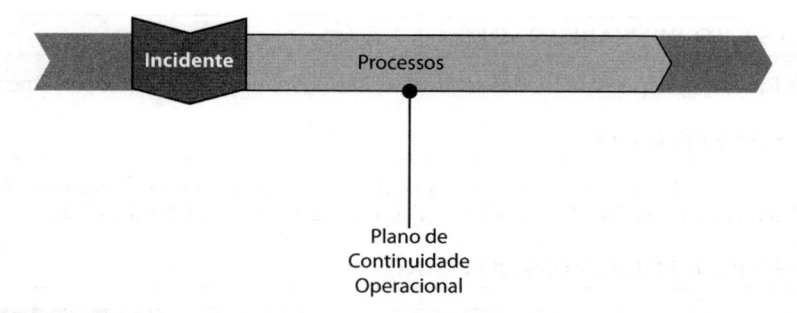

Figura 30. Acionamento do PCO.

Saída e documentação mandatória: PL-SGCN-014 – Plano de Continui-dade Operacional

A seguir descreve-se um exemplo de modelo de Plano de Continuidade Operacional do SGCN que pode implementar as cláusulas 8.4.4 e 8.4.5 da Norma ABNT NBR ISO 22301.

Tabela 18. Exemplo de um modelo de Plano de Continuidade Operacional.

LOGOTIPO DA ORGANIZAÇÃO	Tipo: Plano	Código do Documento: **PL – SGCN – 014**
Plano de Continuidade Operacional **Exemplo de Processo: funcionamento do** *call center*		**Autor:** Nome da pessoa ou grupo **Revisado em:** 10/01/2018 **Aprovador:** Nome da pessoa ou grupo **Versão:** 1.00 **Aprovação:** 10/02/2018

FINALIDADE

O Plano de Continuidade Operacional – PCO – oferece soluções para a contingência dos Processos de Negócios em uma situação de falha ou interrupção nos ativos que sustentam esses processos. O Plano deve:
- ✓ estar acessível aos responsáveis por sua manipulação e execução;
- ✓ ser aprovado pela Alta Direção e exercitado e treinado por aqueles que o porão em prática;
- ✓ estar sob a guarda de pessoas que tenham a responsabilidade de manter a revisão, atualização e aprovação dos planos;
- ✓ estar sob um controle formal de mudança e distribuição de cópias;
- ✓ ser revisado em intervalos de tempo definidos ou quando ocorrerem mudanças sig-nificativas na organização;
- ✓ estar alinhado com os outros Planos de Continuidade de Negócios.

APLICABILIDADE

É aplicável ao processo de negócio crítico priorizado na Análise de Impacto no Negócio. Processo: **funcionamento do** *call center*.

FUNÇÕES E RESPONSABILIDADES

Todas as funções e responsabilidades estão descritas no Plano de Continuidade Operacional.

TERMOS E DEFINIÇÕES

As definições dos termos e expressões utilizados neste documento constam nos termos e definições das Normas ISO 22300, ABNT NBR ISO 22301 e ABNT NBR ISO 22313.

REGRAS E PROCEDIMENTOS DO PLANO

Processo	Funcionamento do *call center*	PCO-03 -
Área responsável pelo Plano:	Central de Relacionamento com o Cliente	
Autor/Responsável:	Hank Schrader	
Contato:	Email: hank@schrader.com.br	**Telefone Comercial:** +55 21 2206.46599 **Telefone Celular:** +55 21 82457161699
Objetivo:	Em caso de algum incidente de interrupção, a equipe de atendimento do *call center* será realocada para o ambiente de contingência para não interferir no processo de atendimento de clientes e fornecedores.	
Indicador:	Transportar a equipe dentro do tempo estimado de RTO.	
Grupos funcionais que irão atuar no Plano:	Setor de Recursos Humanos	

Cenário do incidente de interrupção	
Call center	**Indisponibilidade do ambiente físico onde está alocado o *call center* de atendimento.**

1 Planos relacionados
- ✓ Plano de Gerenciamento de Incidentes
- ✓ Plano de Recuperação de Desastres

2 Contramedidas/Premissas

Contramedidas (medidas de segurança):	Premissas:
✓ Manutenção preventiva contra incêndio sendo executada dentro dos prazos.	✓ Treinamento de evacuação de prédio e transporte dos funcionários deve ter sido exercitado pelas pessoas envolvidas neste Plano. ✓ Contrato de locação do ambiente de contingência deve estar em funcionamento. ✓ Contrato com a empresa de transporte em vigor. ✓ O ambiente de contingência deve estar mobiliado de acordo com os requisitos de implementação da Estratégia de Continuidade de Negócios.

3 Área Responsável
Central de relacionamento com o cliente

Responsável pela ativação do Plano	Hank Schrader
Ambiente de contingência	Setor Comercial
Prazo da operação	De acordo com os critérios de recuperação de tempo do BIA, indicado no RTO, até 4 horas.
Posto de comando	Sala de Reunião do Setor Comercial
Ambiente	Qualquer incidente de interrupção no prédio da organização que impeça o trabalho diário dos funcionários.
Normas complementares	ABNT NBR ISO 7240-4:2013 Sistemas de detecção e alarme de incêndio NR 23 – Proteção Contra Incêndio.

4 Tempo de Recuperação do Processo
A seguir são descritos os critérios estabelecidos deste processo "Call Center" no resultado do PR-SGCN-008 – Procedimento Documentado de Análise de Impacto no Negócio:

Serviços ou Processos	Tipo de Risco F – Financeiro C – Cliente P – Produtos e Serviços	Tempo para impacto severo 0 = 2 semanas ou mais 1 = 1 semana 5 = Menor que 3 dias 10 = 1 dia 20 = 4 horas 40 = Imediato	Impacto ao cliente 0 = Nenhum 1 = Baixo 3 = Médio 5 = Alto 7 = Extremo	Impacto em produtos e serviços 0 = Nenhum 1 = Baixo 3 = Médio 5 = Alto 7 = Extremo	Impacto financeiro 0 = Nenhum 1 = Baixo 3 = Médio 5 = Alto 7 = Extremo	Soma Total	Código	RTO	RPO
Call center	F, C e P	20	7	7	7	41	AA	4 horas	horas

5 Responsáveis pela Execução
Central de Relacionamento com o Cliente
Tipo: Estratégico
Poder: amplos poderes

Membros do grupo				
Nome	Cargo/ Função	Setor	Telefone(s)	Responsabi- lidade
Hank Schrader	Gerente	Relaciona- mento com o Cliente	Comercial: 21 2206.46599 Celular: 21 82457161699	Líder
Laura Fraser	Gestora do *call center*	Recursos Humanos	021 3295-204990	Vice-Líder
Jesse Plemons	Técnica de Tecnologia da Informa- ção	Tecnologia da Informação	021 3295-202490	Participante
Christian Combo Ortega	Gerente de Manutenção e Telefonia	Manutenção	021 3295-202590	Participante

Responsabilidades	
Antes do incidente	O responsável pelo Plano deverá realizar um treinamento de evacuação de prédio e locomoção até o ambiente de contingên- cia com toda a equipe do *call center*. A equipe de Tecnologia da Informação deverá deixar a sala co- mercial preparada com todos os equipamentos necessários ins- talados para que os atendentes deem continuidade às suas ativi- dades, conforme a Estratégia de Continuidade aprovada. A manutenção ficará responsável por manter a parte elétrica em *backup* com os geradores prontamente disponíveis.
Durante o incidente	O responsável pela execução do Plano entrará em contato rapi- damente com todos os gestores dos setores envolvidos e guiará a equipe do *call center* para o ambiente de contingência.
Após o incidente	O responsável pela execução do Plano estará acompanhando a resolução dos problemas causados juntamente com os gestores dos setores envolvidos e irá elaborar um relatório sobre o ocor- rido. Ainda deverá conferir se todos os procedimentos foram realizados e efetivos para sanar o problema. Deverá revisar e atualizar este Plano.

6 Ambiente de Contingência

Nome	Sala de Reunião do Setor Comercial
Descrição	Sala onde ficam os consultores externos e a equipe comercial. Como os consultores externos não ficam todos os dias na em- presa, a sala ficará disponível para contingência.
Ponto de encontro	Corredor onde fica a Sala Principal do setor Comercial.

LOCAL			
Empresa	Minha Organização – Rio de Janeiro		
Endereço	Av. Presidente Vargas		
Complemento	145 bloco B		
Bairro	Centro		
Cidade	Rio de Janeiro	**UF**	RJ
Telefone	2525969890	**Ramal**	5698
Contatos de Emergência			
Nome Marco Salamanca	**Cargo: Gerente de Infraestrutura**	**Telefone(s): 21 9898989809**	**e-mail: marco@salamanca.com**

6.1 Estrutura necessária no ambiente de contingência

Serviços Necessários

Telefonia fixa; telefones celulares; contato com serviços de emergência; relações de hospitais.
8 computadores completos com acesso ao sistema; 8 mesas; 8 cadeiras; 8 telefones analógicos com *headsets*.

Hardware/Software

Código	Finalidade	Qtd.	Descrição/Características	Software
Estação de trabalho padrão	**Executar atividades que sejam imprescindíveis à sua utilização**	**8**	*Notebook* **com configuração padrão**	**Internet Explorer, Microsoft Outlook, MS Office e Sistema operacional Windows**
Sistema interno	**Sistema de atendimento e abertura de chamados**	**8**	**Instalado na rede interna e com acesso ao banco de dados**	**Sistema de atendimento**
Estação de trabalho padrão	**Telefone analógico**	**8**	**Telefones com** *headsets*	**PABX**

7 Infraestrutura necessária para leitura do Plano

Serviços necessários
Intranet para visualização do Plano.
Hardware/Software

Código	Finalidade	Qtd.	Descrição/Características	Software
GSM	Agilizar decisões e comunicações com a equipe.	1	*Smartphone*	Sistema operacional Android

8 Fornecedores

Empresa	Tipo	Endereço
NÃO APLICÁVEL	NÃO APLICÁVEL	NÃO APLICÁVEL

9 Procedimentos de Continuidade

Procedimento:	001	Acionamento do responsável pelo Plano de Continuidade Operacional e transporte de funcionários.
Grupo:		Central de Relacionamento com o Cliente
Responsável:		Hank Schrader
Dependências:		Não há
Tempo:		Até 2 horas

Instruções	
1	A gestora responsável pelo *call center* acionará o responsável pelo Plano de Continuidade Operacional.
2	A gestora ligará para o fornecedor de transporte e o convocará para transportar os funcionários até o ambiente de contingência.
3	A gestora conduzirá os funcionários até a Sala de Reunião do Setor Comercial (ambiente de contingência)

Procedimento:	002	Início do trabalho no ambiente de contingência
Grupos:		Tecnologia da Informação e Manutenção
Responsáveis		Jesse Plemons e Christian Combo Ortega
Dependências:		Não há
Tempo:		30 minutos

Instruções	
1	O responsável pelo PCO irá contatar as equipes de Tecnologia da Informação e Manutenção para verificar os equipamentos e colocar em funcionamento o ambiente de contingência.
2	A equipe de Tecnologia da Informação verificará todos os equipamentos e após a verificação entrará em contato com a equipe de Telefonia.
3	A equipe de Telefonia verificará todos os equipamentos de telefonia e redirecionará as chamadas de atendimento para o ambiente de contingência.
4	A equipe de Telefonia acionará o gestor do *call center* informando que pode iniciar o trabalho no ambiente de contingência.
5	O gestor responsável começará a trabalhar com a sua equipe no ambiente de contingência.

REFERÊNCIA NORMATIVA
ABNT NBR ISO 22301 – Cláusula 8.4.4 Planos de Continuidade de Negócios PL-SGCN-007 – Planejamento e Controle Operacional do Sistema de Gestão de Continuidade de Negócios PO-SGCN-004 – Política de Continuidade de Negócios PR-SGCN-009 – Procedimento Documentado de Análise de Impacto no Negócio
ANEXOS
Não aplicável

3.4.4   Utilizando o PRD – Plano de Recuperação de Desastres – Cláusula 8.4.4

Entradas: Relatório de Análise de Impacto no Negócio, ID-SGCN-003 – Declaração de Escopo do SGCN e os Planos de Continuidade Operacional.

O Plano de Recuperação de Desastres – PRD – é focado em restaurar e recuperar o ativo no menor tempo possível e restabelecer o ambiente e as condições originais de operação.

Este Plano tem uma importância fundamental no Sistema de Gestão de Continuidade de Negócios, pois visa à avaliação da eficiência dos controles de segurança, de forma a evitar que novas ocorrências reduzam a capacidade operacional do ativo contingenciado. É comum que o administrador dos ativos de informação também seja responsável por tratar os riscos identificados nesses ativos durante o processo de avaliação de riscos. Como se sabe, uma ameaça explorando as vulnerabilidades desses ativos pode ocasionar um incidente – e causar um dano com impacto negativo. Por isso você deve implementar controles para que esse evento não se concretize.

O PRD também tem a função de avaliar os acordos de nível de serviços dos ativos, como manutenção e tempo de reposição de peças sobressalentes de equipamentos de Tecnologia da Informação, porque o objetivo sempre é a manutenção do nível de risco sob controle, e o risco dos fornecedores acaba sendo transferido para a própria organização. Se um fornecedor não cumprir com as suas obrigações contratuais, dependendo do modelo de contratação, pode-se até aplicar uma multa, mas a imagem que está em jogo é a sua. O cliente não quer saber sobre a falha do seu fornecedor, mas, sim, da entrega do serviço que ele contratou da sua organização.

A seguir descreve-se um exemplo utilizando o ativo de informação Banco de Dados, pois a maioria das organizações utiliza sistemas de informação. Ele é o coração dos sistemas, o seu banco de dados, onde são armazenadas as informações críticas.

Incidente: o banco de dados do sistema de informação principal da organização está corrompido.

PRD – Plano de Recuperação de Desastres – Ativo Banco de Dados

O que fazer: recuperar o banco de dados no menor tempo possível.

Quem é o responsável: DBA – Administrador do banco de dados. Nesse cenário quem tem autoridade de ativar o PRD é o responsável pelo Plano; nesse caso, o DBA.

Quando: até 30 minutos para identificar o impacto do incidente e verificar que não há possibilidade recuperar o sistema corrompido.

Tempo do RTO: o DBA tem até 4 horas para levantar todas as informações e colocar o banco de dados para funcionar normalmente.

Premissa: o *backup* de todo o banco de dados deve ocorrer a cada duas horas.

Como: os procedimentos de continuidade de negócios são os seguintes:

- ✓ Instalar o sistema operacional da nova máquina.
- ✓ Pegar os últimos *backups* executados.
- ✓ Instalar o banco de dados.
- ✓ Testar o banco de dados para verificar se está operando adequadamente.
- ✓ Informar ao gerente do incidente que o banco de dados está funcionando normalmente.

Lembrando que todos os procedimentos descritos nesse exemplo devem estar previamente definidos e detalhados no PRD.

A seguir, uma imagem que demonstra graficamente a utilidade do PRD.

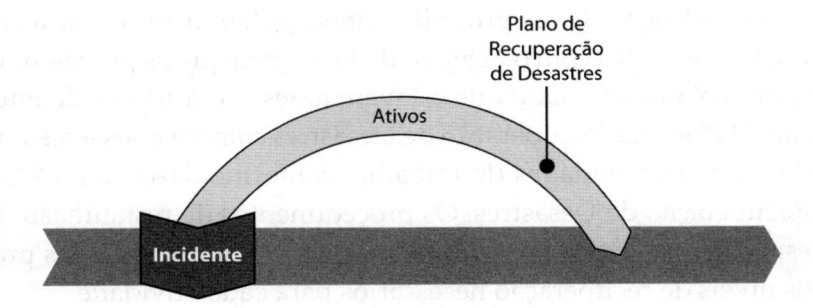

Figura 31. Acionamento do PRD.

Saída e documentação mandatória: PL-SGCN-015 – Plano de Recuperação de Desastres.

O Plano de Recuperação de Desastres do SGCN pode implementar as cláusulas 8.4.4 e 8.4.5 da Norma ABNT NBR ISO 22301. Ele é muito parecido com o Plano de Continuidade Operacional, o que difere é o seu foco em restaurar o **ativo de informação que sofreu o sinistro o mais rápido possível** de acordo com o RTO da Análise de Impacto no Negócio, como, por exemplo, restaurar o ativo com um *backup*. Esse plano é o mais simples do SGCN. As respostas a essa perguntar devem ser inseridas no Plano, que deve conter no mínimo os seguintes itens:

- ✓ Finalidade do Plano.
- ✓ Escopo do ativo de informação que sofreu o sinistro (qual é o ativo?).
- ✓ Quem é a pessoa ou equipe com autoridade responsável de gerenciamento do Plano.
- ✓ Detalhes de contato de todas as pessoas envolvidas no Plano.
- ✓ As funções e responsabilidades da equipe e de todas as partes interessadas.
- ✓ Os procedimentos de restauração do ativo de informação e dos processos de negócios – a função desses procedimentos é descrever os próximos passos até que os processos de negócios voltem ao ponto normal, anterior ao incidente, onde tudo funcionava corretamente. Nesse momento, espera-se que o processo de recuperação tenha sido finalizado, sendo iniciados os procedimentos de restauração. Nesse caso, apenas descrevem-se as funções gerais de cada departamento

da organização. Esses procedimentos ajudam a restaurar as operações de negócios com o objetivo de fazer com que os processos de negócio voltem ao estado que estavam antes do incidente de interrupção. O Plano de Recuperação de Desastres começa após a restauração de todas as atividades de trabalho, conforme descrito no Plano de Recuperação de Desastres. Os procedimentos de restauração devem especificar as atividades priorizadas a serem retomadas, os prazos e os níveis de recuperação necessários para cada atividade.

Tabela 19. Modelo de Plano de Recuperação de Desastres.

LOGOTIPO DA ORGANIZAÇÃO	Tipo: Plano	Código do Documento: PL – SGCN – 015
Plano de Recuperação de Desastres **Exemplo de ativo de informação:** **Central PABX – CRC**		**Autor:** Nome da pessoa ou grupo **Revisado em:** 10/01/2018 **Aprovador:** Nome da pessoa ou grupo **Versão:** 1.00 **Aprovação:** 10/02/2018

FINALIDADE

O PRD – Plano de Recuperação de Desastres – é focado na recuperação e restauração dos ativos que suportam os processos de negócio e que venham a ser afetados por incidentes de interrupção. O Plano deve:

- ✓ estar acessível aos responsáveis por sua manipulação e execução;
- ✓ ser aprovado pela Alta Direção e exercitado e treinado por aqueles que o porão em prática;
- ✓ estar sob a guarda de pessoas que tenham a responsabilidade de manter a revisão, atualização e aprovação dos planos;
- ✓ estar sob um controle formal de mudança e distribuição de cópias;
- ✓ ser revisado em intervalos de tempo definidos ou quando ocorrerem mudanças significativas na organização;
- ✓ estar alinhado com os outros Planos de Continuidade de Negócios.

APLICABILIDADE

É aplicável ao ativo de informação: central PABX – CRC.

FUNÇÕES E RESPONSABILIDADES

Todas as funções e responsabilidades são descritas no Plano de Recuperação de Desastres.

TERMOS E DEFINIÇÕES

As definições dos termos e expressões utilizados neste documento constam nos termos e definições das Normas ISO 22300, ABNT NBR ISO 22301 e ABNT NBR ISO 22313.

REGRAS E PROCEDIMENTOS DO PLANO

Ativo de informação	Central PABX – CRC	PRD-04 -
Área responsável pelo Plano:	Telefonia	
Autor/Responsável:	Gustavo Fring	
Contato:	Email: gustavo@fring.com.br	**Telefone Comercial:** 21 2206.46500 **Telefone Celular:** 21 82457161600
Objetivo:	Em caso de algum incidente de interrupção na central PABX – CRC, o ativo deve ser restaurando dentro do prazo limite dos processos que são sustentados por ele na Análise de Impacto no Negócio.	
Indicador:	Restaurar o ativo danificado dentro do tempo estimado de RTO.	
Grupos funcionais que irão atuar no Plano:	Setor de Manutenção e Telefonia	

Cenário do incidente de interrupção	
Central PABX – CRC	Falha de módulos do PABX do *call center*.

Distribuição		
Mídia	**Armazenamento**	**Tiragem**
Digital	*Desktop* dos responsáveis envolvidos – .DOCX Repositório de dados na rede interna na área da Equipe de Telefonia – .PDF	01
Papel	Área da Equipe de Equipe de Telefonia – com o Sr. Gustavo Fring	01

1 Planos Relacionados
- ✓ Plano de Gerenciamento de Incidentes
- ✓ Plano de Continuidade Operacional

2 Contramedidas/Premissas

Contramedidas (medidas de segurança):	Premissas:
✓ O *call center* do ambiente de contingência deve suportar todo o tráfego sem sobrecarga de dados	✓ Equipe de suporte do fornecedor deve estar com contrato válido de acordo de nível de serviço estimado no RTO.

3 Área Responsável
Equipe de Telefonia

Responsável pela Ativação do Plano	Gustavo Fring
Ambiente de contingência	Não aplicável
Prazo da operação	De acordo com os critérios de recuperação de tempo do BIA, indicado no RTO, até 4 horas. Para ter uma margem de segurança, o Plano será elaborado para ser executado em até 3 horas.
Posto de comando	Sala de Reunião do Setor Comercial
Ambiente	Sala de servidores
Normas complementares	Portaria nº 2.014, de 13.10.2008, cujo texto estabelece o tempo máximo para o contato direto com o atendente e o horário de funcionamento no Serviço de Atendimento ao Consumidor.

4 Responsáveis pela Execução
Setor de Manutenção e Telefonia
Tipo: Estratégico
Poder: amplos poderes

Membros do grupo				
Nome	**Cargo/Função**	**Setor**	**Telefone(s)**	**Responsabilidade**
Gustavo Fring	Gerente	Setor de Manutenção e Telefonia	Comercial: 21 220646500 Celular: 21 82457161600	Líder
Mike Ehrmantraut	Técnico de Telefonia	Setor de Manutenção e Telefonia	Comercial: 021 3295-2049902	Vice-Líder

Responsabilidades	
Antes do incidente	O responsável pelo Plano deverá verificar se o contrato de manutenção do ativo está válido e de acordo com o RTO. O acordo de nível de serviços satisfatório deve ficar em até 3 horas de atendimento e troca de equipamento. Realizar as manutenções preventivas do equipamento.
Durante o incidente	Verificar qual foi a falha no ativo de informação. Entrar em contato com o fornecedor para verificação e/ou troca de equipamento.
Após o incidente	Analisar como foi a atuação do fornecedor durante o tratamento do incidente. Revisar o contrato com o fornecedor caso seja necessária uma modificação nas cláusulas contratuais.

4.1 Infraestrutura necessária para leitura do Plano
Serviços necessários
Intranet para visualização do Plano.
Hardware/Software

Código	Finalidade	Qtd.	Descrição/ Características	Software
GSM	Agilizar decisões e comunicações com a equipe.	1	*Smartphone*	Sistema operacional Android

5 Fornecedores

Empresa	Tipo	Endereço, e-mail e telefone
Fornecedor de Telefonia	Telefonia	Rua Gen. Almério de Moura, 131. E-mail: fornecedor@telefonia.com Tel: 21 7878987878

6 Procedimentos de Continuidade

Procedimento:	001	Reparo no ativo de informação – PABX do *call center*
Grupo:		Setor de Manutenção e Telefonia
Responsável:		Gustavo Fring
Dependências:		Não há
Tempo:		Até 3 horas

Instruções	
1	O gestor responsável pela telefonia irá verificar qual foi a falha do PABX.
2	Caso não seja possível reparar o PABX em até 15 minutos, deve entrar em contato com o fornecedor informando sobre as possíveis falhas do equipamento e solicitando um novo.
3	O fornecedor deve instalar um novo equipamento em até 3 horas.
4	Após a instalação de um novo equipamento o responsável pela equipe de Telefonia deve informar o responsável no posto de comando do Plano de Gerenciamento de Incidentes que o ativo já foi recuperado. As medidas de retorno à normalidade são implementadas e o incidente pode ser fechado.

REFERÊNCIA NORMATIVA

ABNT NBR ISO 22301 – Cláusula 8.4.4 Planos de Continuidade de Negócios
PL-SGCN-008 – Planejamento e Controle Operacional do Sistema de Gestão de Continuidade de Negócios

ANEXOS

Não aplicável

3.4.5 Retorno à normalidade das operações após o tratamento do incidente de Continuidade de Negócios – Cláusula 8.4.5

Entradas: PL-SGCN-014 – Plano de Continuidade Operacional e PL-SGCN-015 – Plano de Recuperação de Desastres.

Uma das funcionalidades do Sistema de Gestão de Continuidade de Negócios é planejar e documentar quais são as atividades de retorno à normalidade, ou seja, quais são os procedimentos de continuidade para poder restaurar e retomar os processos de negócio críticos identificados pela Análise de Impacto no Negócio.

Após um incidente de interrupção, o objetivo da recuperação é reestabelecer os processos e serviços para suportar os requisitos de negócios normais. Essa volta à normalidade pode ser proporcionada por meio de:

✓ recuperação, reparação e correção dos danos resultantes do incidente de interrupção;

✓ migração de operações de trabalho de instalações provisórias do ambiente de contingência de volta para o ambiente físico de trabalho principal que foi totalmente restaurado ou a mudança da organização para um novo ambiente físico, se o anterior não conseguir ser totalmente recuperado;

✓ implementação de controles de segurança para mitigar a probabilidade de ocorrência de um novo incidente.

Conforme descrito na ABNT NBR ISO 22313, os procedimentos de continuidade documentados devem prever uma avaliação detalhada da situação do incidente de interrupção e de seu impacto e a determinação das atividades necessárias para a correta recuperação. Durante esse período pode ser necessário:

a) estabelecer e recuperar os ativos de informação e infraestrutura da recuperação;

b) operar em ambiente físico de recuperação;

c) restaurar os ativos de informação danificados;

d) assegurar novas aquisições e financiamento aprovado para gerenciar emergências;

e) restaurar os ativos de informação no ambiente físico que sofreu o sinistro, se for possível; se não, os ativos devem ser retirados do local para o seu conserto e manutenção;

f) caso tenha um seguro, o ativo de informação que foi danificado deve ser registrado de acordo com as apólices de seguro contratado;

g) pode ser necessário contratar prestadores de serviço adicionais para dar suporte ao esforço da recuperação do incidente;

h) deslocar os processos de trabalho para o ambiente de contingência, que poderá ser utilizado também para recuperar os ativos danificados;

i) recuperar a informação documentada que foi perdida. Para isso, o processo de *backup* deve ser mantido de forma adequada, pois é o melhor controle para manter a informação digital documentada;

j) todo o processo de recuperação e de volta à normalidade deve ser comunicado com as partes interessadas relevantes e com a frequência apropriada. O Plano de Comunicação do SGCN deve ser utilizado, pois foi concebido para isso;

k) normalizar os processos de negócio e as operações de trabalho no ativo de informação que foi restaurado;

l) conforme descrito na cláusula 9.3 da ABNT NBR ISO 22301, a equipe técnica do Plano de Gerenciamento de Incidentes deve conduzir uma análise crítica após a recuperação.

Pessoas com bom conhecimento escrevem um Plano de retorno à normalidade. Mas, após um incidente, não é necessário elaborar mais um Plano; somente os procedimentos para restaurar e retornar às atividades de negócios, e atender aos requisitos de negócios normais.

As atividades de volta à normalidade podem ser incluídas nos demais Planos de Continuidade de Negócios. Por exemplo:

O Plano de Gerenciamento de Incidentes é responsável por gerenciar todo o ciclo de vida do incidente. O responsável pelo Plano de Recuperação de Desastres irá comunicar ao responsável do PGI que o ativo que sofreu o sinistro já está totalmente recuperado. Diante dessa informação, o responsável pelo PGI informa ao responsável pelo Plano de Continuidade Operacional, que está trabalhando no ambiente de contingência, que ele pode voltar a trabalhar na localidade principal da organização, tendo em vista que o ativo foi recuperado. O responsável pelo PCO executa os procedimentos de volta para casa, faz as configurações necessárias nos ativos de tecnologia e informa os funcionários que eles voltarão a trabalhar em seu ambiente de trabalho normalmente.

Saídas e documentação mandatória: PL-SGCN-013 – Plano de Continuidade Operacional e Plano de Recuperação de Desastres.

3.5 Exercitando e testando – Plano de Teste e Validação – PTV – Cláusula 8.5

Entradas: Todos os Planos de Continuidade de Negócios (PL-SGCN-013 – Plano de Gerenciamento de Incidentes, PL-SGCN-012 – Plano de Administração de Crises, PL-SGCN-013 – Plano de Gerenciamento de Incidentes, PL-SGCN-014 – Plano de Continuidade Operacional e PL-SGCN-015 – Plano de Recuperação de Desastres).

Um Plano de Continuidade de Negócios só está apto a trabalhar no Sistema de Gestão de Continuidade de Negócios após ser testado e exercitado pelas pessoas que detêm funções e responsabilidades a serem executadas no Plano. Desse modo, não é possível considerar os Planos de Continuidade de Negócios confiáveis até a realização de testes e exercícios. O exercício é essencial para assegurar que estratégias, políticas, planos e procedimentos que têm sido postos em prática são adequados e cumprem os objetivos de Continuidade de Negócios.

Uma sequência de atividade de exercícios e testes realistas identificará itens dos planos que necessitam de alteração, por isso a importância de um PTV – Plano de Teste e Validação – para homologar a eficiência dos Planos de Continuidade de Negócios, consistente com o escopo do Sistema de Gestão de Continuidade de Negócios, que deverá ser detalhado com as funções e responsabilidades de todos os envolvidos nos planos que estarão sendo testados.

Exercícios e testes desenvolvem o trabalho em equipe de todos os envolvidos nos planos, a competência e responsabilidade de cada um, e a confiança de quem está executando as funções corretamente e adquirindo conhecimento não somente dos Planos, mais de outras funções do SGCN.

Exercícios e testes proporcionam a oportunidade para que o SGCN:

- ✓ promova a educação e conscientização dos funcionários e prestadores de serviço, além de desenvolver as competências das pessoas. Esta é uma ação de implementar a cultura de Gestão de Continuidade de Negócios em toda a organização, por isso quanto maior a participação das pessoas, melhor, pois melhora as habilidades e os conhecimentos de todos para gerenciar um incidente de interrupção.

✓ assegure que os Planos de Continuidade de Negócios são completos, atualizados e apropriados ao tamanho e à complexidade da organização; e

✓ identifique oportunidades para melhoria contínua do SGCN.

Os benefícios dos exercícios e testes incluem:

✓ validação do escopo do SGCN e das estratégias de continuidade de negócios;

✓ segurança do funcionamento correto dos ambientes físicos e de ativos de informação que estão no escopo dos planos;

✓ verificação se a gestão de capacidade do ambiente de contingência está adequada;

✓ aumento da eficiência e redução do tempo necessário para a realização de um processo (por exemplo, usando exercícios repetidos para encurtar o tempo de resposta);

✓ melhora da conscientização e sensibilização das partes interessadas sobre o tema de Gestão de Continuidade de Negócios; e

✓ mais uma vez, vale a pena citar o desenvolvimento da competência, educação e conscientização das pessoas envolvidas na execução dos planos.

É recomendado elaborar e implementar um programa de exercícios e testes consistente com o escopo dos Planos de Continuidade de Negócios, em conformidade com a legislação e regulamentação aplicáveis à organização. Os exercícios e testes devem ser realistas: não adianta programar testes com todos os funcionários da organização, pois é muito difícil tirar as pessoas das suas obrigações do dia a dia. Por isso os exercícios devem ser cuidadosamente planejados e acordados com todas as pessoas envolvidas nos planos, inclusive verificando a agenda de trabalho das pessoas. Não adianta agendar um teste se na data programada a pessoa estará de férias.

Nesse caso, o programa será implementado por intermédio do PTV – Plano de Teste e Validação. O Plano deve conter no mínimo como:

✓ fazer exercícios e testes dos sistemas de informação, logísticos, administrativos e outros sistemas operacionais dos procedimentos de continuidade;

✓ fazer exercícios e testes com todas as pessoas envolvidas com funções e responsabilidades atribuídas nos planos;

✓ fazer exercícios e testes com os arranjos e a infraestrutura de Continuidade de Negócios (que incluem, por exemplo, locais de administração de crises e de gestão de incidentes de interrupção, comunicação com as partes interessadas etc.); e

✓ validar a recuperação e retomada dos ativos de Tecnologia da Informação e de Telecomunicações, incluindo a disponibilidade e a realocação dos funcionários.

O quadro a seguir foi apresentado pela primeira vez na Norma brasileira NBR 15999-1 e pode ser considerado o que tem de mais apurado para a execução de exercícios e testes dos planos.

Tabela 20. Descrição dos tipos de testes.

Complexidade	Teste	Processo	Variações	Frequência recomendada
Simples	Teste de mesa	Revisão/Correção de conteúdo	Atualização/Validação	Ao menos anualmente
		Questionário conteúdo do PCN	Auditoria/Verificação	Anualmente
Médio	*Walk-through*	Questionário conteúdo do PCN	Incluir interação e validar papéis dos participantes	Anualmente
	Simulação	Simular um cenário de desastre para validar se os PCNs possuem informações necessárias e suficientes de forma a permitir uma recuperação com sucesso	Incorporar planos associados	Anualmente ou duas vezes ao ano
	Operação paralela	Execução paralela em ambiente controlado que não prejudique o andamento usual dos negócios	Executar os processos de negócio no ambiente de contingência por um tempo determinado.	Anualmente ou menos
Complexo	Interrupção total	Teste que envolve toda a infraestrutura de GCN.	Executar os planos com a infraestrutura principal desligada	Anualmente ou menos

A seguir, um descritivo e comentários a respeito das abordagens para aumentar a confiança no plano.

Teste de mesa – O mais simples e barato dos testes dos planos. Consiste em simplesmente verificar um a um os passos definidos em todos os itens dos planos em busca de incoerências grosseiras que possam ser detectadas sem a necessidade de simulações mais reais. Exemplo: atualização de nomes de funcionários e telefones de contato.

Walk-through – Consiste em, de posse dos planos, caminhar pela organização seguindo o fluxo de procedimentos de continuidade descritos, em busca de falhas que podem não ter sido observadas durante a elaboração do Plano, como uma porta que eventualmente estará fechada com cadeado, um ativo que não poderá ser acessado sem autorização, um procedimento de Segurança da Informação que precisa ser alterado, entre outros.

Simulação – Consiste em envolver o maior número possível de funcionários para simular a ocorrência de um desastre, embora os procedimentos de Continuidade de Negócios, como programar a conexão dos sistemas de informação para o ambiente de contingência, não sejam executados. A ideia nesse tipo de teste do Plano é executar uma fase de exercícios na qual os funcionários serão envolvidos e participarão mais ativamente, como se um desastre estivesse realmente ocorrendo na organização.

Operação paralela – Este exercício garantirá uma simulação mais real, pois os procedimentos de Continuidade de Negócios serão executados de forma a testar na prática a eficácia e eficiência da estratégia de continuidade. Porém, todo o *site* principal ficará em funcionamento normalmente para reassumir o controle das operações em caso de detecção de falhas nos procedimentos.

Interrupção total – Este exercício é o que contém o mais elevado risco, pois consiste normalmente em, sem aviso prévio, desligar todas as operações do site principal, simulando a ocorrência de um desastre, e solicitar aos funcionários que executem os Planos de Continuidade de Negócios conforme elaborado e planejado. Esse procedimento não é comum pelo fato de poder acarretar prejuízos desnecessários. Quando a organização é submetida a uma interrupção total, pode-se fazer com que os prejuízos indesejáveis venham a aparecer, porém sem a ocorrência do desastre em si. Pela conformidade com a legislação brasileira, algumas organizações são obrigadas a executar esse tipo de teste – por exemplo, o Banco Central do Brasil obriga esse tipo de teste no sistema bancário.

O gráfico a seguir exemplifica graficamente o grau de complexidade de execução dos exercícios e testes e o grau de riscos e custos de cada um que existe na sua execução.

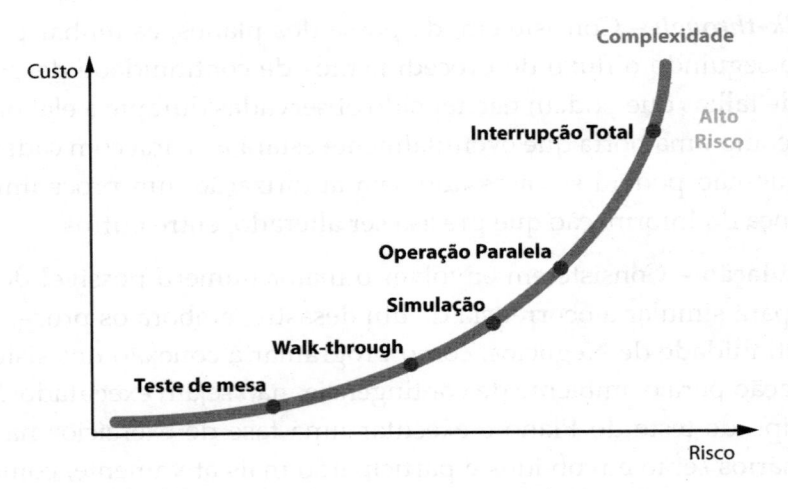

Figura 32. Tipos de testes e seus riscos de execução.

Como critério informativo para quem deseja se especializar, os principais tipos de exercícios e testes são descritos na norma internacional ISO 22398 (*Societal security – Guidelines for exercises and testing*).

Ao final dos exercícios e testes é recomendado realizar uma atividade para coletar lições aprendidas, pois essa é uma forma de reter o conhecimento adquirido com os testes – e também uma forma de realizar um processo de aprendizagem, contemplando tanto as experiências bem-sucedidas como aquelas passíveis de aperfeiçoamento. Consequentemente, implementa-se o processo de melhoria contínua nos exercícios e testes dos planos.

Ao final dos exercícios e testes deve-se elaborar um relatório contendo recomendações e um cronograma para sua implementação.

Por intermédio dos exercícios e testes será possível se antecipar aos resultados da execução dos planos e desenvolver soluções inovadoras para remediar possíveis erros na confecção dos planos. Também será possível melhorar a confiança no gerenciamento de incidentes de interrupção, identificar oportunidades de melhoria no SGCN, validar o escopo de planejamento, premissas e estratégias e garantir o funcionamento correto de ativos de informação de tecnologia.

Saídas e documentação mandatória: PL-SGCN-016 – Plano de Teste e Validação e Relatório de Exercícios e Testes dos Planos de Continuidade de Negócios

A seguir descreve-se um exemplo de modelo de Plano de Teste e Validação do SGCN que pode implementar a cláusula 8.5 da Norma ABNT NBR ISO 22301.

Tabela 21. Exemplo de modelo de Plano de Teste e Validação.

LOGOTIPO DA ORGANIZAÇÃO	Tipo: Plano	Código do Documento: PL – SGCN – 016
Plano de Teste e Validação Exercício e Testes do PL-SGCN-014 – Plano de Continuidade Operacional		**Autor:** Nome da pessoa ou grupo **Revisado em:** 10/01/2018 **Aprovador:** Nome da pessoa ou grupo **Versão:** 1.00 **Aprovação:** 10/02/2018

FINALIDADE

O Plano de Teste e Validação contribui para a melhoria contínua do SGCN, pois estabelece, após a elaboração dos planos, e nos contextos de desenvolvimento dos Planos de Continuidade de Negócios, os testes, exercícios e seus planejamentos para executar as coletas de evidências (auditoria) e para a correção de falhas que possam invalidar a eficiência dos planos. O Plano deve:
- ✓ estar acessível aos responsáveis por sua manipulação e execução;
- ✓ ser aprovado pela Alta Direção e exercitado e treinado por aqueles que o porão em prática;
- ✓ estar sob a guarda de pessoas que tenham a responsabilidade de manter a revisão, atualização e aprovação dos planos;
- ✓ estar sob um controle formal de mudança e distribuição de cópias;
- ✓ ser revisado em intervalos de tempo definidos ou quando ocorrerem mudanças significativas na organização;
- ✓ estar alinhado com os outros Planos de Continuidade de Negócios.

APLICABILIDADE

Este documento é aplicável às pessoas envolvidas nos exercícios e testes do Sistema de Gestão de Continuidade de Negócios.

FUNÇÕES E RESPONSABILIDADES

Chefe de Continuidade de Negócios
- ✓ Coordenar os exercícios e testes.
- ✓ Acompanhar, esclarecer dúvidas e acionar áreas necessárias para a prestação de suporte durante os testes.
- ✓ Consolidar as informações documentadas referentes aos resultados dos testes.
- ✓ Avaliar e tratar as falhas, sob orientação do Comitê de Continuidade de Negócios referentes, de documentação e governança do SGCN.
- ✓ Monitorar e coletar informações observadas durante a execução dos testes.

Responsável pelo Plano
- ✓ Indicar os funcionários que irão atuar na equipe de contingência para participar do teste do Plano.
- ✓ Apoiar o Chefe de Continuidade de Negócios na elaboração dos documentos necessários para a avaliação do teste.
- ✓ Participar dos exercícios e testes e documentar os resultados observados e as melhorias identificadas.

TERMOS E DEFINIÇÕES

As definições dos termos e expressões utilizados neste documento constam nos termos e definições das Normas ISO 22300, ABNT NBR ISO 22301 e ABNT NBR ISO 22313.

REGRAS E PROCEDIMENTOS DO PLANO

Este documento faz parte do conjunto de Planos de Teste e Validação – PTV – e é parte integrante do Sistema de Gestão de Continuidade de Negócios – SGCN.

O conteúdo deste plano está relacionado aos requisitos previstos nos itens 8.5 da norma ABNT NBR ISO 22301.

As regras e os procedimentos a serem adotados nas atividades de elaboração, atualização e divulgação dos PTV são estabelecidos no PPL-SGCN-007 – Planejamento e Controle Operacional do Sistema de Gestão de Continuidade de Negócios.

Os Planos de Continuidade de Negócios somente serão considerados efetivos após a realização dos testes e a revisão do Plano contendo as alterações necessárias de acordo com os resultados obtidos. Dessa forma, será implantada a melhoria contínua no SGCN.

Os exercícios e testes devem ser conduzidos em intervalos planejados ou quando ocorram mudanças significativas dentro da organização ou no ambiente em que opera.

1 Pessoas envolvidas no Plano

Este documento compreende a execução do tipo "Teste de Mesa" do PL-SGCN-014 – Plano de Continuidade Operacional.

Devem participar dos testes os funcionários da equipe contingenciada conforme tabela a seguir:

Equipe de contingência	
Função	Nome
Líder	Hank Schrader
Vice-líder	Laura Fraser
Participantes	Jesse Plemons
	Christian Combo Ortega

2 Tipo de teste do Plano

Tipo de teste: Teste de Mesa – Neste tipo de teste, participantes do Plano reúnem-se para revisar os planos detalhadamente visando à garantia de sua exatidão. O grupo revisa os objetivos do Plano, discute o escopo e os pressupostos, revisa a estrutura da organização e de reporte, e avalia os requisitos de teste, manutenção e treinamento descritos. O grupo discute ainda diferentes cenários e revisa passo a passo o plano, com o objetivo de se certificar de que todos os pontos relevantes foram abordados. Esse processo aumenta a conscientização dos membros envolvidos no teste a respeito dos procedimentos de recuperação.

Não há investimento em aquisições de recursos para a execução dos exercícios e testes, somente o homem/hora dos profissionais envolvidos no Teste do Plano.

3 Cenário do teste do Plano

O cenário do teste é a indisponibilidade do funcionamento do *call center* no prédio principal da organização, considerando:

(a) impossibilidade de acesso às instalações prediais;

(b) perda total da sala de servidores de produção; e

(c) indisponibilidade dos recursos necessários para a execução do processo que está dentro do prédio.

4 Local do teste do Plano

No caso deste Plano de Teste e Validação, o ambiente de contingência funcionará como o local onde o Plano será testado, de acordo com a tabela a seguir:

Nome	Sala de Reunião do Setor Comercial
Descrição	Sala onde ficam os consultores externos e a equipe comercial. Como os consultores externos não ficam todos os dias na empresa, a sala ficará disponível para contingência.
Ponto de encontro	Corredor onde fica a Sala Principal do setor Comercial.

LOCAL			
Empresa	Minha Organização – Rio de Janeiro		
Endereço	Av. Presidente Vargas		
Complemento	145 bloco B		
Bairro	Centro		
Cidade	Rio de Janeiro	UF	RJ
Telefone	2525969890	Ramal	5698

5 Infraestrutura para o teste

Por ser um teste de mesa, será necessário ter os recursos a seguir:

Código	Finalidade	Qtd	Descrição/Características	Software
Sala com *datashow*	Agrupar as pessoas diretamente envolvidas no PCN	1	Sala com mesa e cadeiras para no mínimo oito pessoas	Não aplicável
Sala com *datashow*	Estação de trabalho. Será utilizada no teste.	1	Estação de trabalho com configuração para acesso à rede.	MS-Office Internet/Intranet

6 Estratégias de Teste e Validação dos Planos de Continuidade de Negócios

As Estratégias de Teste e Validação dos Planos de Continuidade de Negócios definidas e aprovadas são descritas nas seções subsequentes.

6.1 Teste de Mesa

Objetivos do teste:	✓ Validar os procedimentos de continuidade de negócios descritos no PL-SGCN-014 – Plano de Continuidade Operacional. ✓ Certificar a responsabilidade dos envolvidos. ✓ Corrigir itens desatualizados. ✓ Verificar o conhecimento dos envolvidos em executar as atividades descritas no Plano.
Cenário:	Impossibilidade de acesso às instalações prediais e perda total da sala de servidores de produção ou a indisponibilidade de um ativo que suporta o funcionamento do *call center*.
Tempo:	DD/MM/AAAA – Especificação da data e horário do teste (período) de até duas horas.
Duração:	Definição da duração planejada dos testes de modo que os envolvidos possam se programar sem afetar outros deveres. Este teste tem a estimativa de até duas horas de duração.
Participantes	✓ Chefe de Continuidade de Negócios ✓ Hank Schrader ✓ Laura Fraser ✓ Jesse Plemons ✓ Christian Combo Ortega
Recursos de apoio	✓ Espaço físico reservado (sala de reunião) ✓ Estação de trabalho ou *notebook* ✓ *Datashow*
Procedimento	1. Agrupar os envolvidos de um PCN específico 2. Expor o cenário de desastre 3. Executar cada atividade do procedimento 4. Verificar o conhecimento e a responsabilidade de cada envolvido sobre cada atividade 5. Verificar a comunicação e acionamentos 6. Coletar informações durante o teste 7. Finalizar o teste 8. Elaborar o documento de relatório de avaliação do teste
Ferramentas necessárias	✓ Bloco para anotações ✓ Cópias impressas do PCN a ser testado ou disponibilizadas na intranet ✓ *Notebook* ou *desktop* com um editor de texto para correção e atualização do PCO ✓ *Datashow*
Critérios de êxito	1. Revisão e atualização de todos os itens do PCO – Plano de Continuidade Operacional 2. Envolvimento de todas as pessoas responsáveis por procedimentos do PCO
Considerações	É importante analisar o conhecimento das pessoas envolvidas no teste acerca dos aspectos de Continuidade de Negócios e da execução das atividades no momento de adversidade.

REFERÊNCIA NORMATIVA
ABNT NBR ISO 22301 – Cláusula 8.5 Exercícios e Testes PL-SGCN-008 – Planejamento e Controle Operacional do Sistema de Gestão de Continui-dade de Negócios
ANEXOS
Não aplicável

3.6 Resumo de estudo para certificação Fundamentos em Gestão de Continuidade de Negócios

A seguir são descritos os tópicos deste capítulo que fazem parte da prova de certificação. O candidato deve:

- ✓ citar os elementos do SGCN, identificar os mecanismos de controle do SGCN para planejamento e controles efetivos do SGCN, descrever como a gestão eficaz do ambiente GCN é estabelecida, descrever como a manutenção eficaz da Continuidade de Negócios é estabelecida e listar os resultados indicativos de um GCN eficaz;

- ✓ compreender a operação da Análise de Impacto no Negócio e da Avaliação de Riscos;

- ✓ descrever o objetivo da Análise de Impacto no Negócio e seu conteúdo;

- ✓ explicar o conceito de impacto sobre os negócios e diferentes tipos de impactos;

- ✓ explicar os conceitos básicos da Análise de Impacto no Negócio;

- ✓ explicar o conceito da Avaliação de Riscos e dos diferentes elementos;

- ✓ citar ameaças, riscos e impactos relacionados ao GCN;

- ✓ compreender como definir a melhor Estratégia de Continuidade de Negócios;

- ✓ descrever o processo de estabelecimento e implementação dos Planos de Continuidade de Negócios;

- ✓ explicar o conteúdo de um Plano de Continuidade de Negócios;

- ✓ descrever os procedimentos incluídos no Plano de Continuidade de Negócios;

- ✓ compreender como exercitar e testar o Plano de Continuidade de Negócios e como garantir sua eficácia.

Capítulo 4 – Monitorar e Analisar Criticamente o SGCN

> "A sorte não existe. Aquilo a que chamas sorte é o cuidado com os pormenores."
>
> **Sir Winston Churchill**

4.1 Monitorando e medindo, analisando e avaliando os indicadores e procedimentos do SGCN – Cláusula 9.1

Entradas: PO-SGCN-004 – Política de Continuidade de Negócios, PL-SGCN-005 – Plano de Ação de Continuidade de Negócios e PL-SGCN-008 – Planejamento e Controle Operacional do Sistema de Gestão de Continuidade de Negócios.

O monitoramento permite aos gestores verificar se as atividades do Sistema de Gestão de Continuidade de Negócios estão sendo executadas conforme esperado, identificando falhas e realizando as correções necessárias.

Monitorar é preciso; sem o monitoramento, maior o risco que incidentes ocorram e que o SGCN se torne uma ferramenta reativa.

Com os resultados de monitoramento, medição, análise e avaliação dos indicadores do SGCN, você conseguirá conhecer e entender bem os resultados do seu sistema de gestão, tornando possível a correta tomada de decisões para a implementação de melhorias quanto à alocação de recursos em processos para atingir os Objetivos de Continuidade de Negócios estabelecidos. Maus resultados são os gatilhos para a execução de planos de ação para a correção das lacunas identificadas e consequentemente melhorar o SGCN.

O ciclo PDCL (*Plan-Do-Check-Learn*) é a forma de implementar a melhoria contínua. Caso sejam identificados maus resultados dos indicadores, execute um Plano de Ação definindo ações corretivas, visando a melhorar os resultados identificados. Depois de serem implementadas as ações corretivas, a medição, o monitoramento e a análise devem ser executados novamente, para verificar se as ações tomadas funcionaram de verdade. Se não funcionaram, esse processo deve ser repetido.

Para medir a eficácia e eficiência do Sistema de Gestão de Continuidade de Negócios é necessário executar as seguintes ações:

a) monitorar o desempenho da Continuidade de Negócios; e

b) acompanhar e analisar criticamente os arranjos de continuidade de atividades dos prestadores de serviços e as capacidades de serviços dos fornecedores.

Como implementar:

Os procedimentos para verificar o desempenho e a eficácia do SGCN podem incluir:

✓ definição de medições e métricas de desempenho do SGCN, incluindo medições qualitativas e quantitativas que sejam adequadas ao escopo da Continuidade de Negócios;

✓ avaliação de como foi a salvaguarda da proteção das atividades prioritárias dos processos de negócio;

✓ verificação se os objetivos de Continuidade de Negócios foram atingidos com sucesso;

✓ confirmação da conformidade com requisitos regulatórios e legislação aplicável, e com os procedimentos documentados mandatórios do SGCN;

✓ exame de registros e evidências das implementações dos requisitos mandatórios;

✓ verificação do cumprimento das diretrizes da Política de Continuidade de Negócios;

✓ medidas reativas de desempenho para monitorar falhas, incidentes e não conformidades (incluindo quase acidentes e alarmes falsos);

✓ utilização da informação documentada para contribuir com a implementação das ações corretivas.

Alguns exemplos de tipos de indicadores que podem ser verificados para a medição de eficácia incluem:

✓ indicadores do Plano de Ação de implementação dos Objetivos de Continuidade de Negócios;

✓ processos de negócio e ativos de informação que sejam recuperáveis dentro de seu tempo objetivado de recuperação (RTO) e suas cópias de segurança das informações dos processos (RPO) de acordo com os resultados da Análise de Impacto no Negócio;

✓ acomodação necessária do ambiente físico e os ativos de informação que estejam disponíveis no local de ambiente de contingência para permitir a recuperação e retomada das atividades dentro de período previamente acordado;

✓ as competências necessárias do pessoal envolvido com funções e responsabilidades para retomar os processos de negócios priorizados dentro do tempo objetivado de recuperação (RTO) que têm sido demonstradas e testadas com sucesso, confirmando que todas as pessoas foram capacitadas; e

✓ as competências necessárias do pessoal envolvido com funções e responsabilidades para responder e gerenciar incidentes que têm sido demonstradas e testadas com sucesso.

Medição de indicadores de Continuidade de Negócios

Não se gerencia aquilo que não se pode medir. Por esse motivo, você precisa ter um painel de indicadores com o objetivo de controlar, medir e melhorar o Sistema de Gestão de Continuidade de Negócios. A ideia é medir o que foi alcançado em comparação com os indicadores acordados para a correta implementação dos Objetivos de Continuidade de Negócios.

Uma boa dica é elaborar um quadro de monitoramento com todos os indicadores do Plano de Ação. Para cada grupo de indicadores dos Objetivos de Continuidade de Negócios, você pode incluir uma coluna com a observação se o indicador foi atingido, se precisa de alguma ação de ajuste (escrever qual é essa ação) ou se está tudo dentro da meta. Segue o exemplo a seguir:

Tabela 22. Quadro de monitoramento de indicadores.

Quadro de monitoramento de indicadores	Avaliação mensal		
Objetivo nº 1 – Garantir a continuidade na prestação dos serviços aos clientes, mantendo uma disponibilidade de no mínimo 95% da operação de serviços dos clientes disponíveis por ano.	Indicador atingido	Precisa de ação de ajuste	Dentro da meta
100% de ativos inventariados do escopo do SGCN			
Quantidade de pessoas que deram aceite no documento da Política de Continuidade de Negócios (aceite de 100% das pessoas envolvidas no SGCN)			
Relatórios mensais da disponibilidade dos ativos de informação no escopo do SGCN			
Número de planos testados (realizar testes em todos os planos publicados)			
Número de testes realizados na organização (pelo menos dois testes de alta complexidade por ano)			
Número de treinamentos realizados (pelos menos três treinamentos por ano)			

Importante frisar que esse monitoramento deve ser armazenado como informação documentada do SGCN.

Um indicador é uma medida que fornece uma estimativa ou avaliação de atributos especificados derivados de um modelo com respeito às necessidades de informação definidas. Para auxiliar na medição das ações de Continuidade de Negócios, os indicadores do Plano de Ação no item 2.4.2 deste livro são descritos de forma genérica. Nesta seção demonstra-se como obter indicadores mais específicos para a correta medição e avaliação das ações de Continuidade de Negócios.

Os principais objetivos da medição de indicadores para as ações de divulgação são:

✓ Avaliar a eficácia das ações e seus grupos de controle de Continuidade de Negócios implementados.

✓ Verificar a extensão na qual os requisitos de Continuidade de Negócios identificados foram atendidos.

✓ Facilitar a melhoria contínua no desempenho da Continuidade de Negócios.

✓ Fornecer entradas para a análise crítica pela organização, facilitando as tomadas de decisões relacionadas à Continuidade de Negócios e justificando os investimentos realizados.

Os indicadores devem ser objetivamente verificáveis. Eles representam uma forma de aferição do que se quer alcançar por meio das ações de Continuidade de Negócios e determinam como medir a proporção de consecução de cada uma das ações ao longo de sua implantação.

Para cada um dos indicadores é necessário determinar as fontes de dados, ou seja, onde serão coletadas as informações.

Esses indicadores deverão ser acompanhados por meio de um sistema que permita a tomada de decisões gerenciais em tempo hábil, voltadas para as soluções de problemas de segurança, servindo de base para a revisão de metas estabelecidas; além de serem utilizados para o efetivo gerenciamento da Continuidade de Negócios na organização.

Todas as ações descritas no Plano de Ação devem ter uma tabela de medição de indicadores.

A seguir descreve-se um exemplo de medição de indicadores.

Tabela 23. Tabela de medição de indicadores.

TABELA DE MEDIÇÃO DE INDICADORES	
Nome da ação de Continuidade de Negócios	Pesquisa de Continuidade de Negócios
Identificador numérico	Nº 001 Ação nº 07 do Plano de Ação
Propósito do modelo de medição	Ser a primeira integração dos funcionários com o assunto, servindo para a obtenção de dados estatísticos a respeito do nível de cultura dos funcionários.

TABELA DE MEDIÇÃO DE INDICADORES	
Descrição da ação de Continuidade de Negócios	Pesquisa com todos os funcionários para verificar o nível de cultura em Continuidade de Negócios.
Objeto de medição	Banco de dados de todos os funcionários sobre o conhecimento em Continuidade de Negócios.
Atributo	Pesquisa.
Medição básica	Número de pessoas que responderam à pesquisa sobre Continuidade de Negócios. Número de pessoas que precisam receber o treinamento de conscientização e educação em Continuidade de Negócios.
Meta do indicador	Entrevistar 100% das pessoas envolvidas no SGCN.
Método de medição	Será feita uma pesquisa via *web*.
Cliente da medição	Comitê de Continuidade de Negócios.
Responsável pela análise crítica da medição	Chefe de Continuidade de Negócios.
Proprietário da informação	Chefe de Continuidade de Negócios.
Responsável por coletar o indicador	Chefe de Continuidade de Negócios.
Comunicador do indicador	Comitê de Continuidade de Negócios.
Frequência de coleta dos dados	Anual.
Frequência de comunicação dos resultados de medição	Anual.
Revisão de medição	Realizar a análise crítica anual.
Período de medição	Anual.

Legenda da tabela de medição de indicadores

- **Nome da ação de Continuidade de Negócios** – Nome do projeto Continuidade de Negócios em conformidade com o Plano de Ação.
- **Identificador numérico** – Identificador numérico único específico da organização em conformidade com as ações do Plano de Ação.
- **Propósito do modelo de medição** – Descreve as razões para introduzir a medição.
- **Objeto de medição** – Objeto que é caracterizado através da medição de seus atributos. Um objeto pode incluir processos, planos, projetos, recursos, sistemas ou componentes de sistemas.
- **Atributo** – Propriedade ou característica de um objeto de medição, que pode ser distinguida quantitativamente ou qualitativamente por meios manuais ou automatizados.
- **Medição básica** – Uma medição básica é definida em termos de um atributo e o método de medição especificado para quantificá-lo – por exemplo, número de pessoas treinadas, número de localidades, custo acumulado até a data. Assim que um dado é coletado, um valor é atribuído a uma medida básica.

TABELA DE MEDIÇÃO DE INDICADORES
• **Método de medição** – Sequência lógica de operações usada na quantificação de um atributo em relação a uma escala especificada.
• **Cliente da medição** – Comitê de Continuidade de Negócios ou parte interessada que solicita ou exige informações sobre a eficácia da ação de Continuidade de Negócios, dos controles ou grupo de controles.
• **Responsável pela análise crítica da medição** – Pessoa ou entidade da organização que valida se os modelos de medição desenvolvidos são apropriados para avaliar a eficácia da ação de Continuidade de Negócios, de controles ou grupo de controles.
• **Proprietário da informação** – Pessoa ou entidade da organização que possui a informação de um objeto de medição e atributos e é responsável pela medição.
• **Responsável por coletar o indicador** – Pessoa ou entidade da organização responsável pela coleta, pelo registro e pelo armazenamento dos dados.
• **Comunicador do indicador** – Pessoa ou entidade da organização responsável pela análise dos dados e comunicação dos resultados da mediação.
• **Frequência de coleta dos dados** – Com que frequência os dados são coletados.
• **Frequência de análise de dados** – Com que frequência os dados são analisados.
• **Frequência de relatos dos resultados de medição** – Data de revisão da medição (expiração ou renovação da validade da medição).
• **Período de medição** – Define o período sendo medido.

Uma informação importante é que a organização deve ser capaz de demonstrar que identificou, avaliou e cumpriu os requisitos legais e outros requisitos que tenha identificado. Basta fazer uma avaliação com os requisitos identificados na Declaração de Escopo do SGCN, se estão sendo atendidos ou não. Todos os registros das avaliações devem ser mantidos como evidência de sua implementação.

Para avaliar o desempenho do SGCN é importante também avaliar os procedimentos de Continuidade de Negócios. A seguir descreve-se a relação dos itens que não podem ser esquecidos durante a avaliação, lembrando que o resultado deve ser registrado e armazenado como evidência da implementação do SGCN:

✓ verificar se todos os produtos e serviços e suas atividades e ativos de informação que sustentam os processos de negócios que estão no escopo do SGCN foram identificados e incluídos na fase de implementação da Estratégia de Continuidade;

✓ verificar se a Política de Continuidade de Negócios, as estratégias e os seus procedimentos refletem exatamente os objetivos estratégicos da organização;

✓ verificar se os responsáveis por tratar um incidente de interrupção são eficazes e adequados e permitirão a gestão, o comando, o controle e a coordenação de um incidente;

✓ verificar se os controles implementados nos ativos de informação que suportam os processos de negócios são eficazes, modernos e adequados, e se estão apropriados ao nível de risco enfrentado pela organização;

✓ verificar se os Planos de teste e Validação foram executados eficazmente;

✓ verificar se as melhorias identificadas durante o tratamento de incidentes e exercícios e testes dos planos estão sendo incorporadas na estratégia e nos procedimentos de Continuidade de Negócios;

✓ verificar se existe um Plano para treinamento, educação e conscientização sobre a Continuidade de Negócios para os funcionários e se esse Plano foi implementado corretamente;

✓ verificar se os procedimentos da continuidade de negócios foram comunicados eficazmente aos funcionários relevantes, e estes compreendem seus papéis e responsabilidades; e

✓ verificar se a gestão de mudanças para os procedimentos está implementada corretamente.

Um tópico muito importante de avaliação e medição é a revisão após o tratamento de um incidente de interrupção. Caso ocorra um incidente ou a exigência de uma resposta da equipe de Continuidade de Negócios, é recomendado que seja realizada uma revisão após o incidente, com o intuito de aprender com ele, e registrá-la em um relatório à disposição de todos os funcionários que venham a tratar um incidente semelhante, adquirindo assim conhecimento. Podem ser incluídas as atividades a seguir:

✓ identificar qual foi a natureza, a ameaça e, principalmente, qual foi a causa do incidente;

✓ avaliar se o tratamento do incidente pela Alta Direção foi satisfatório;

✓ avaliar se os objetivos de tempo de recuperação foram cumpridos, e, se não foram, qual foi a razão pela qual a equipe não teve êxito em recuperar os processos de acordo com o RTO previamente acordado;

- ✓ avaliar se os treinamentos e os exercícios e testes foram satisfatórios para tratar o incidente;

- ✓ identificar quais melhorias poderiam ser implementadas nos procedimentos de tratamento dos incidentes; e

- ✓ comparar os impactos reais que atingiram os processos de negócios com aqueles que foram considerados durante a execução da Análise de Impacto no Negócio.

Esses resultados devem ser mantidos e armazenados como informação documentada. O documento pode ser chamado de Relatório de Revisão após Incidente de Interrupção.

Os requisitos de avaliação de desempenho da Norma ABNT NBR ISO 22301 podem ser implementados assegurando que:

- ✓ **Determine o que precisa ser monitorado e medido.** Essa informação consta no Plano de Ação de implementação dos Objetivos de Continuidade de Negócios; lá estão todos os indicadores.

- ✓ **Determine os métodos para monitoramento, medição, análise e avaliação, conforme o caso, para assegurar resultados válidos.** As metas, os indicadores e os projetos que devem ser implantados para o sucesso dos Objetivos de Continuidade de Negócios estão descritos no Plano de Ação.

- ✓ **Determine quando o monitoramento e a medição devem ser realizados.** Devem ser realizados após a implementação do Plano de Ação.

- ✓ **Determine quando os resultados do monitoramento e da medição devem ser analisados e avaliados.** Devem ser realizados na fase de *Learn* (aprendizado) do PDCL. Primeiro, implemente todos os requisitos na fase de Operação (*Do*), para que seja possível começar a medir os seus resultados.

- ✓ **Mantenha uma documentação apropriada como evidência dos resultados.** Todos os registros de implementação dos projetos devem ser guardados para gerar evidências de sua implementação.

- ✓ **Avalie o desempenho e a eficácia do SGCN.** A forma mais fácil de avaliar o desempenho é verificar se os Objetivos de Continuidade de Negócios foram atendidos. Por isso, o Plano de Ação deve conter os seus indicadores de eficácia.

✓ **Aja quando necessário para endereçar tendências adversas ou resultados antes que uma não conformidade ocorra.** Só é possível atender a esse requisito se for implementado um ambiente de monitoramento dos indicadores dos Objetivos de Continuidade de Negócios. Uma forma de atender a esse requisito é estabelecer a responsabilidade de avaliar mensalmente se os indicadores estão sendo atingidos. Caso não estejam, deve-se executar uma ação para que seja perseguida a sua implementação. Por exemplo, se você tem um indicador que diz que devem ser treinadas todas as pessoas envolvidas no SGCN e se estiver na metade do tempo planejado e ninguém foi treinado, isso quer dizer que você terá que treinar todas as pessoas na metade do tempo para conseguir atingir esse indicador.

✓ **Mantenha informações relevantes como evidência dos resultados.** Todos os registros de implementação dos projetos devem ser guardados para gerar evidências de sua implementação.

✓ **Os procedimentos para monitoração do desempenho devem prever a configuração de métricas de desempenho apropriadas às necessidades da organização.** Essas métricas devem estar apropriadas ao número de recursos disponíveis para o SGCN – por isso a recomendação de implementar Objetivos de Continuidade de Negócios que sejam atingíveis. Não adianta colocar como meta manter 100% de disponibilidade de todos os sistemas se sabemos que essa meta é muito arrojada e difícil de ser conquistada.

✓ **Os procedimentos para monitoração do desempenho devem prever monitoração da medida para que a Política de Continuidade de Negócios, os objetivos e as metas sejam atingidos.** Esses documentos servem de entrada para o quadro de monitoramento de indicadores.

✓ **Os procedimentos para monitoração do desempenho devem prever o desempenho de processos, procedimentos e funções que protegem suas atividades priorizadas.** Desempenho deficitário pode incluir não conformidade, quase-acidentes, alarmes falsos e incidentes de fato.

✓ **Os procedimentos para monitoração do desempenho devem prever a monitoração da conformidade com a Norma ABNT NBR ISO 22301 e os objetivos de Continuidade de Negócios.** A fase de auditoria interna irá contribuir para cumprir esse requisito. Os auditores podem utilizar todos os requisitos da Norma como uma lista de verificação e verificar se estão em conformidade ou se precisam ser ajustados.

✓ **Os procedimentos para monitoração do desempenho devem prever monitoração das evidências históricas de desempenho deficitário no SGCN.** É para monitorar tudo o que foi feito de forma correta e o que ainda está incorreto no SGCN e precisa ser corrigido.

✓ **Os procedimentos para monitoração do desempenho devem prever armazenamento de dados e resultados da monitoração e medição para facilitar ações corretivas subsequentes.** Essas são algumas dicas fundamentais na hora de armazenar as evidências da avaliação de desempenho. Além disso, é preciso verificar os requisitos da informação documentados na cláusula 7.5 da Norma ABNT NBR ISO 22301.

✓ **A organização conduza avaliações de seus procedimentos e capacidades de continuidade de negócios de forma a assegurar sua contínua aptidão, adequação e eficácia.** É de reponsabilidade do Chefe de Continuidade de Negócios a revisão de todos os procedimentos, planos e demais documentos do SGCN em até dois anos, tempo este factível para rodar um ciclo completo do PDCL. A aprovação final das revisões dos documentos deve ficar a cargo da Alta Direção.

✓ **As avaliações sejam realizadas através de análises críticas periódicas, exercícios, testes, relatórios pós-incidente e avaliações de desempenho.** Essas são boas dicas para executar a avaliação de desempenho do SGCN. Lembre-se: todas devem ser registradas para gerar evidências de que foram realizadas.

✓ **Mudanças significativas decorrentes sejam refletidas no(s) procedimento(s) em tempo hábil.** A integração da gestão de mudanças da organização com o SGCN é fundamental para verificar se uma mudança planejada poderá ter impacto no SGCN. Portanto, é uma boa prática que o Chefe de Continuidade de Negócios faça parte de do Comitê de Gestão de Mudanças.

✓ **A organização avalie periodicamente a conformidade com requisitos legais e regulatórios, com as melhores práticas de sua indústria e com seus Objetivos e Política de Continuidade de Negócios.** A

Declaração de Escopo do SGCN poderá ser utilizada para coletar os requisitos legais e regulatórios para avaliar se estão sendo cumpridos. Muito provavelmente a metodologia da ABNT NBR ISO 22301 e a ABNT NBR ISO 22313 são as melhores práticas da sua indústria, utilize-as sem pestanejar.

✓ **A organização conduza avaliações em intervalos planejados e quando mudanças significantes ocorrerem.** A avaliação de desempenho é uma função obrigatória do SGCN, então a sua avaliação deverá ser sempre realizada em intervalos planejados.

✓ **Quando um incidente cause interrupção e resulte na ativação dos seus procedimentos de continuidade de negócios, a organização realiza uma análise crítica pós-incidente e registra os resultados.** Um relatório após o incidente é fundamental para coletar lições aprendidas e para melhorar continuamente o seu SGCN. Se aconteceu um incidente, sempre avalie como foi a sua atuação no tratamento do incidente.

Os itens citados neste capítulo do livro podem ser incluídos em um único relatório de avaliação dos indicadores para demonstrar os resultados de forma executiva informando a Alta Direção como está a avaliação do SGCN.

Saídas: Quadro de Monitoramento de Indicadores, Relatório de Avaliação de Desempenho dos Indicadores dos Objetivos de Continuidade de Negócios, Plano de Ação de ações corretivas dos Indicadores dos Objetivos de Continuidade de Negócios e Relatório de Revisão após Incidente de Interrupção.

4.2 Auditando internamente o SGCN – Cláusula 9.2

Entradas: ID-SGCN-003 – Declaração de Escopo do SGCN, PR-SGCN-017 – Procedimento Documentado de Auditoria Interna (Lista de verificação, Programa de Auditoria, Plano de Auditoria e Relatório de Auditoria Interna).

Devem ser conduzidas auditorias internas, algumas vezes chamadas de auditorias de primeira parte no Sistema de Gestão de Continuidade de Negócios, a intervalos planejados, para determinar se os objetivos de Continuidade de Negócios, controles, processos e procedimentos do SGCN atendem aos requisitos da Norma ABNT NBR ISO 22301, aos próprios requisitos da organização e se o SGCN está efetivamente implementado e mantido.

Os processos de Continuidade de Negócios podem ser considerados eficientes quando os resultados indicam que há um processo estruturado de auditoria interna.

Uma boa recomendação para planejar e coordenar as ações da auditoria interna é a utilização da Norma ABNT NBR ISO 19011:2012 – Diretrizes. Esse documento fornece orientação sobre auditoria para qualquer sistema, incluindo os princípios de auditoria, a gestão de um programa de auditoria e a realização de auditorias de sistema de gestão, como também orientação sobre a avaliação da competência de pessoas envolvidas no processo de auditoria, incluindo a pessoa que gerencia o programa de auditoria, os auditores e a equipe de auditoria.

Portanto, cai como uma luva para a implementação da auditoria interna, pois você precisará de um programa de auditoria e de seus procedimentos técnicos para coordenar as atividades de auditoria para o SGCN, sendo assim, aplicável a todos que necessitam entender ou realizar auditorias internas ou externas de um SGCN.

Auditoria é um processo sistemático, formalizado por meio de documentos e realizado por uma equipe independente para obter evidências e avaliá-las objetivamente para determinar a extensão na qual os critérios da auditoria estão sendo atendidos. A auditoria interna, também chamadas às vezes de auditoria de primeira parte, é conduzida pela própria organização, ou por alguém em seu nome, para análise crítica pela Alta Direção e por outros propósitos internos (por exemplo, para confirmar a eficácia do Sistema de Gestão de Continuidade de Negócios ou para obter informações para a melhoria do seu sistema de gestão). A auditoria interna pode formar a base para uma autodeclaração de conformidade dos requisitos da ABNT NBR ISO 22301. Em alguns casos a independência da equipe auditora pode ser demonstrada através da isenção de responsabilidade pela atividade que está sendo auditada ou isenção de tendenciosidade e conflito de interesse por parte do Auditor Líder e sua equipe.

Segundo a ABNT NBR ISO 19011:2012, a auditoria é caracterizada pela confiança em alguns princípios que ajudam a concretizar a auditoria interna em uma ferramenta eficaz e confiável para apoiar políticas e controles, fornecendo informações sobre as quais pode-se agir para melhorar o desempenho do SGCN. Os seis princípios são:

a) **Integridade:** o fundamento do profissionalismo.

b) **Apresentação justa:** a obrigação de reportar com veracidade e exatidão.

c) **Devido cuidado profissional:** a aplicação de diligência e julgamento na auditoria.

d) **Confidencialidade:** guardar a segurança da informação de todo o processo de auditoria.

e) **Independência:** a base para imparcialidade da auditoria e objetividade das conclusões da auditoria.

f) **Abordagem baseada em evidência:** o método racional para alcançar conclusões de auditoria confiáveis e reproduzíveis em um processo sistemático de auditoria.

Como implementar:

É uma boa prática ter um Programa de Auditoria: um conjunto de uma ou mais auditorias planejadas para um período de tempo específico e direcionado ao propósito; neste caso, a verificação dos requisitos da Norma ABNT NBR ISO 22301.

Deve existir um responsável pelo Programa de Auditoria e, em concordância com o princípio de independência, recomenda-se que esse responsável não seja o Chefe de Continuidade de Negócios ou alguém da equipe dele. Como se trata de um assunto muito específico, talvez não tenha ninguém na organização com conhecimento necessário para verificar se os requisitos estão implementados. Nesse caso, a equipe de auditoria poderá ter algum representante da equipe do Chefe de Continuidade de Negócios.

Conforme descrito no item 1.4, Etapas do Projeto de Estruturação do SGCN, para saber se algum requisito da Norma ABNT NBR ISO 22301 está implementado e conhecer os processos de negócios que farão parte e serão impactados positivamente pelo escopo do SGCN, recomenda-se realizar um diagnóstico inicial da organização. Além disso, com o resultado dessa avaliação você tem conhecimento do seu desafio. Essa atividade pode ser realizada de acordo com as diretrizes de uma auditoria interna, pois você só tem a ganhar. A organização ficará habituada com o processo de auditoria e os auditores ganham experiência e confiança para realizar a auditoria interna na fase de Avaliação de Desempenho do SGCN.

No Programa de Auditoria podem ser incluídos:

- ✓ Objetivos para o programa de auditoria e auditorias individuais.
- ✓ Abrangência/número/tipos/duração/localizações/programação de auditorias.
- ✓ Procedimentos do programa de auditoria.
- ✓ Critérios de auditoria.
- ✓ Métodos de auditoria.
- ✓ Seleção da equipe de auditoria.
- ✓ Recursos necessários, incluindo viagem e acomodação.
- ✓ Processos para tratamento da confidencialidade, segurança da informação, saúde, segurança e outros assuntos similares.

Agora que você já tem o Programa de Auditoria, é hora de colocar a mão na massa. Nessa atividade realizam-se o planejamento, a execução da auditoria e a elaboração do relatório final, que é o produto principal dessa fase com todas as não conformidades e observações descritas pela equipe de auditoria.

Nos próximos itens são resumidos, em forma de consulta rápida, o passo a passo de condução de uma auditoria interna, conforme explicado pela Norma ABNT NBR ISO/IEC 19011:2012. O leitor que porventura quiser conhecer todos os detalhes desses itens deve consultá-los diretamente na Norma.

- ✓ **Iniciando a auditoria**
  - ➢ Estabelecendo contato inicial com o auditado
    - ▪ Quando uma auditoria é iniciada a responsabilidade para conduzir a auditoria é do Auditor Líder, até que a auditoria esteja concluída.
    - ▪ O contato inicial com o auditado para a realização da auditoria pode ser formal ou informal e convém que seja feito pelo Auditor Líder.

➤ Determinando a viabilidade da auditoria

- A viabilidade da auditoria deve ser determinada para fornecer confiança razoável de que os objetivos da auditoria podem ser atingidos.
- Quando a auditoria não é viável, deve ser realizada uma proposta alternativa ao cliente, em acordo com o auditado.

✓ **Preparando as atividades da auditoria**

➤ Realizando a análise crítica documental na preparação para a auditoria para:

- obter informações para preparar as atividades da auditoria e os documentos de trabalho aplicáveis;
- estabelecer uma visão da abrangência da documentação do sistema para detectar possíveis lacunas.

➤ Preparando o plano de auditoria

- Preparar um Plano de Auditoria com base nas informações contidas no programa da auditoria e na documentação fornecida pelo auditado, contendo no mínimo os seguintes itens: os objetivos da auditoria; o escopo da auditoria, incluindo identificação das unidades organizacionais e funcionais, bem como os processos a serem auditados; os critérios de auditoria e quaisquer documentos de referência; localizações, datas, tempos estimados e duração das atividades da auditoria a serem realizadas, incluindo as reuniões com a direção do auditado; os métodos de auditoria a serem usados, incluindo a abrangência na qual a amostragem da auditoria é necessária para obter suficiente evidência da auditoria e propósito do plano de amostragem, se aplicável; papéis e responsabilidades dos membros da equipe da auditoria, bem como dos guias e observadores; e a alocação de recursos apropriados para áreas críticas da auditoria.
- Em uma auditoria interna poderá haver diferentes ambientes físicos para serem auditados, entrevistar pessoas e coletar evidências. Por esse motivo deve-se planejar quais ambientes físicos devem ser visitados.

➢ Atribuindo trabalho à equipe auditora

- Atribua responsabilidade a cada membro da equipe para auditar processos específicos, atividades, funções ou localidades.

➢ Preparando os documentos de trabalho

- Aqui devem ser coletadas e analisadas as informações pertinentes às suas tarefas de auditoria e ser preparados documentos de trabalho, se necessário, para referência e registro de evidencia da auditoria. Tais documentos de trabalho podem incluir o seguinte: listas de verificação, planos de amostragem de auditoria e formulários para registro de informação, tais como evidências de suporte, constatações de registros e reuniões.

- A seguir descreve-se um passo a passo para ajudar na elaboração de uma Lista de Verificação de Auditoria Interna da ABNT NBR ISO 22301:

  a) **Avaliação dos documentos.** Na primeira fase da elaboração da lista de verificação, você deve ler toda a documentação do SGCN para se tornar familiarizado com os documentos e para identificar se existem não conformidades com os requisitos da Norma ABNT NBR ISO 22301. Especificamente, deve ser verificado se os documentos estão em conformidade com a cláusula 7.5 Informação documentada da Norma.

  b) **Elaboração da lista de verificação.** Na realização da fase anterior é apropriada a elaboração da lista em paralelo, pois a primeira verificação é observar se os documentos existem. Caso não existam, já está constatada uma não conformidade; se o documento existe, você deve ler sobre os requisitos específicos escritos no documento – escreva de que forma é possível verificar se o documento está implementado de forma correta. Por exemplo, se os Planos de Continuidade de Negócios o requerem para cada Plano, deve-se realizar um teste com a equipe responsável pela execução do Plano. Então anote isso em sua lista de verificação para lembrá-lo de observar as evidências de que o teste foi realmente executado.

A seguir são descritos os itens que podem constar em uma lista de verificação:

Requisito – Número da cláusula da Norma ABNT NBR ISO 22301.

Fonte – É a análise sobre o que olhar, qual documento/procedimentos procurar, pesquisar e verificar, quem é o responsável pelo requisito, quais ambientes físicos devem ser visitados e quais controles deveriam estar implementados.

Conformidade – Você irá determinar se a organização está em conformidade com o requisito. Preencha com "SIM" para controle conforme ou "NÃO" para controle não conforme. Em alguns poucos casos, pode-se preencher com "Não aplicável".

Evidências – Sempre ter em mente o que se está buscando para verificar a implementação correta do requisito. Quais são as evidências de que o requisito está implementado? As evidências devem ser armazenadas e registradas.

Observação – Quais foram as situações encontradas durante a auditoria em campo. O que as pessoas falaram durante a entrevista presencial, identificações e conteúdo dos registros que foram coletados pelo auditor, descrição dos ambientes físicos, observações sobre equipamentos que verificou etc.

Tabela 24. Exemplo de lista de verificação.

EXEMPLO DE LISTA DE VERIFICAÇÃO – Processo auditado – Recursos Humanos				
Requisito da ABNT NBR ISO 22301	Fonte	Conformidade SIM ou NÃO	Evidências (buscar)	Observação
Cláusula 4 – Contexto	Análise do contexto interno da organização Quais responsabilidades dos requisitos legais		Qual foi a saída da análise de contexto e como isso impacta o RH? De quais requisitos legais o RH deveria estar ciente no evento do incidente?	
Cláusula 5 – Liderança	Política de Continuidade de Negócios		Como o RH está cumprindo as responsabilidades das Políticas?	
Cláusula 8.2.2 Análise de impacto no negócio	Documento com os resultados da Análise de Impacto no Negócio		Como o RH vai alocar pessoas suficientes para voltar à normalidade em apenas os dias descritos no RTO?	
8.2.3 Processo de avaliação de riscos	Resultados do processo de avaliação de riscos		Qual é o apetite aos riscos da organização e como isso afeta o papel do RH?	

✓ **Conduzindo atividades de auditoria**

➤ Conduzindo a reunião de abertura

- É realizada para confirmar o acordo de todas as partes (por exemplo, auditado, equipe auditora) quanto ao plano de auditoria e apresentar a equipe auditora, assegurando que todas as atividades planejadas da auditoria podem ser realizadas.

➤ Realizando análise crítica documental na execução da auditoria

- Analisando criticamente documentos normativos pertinentes ao SGCN, incluindo registros, e determinando a conformidade do sistema, tanto quanto documentado, com os critérios da auditoria e obter informações para apoiar as atividades da auditoria.

➤ Realizando a auditoria em campo

- A auditoria em campo, também conhecida como presencial, em contraposição à análise crítica documental, é totalmente prática e deve ser ágil, pois o auditor vai andar pelo ambiente físico da organização e conversar/entrevistar os funcionários, verificar equipamentos e seus devidos controles implementados, observar as questões de segurança física etc. Por isso a lista de verificação é um documento do auditor de suma importância nessa atividade. Se ele não possuir nada em que se basear, certamente irá se esquecer de verificar muitas coisas consideráveis para a auditoria interna; da mesma forma, precisará tomar notas detalhadas sobre o que foi encontrado para gerar e armazenar as evidências.

➤ Comunicação durante a auditoria

- Periodicamente deve ser realizada troca de informações entre a equipe de auditoria e o auditado, para avaliar o progresso da auditoria e redistribuir o trabalho entre os membros da equipe da auditoria, conforme necessário.

➢ Atribuição de papéis e responsabilidades dos guias e observadores.

  ▪ Guias e observadores (por exemplo, órgão regulatório ou outras partes interessadas) podem acompanhar a equipe de auditoria. Eles não devem influenciar ou interferir na realização da auditoria.

➢ Coletando e verificando informações

  ▪ As informações quanto à conformidade dos requisitos do SGCN devem ser coletadas por meio de amostragem apropriada e ser verificadas. Somente a informação que seja verificável deve ser aceita como evidência de auditoria. As evidências devem ser registradas.

  ▪ A seguir descreve-se um diagrama simples do processo de uma auditoria desde a coleta de informações até as conclusões da auditoria.

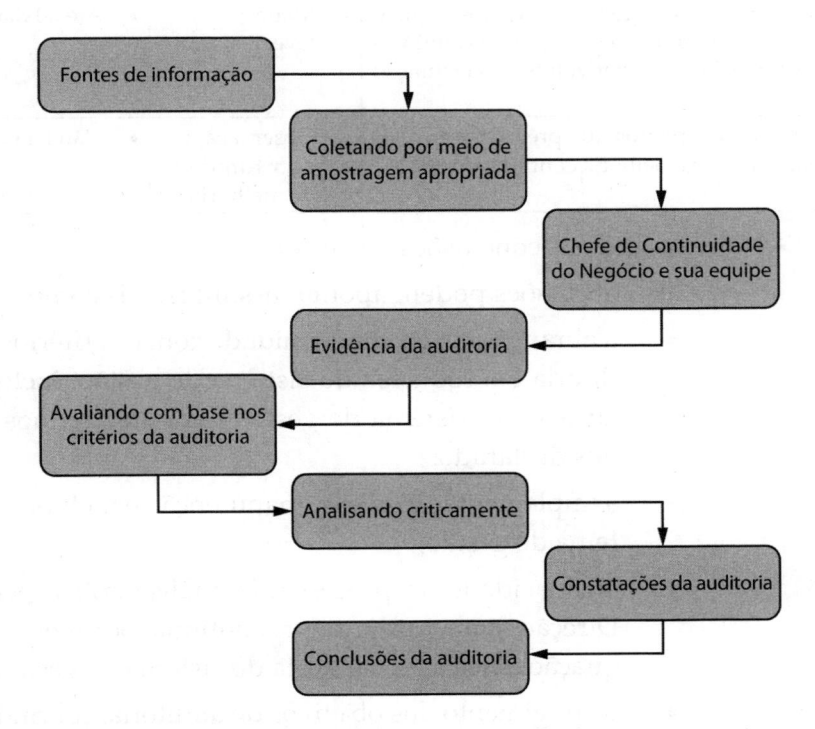

Figura 33. Diagrama do processo de uma auditoria desde a coleta de informações até as conclusões da auditoria.

> Gerando constatações da auditoria

- As evidências de auditoria devem ser avaliadas de acordo com os seus critérios de auditoria, a fim de determinar as constatações da auditoria, que podem indicar tanto conformidade quanto não conformidade com os critérios de auditoria.

Quanto à classificação de uma ocorrência ou não conformidade, utilize os critérios a seguir:

Tabela 25. Tipos de ocorrência de não conformidades e classificação.

Tipo de ocorrência	Classificação	Prazo para correção da não conformidade
Ausência ou não atendimento a um requisito ou procedimento obrigatório que serve de base para conformidade de um processo da infraestrutura do SGCN. Exemplo: ausência da Política de Continuidade de Negócios.	▪ Maior; ▪ grave.	▪ Até 90 dias
Evidenciar o não atendimento a um dos requisitos descritos em um procedimento de Continuidade de Negócios, caracterizando uma situação isolada.	• Menor; • leve.	• Até 60 dias
Evidenciar alguns pontos que precisam ser mais bem avaliados para melhoria contínua do SGCN.	• Observação; • oportunidade de melhoria.	• Não há prazo

> Preparando as conclusões da auditoria

- As conclusões podem apontar assuntos, tais como:
  - a abrangência da conformidade com os critérios da auditoria e a robustez do sistema de gestão, incluindo a eficácia do sistema de gestão para atender aos objetivos declarados;
  - a implementação eficaz, manutenção e melhoria do sistema de gestão;
  - a capacidade do processo de análise crítica pela Alta Direção para assegurar a contínua pertinência, adequação, eficácia e melhoria do sistema de gestão;
  - o atingimento dos objetivos de auditoria, cobrindo o escopo de auditoria e atendendo ao critério de auditoria;

- constatações similares feitas em diferentes áreas que foram auditadas com o propósito de identificar tendências.

➢ Conduzindo a reunião de encerramento

- Deve ser realizada uma reunião de encerramento pelo Auditor Líder para apresentar as constatações e conclusões da auditoria. A Alta Direção do auditado deve ser incluída como participante na reunião; os responsáveis pelas funções ou processos que foram auditados podem ser convidados.

- Os pontos a seguir podem ser explicados ao auditado na reunião de encerramento:

  - advertir que a evidência da auditoria coletada foi baseada na amostragem das informações disponíveis;

  - o método utilizado para relatar as não conformidades;

  - o processo de manuseio das constatações da auditoria e possíveis consequências;

  - apresentação das conclusões e constatações da auditoria de tal modo que elas sejam conhecidas e entendidas pela direção do auditado;

  - quaisquer atividades relativas à pós-auditoria (por exemplo, implementação de ações corretivas, tratamento de reclamações de auditoria, processo de apelação).

✓ **Preparando e distribuindo o relatório de auditoria**

➢ Preparando o relatório de auditoria

- O relatório da auditoria deve fornecer um registro completo, preciso, conciso e claro, e que inclua ou se refira ao seguinte:

  - os objetivos da auditoria;

  - o escopo da auditoria, particularmente a identificação das unidades organizacionais e funcionais ou os processos auditados;

  - identificação do cliente da auditoria;

  - identificação da equipe da auditoria e dos participantes do auditado na auditoria;

- as datas e os locais em que as atividades da auditoria foram realizadas;
- os critérios da auditoria;
- as constatações da auditoria e as evidências relacionadas;
- as conclusões da auditoria;
- uma declaração sobre o grau no qual os critérios de auditoria foram atendidos.

➢ Aprovando e distribuindo o relatório da auditoria

- O relatório deve ser entregue dentro de um período de tempo acordado. Deve ser datado, analisado criticamente e aprovado de acordo com os procedimentos do programa de auditoria. Ele deve ser distribuído às pessoas conforme definido nos procedimentos de auditoria ou no plano de auditoria.

✓ **Concluindo a auditoria**

➢ A auditoria está concluída quando todas as atividades planejadas da auditoria forem executadas de acordo com o seu cronograma.

✓ **Conduzindo a auditoria de acompanhamento (se especificado no plano de auditoria)**

➢ As conclusões da auditoria podem, dependendo dos objetivos da auditoria, indicar a necessidade para as ações corretivas. Tais ações são normalmente decididas e realizadas pelo auditado dentro de um período de tempo acordado. Se apropriado, o auditado deve manter a pessoa que gerencia o programa de auditoria e a equipe auditora informadas da situação dessas ações.

Papéis e responsabilidades na auditoria interna

✓ **Cliente de auditoria:** o pedido de uma auditoria (para uma auditoria interna – também pode ser o auditado ou a pessoa que gerencia o programa de auditoria).

✓ **Auditor Líder:** auditar e gerenciar o processo para alcançar os objetivos definidos da auditoria.

✓ **Auditores:** auditar sob a supervisão do Auditor Líder.

✓ **Auditados, incluindo a Alta Direção:** responde às perguntas e auxilia o Auditor durante a coleta de evidência objetiva.

✓ **Guias e observadores**: ajuda a equipe de auditoria e atua nos pedidos do líder da equipe de auditoria.

Sobre os ombros do Auditor Líder recaem as maiores responsabilidades pelo sucesso de uma auditoria; ele é efetivamente o capitão da equipe. Suas responsabilidades de gestão são descritas a seguir:

✓ Acompanhar as trilhas que se tornarem evidentes com o progresso da auditoria e decidir alterações no Plano de Auditoria com o cliente.

✓ Decidir se a auditoria está progredindo como o planejado e se os objetivos da auditoria ainda podem ser alcançados.

✓ Coordenar as sessões de análise crítica com a direção dos clientes e reuniões da equipe de auditoria.

✓ Planejar e gerenciar as reuniões de abertura e encerramento – especificamente gestão de tempo e questões levantadas.

✓ Apoiar e gerenciar a equipe de auditoria se pontos de atenção maiores forem encontrados.

✓ Decidir sobre a gravidade da não conformidade – constatações maiores ou menores.

✓ Garantir que o "tom" e a "condução" da auditoria sejam apropriados em sua equipe: de acordo com a busca de conformidade, e não apenas em busca de coisas que estão erradas.

A seguir são descritos os exemplos ilustrativos presentes na ABNT NBR ISO/IEC 19011:2012 de conhecimento e habilidades de auditores do Sistema de Gestão de Continuidade de Negócios:

✓ Processos, ciência e tecnologia baseados na gestão da resiliência, segurança física, prontidão, resposta, continuidade e recuperação.

✓ Métodos para o monitoramento e uso da inteligência.

✓ Gerenciamento de riscos de eventos que causam transtornos (antecipar, evitar, prevenir, proteger, mitigar, responder e recuperar a partir de um evento que causa transtorno).

✓ Avaliação de risco (valoração e identificação do ativo; avaliação, análise e identificação de risco).

✓ Análise de impacto (relativo a pessoas, ativos físicos e intangíveis, bem como ao meio ambiente).

✓ Tratamento do risco (medidas adaptativas, proativas e reativas).

✓ Métodos e práticas relativas à sensibilidade e à integridade da informação.

✓ Métodos para segurança pessoal e a proteção das pessoas.

✓ Métodos e práticas para proteção de ativos e segurança física.

✓ Métodos e práticas para a gestão da prevenção e segurança física.

✓ Métodos e práticas para mitigação de incidentes, respostas e gestão de crise.

✓ Métodos e práticas para a gestão da continuidade, emergência e recuperação.

✓ Métodos e práticas para monitoramento, medição e relato do desempenho (incluindo metodologias de teste e exercício).

Todos os requisitos da ABNT NBR ISO 22301 podem ser implementados, assegurando que:

✓ Conduza auditorias internas em intervalos planejados para prover informações sobre se o SGCN está em conformidade com os requisitos dos seus próprios documentos normativos internos da organização para o seu SGCN.

➢ Basta executar a auditoria interna conforme descrito nesta seção para cumprir esse requisito.

✓ Conduza auditorias internas em intervalos planejados para prover informações sobre se o SGCN está em conformidade com os requisitos da Norma ABNT NBR ISO 22301 e implementado e mantido eficazmente.

➢ Essas auditorias do SGCN devem fazer parte do Programa de Auditoria da organização.

✓ Todos os requisitos a seguir são referentes à elaboração e à implementação de um Programa de Auditoria, conforme descrito nesta seção do livro. Esse documento é uma informação documentada e está em conformidade com a Cláusula 9.2 de Auditoria Interna da Norma ABNT NBR ISO 22301.

➢ Planeje, estabeleça, implemente e mantenha (um) programa de auditoria, inclusive frequência, métodos, responsabilidades, requisitos de planejamento e relatórios.

> ➤ Programa de auditoria deve levar em consideração a importância dos processos relevantes e os resultados das auditorias anteriores.

✓ Estabeleça (um) programa de auditoria, inclusive frequência, métodos, responsabilidades, requisitos de planejamento e relatórios.

✓ Defina o critério de auditoria e o escopo para cada auditoria.

> ➤ Este item é cumprido com a elaboração do Plano de Auditoria; para cada auditoria deve ser elaborado um Plano diferente.

✓ Selecione auditores e conduza auditorias para assegurar objetividade e imparcialidade do processo de auditoria.

> ➤ Conforme descrito anteriormente, os auditores devem ser independentes da área que está sendo auditada.

✓ Os resultados das auditorias sejam reportados pela organização para a gerência relevante.

> ➤ Os resultados das auditorias devem ser enviados para o conhecimento da Alta Direção do SGCN.

✓ Mantenha informações documentadas como evidência da implementação do programa de auditoria e os resultados das auditorias.

> ➤ Todos os registros das auditorias devem ser armazenados e guardados seguindo as orientações como se fossem informações documentadas.

✓ Defina o programa de auditoria, incluindo qualquer cronograma; baseie-se nos resultados das atividades do processo de avaliação de risco da organização e nos resultados de auditorias anteriores.

> ➤ Os resultados da Avaliação de Riscos devem ser levados em consideração, assim como os resultados de auditorias anteriores durante a elaboração do Programa de Auditoria.

✓ Os procedimentos de auditoria cubram o escopo, a frequência, as metodologias e as competências, bem como as responsabilidades e os requisitos para a realização de auditorias e comunicação dos resultados.

> ➤ Esses requisitos podem ser descritos no Plano de Auditoria.

✓ A gerência responsável pela área auditada garante que quaisquer correções necessárias e ações corretivas sejam realizadas sem demora indevida para eliminar as não conformidades detectadas em suas causas.

> ➢ Essa garantia pode estar em forma de responsabilidade na Política de Continuidade de Negócios, incluindo que os gerentes das áreas auditadas são responsáveis pelas correções das não conformidades da sua área de trabalho.

A seguir descreve-se uma lista de verificação de documentos mandatórios do SGCN. São documentos que devem existir como informação documentada e o seu conteúdo deve ficar alinhado com as orientações contidas neste livro.

Tabela 26. Lista de verificação de documentos obrigatórios e requisitos da ABNT NBR ISO 22301.

Documentos e registros obrigatórios no SGCN	Número da cláusula na ISO 22301	Conformidade SIM ou NÃO	Observação
ID-SGCN-003 – Declaração de Escopo do SGCN	4.1		
ID-SGCN-003 – Declaração de Escopo do SGCN (identificação de requisitos legais e regulatórios aplicáveis)	4.2.2		
ID-SGCN-003 – Declaração de Escopo do SGCN (lista de requisitos legais, regulatórios e outras evidências de conformidade – Contratos com clientes e fornecedores e acordos de níveis de serviços de cada um)			
ID-SGCN-003 – Declaração de Escopo do SGCN (Sistema de Gestão de Continuidade de Negócios) e explicação das exclusões	4.3		
PO-SGCN-004 – Política de Continuidade de Negócios	5.3		
Objetivos de Continuidade de Negócios (PL–SGCN–005 – Plano de Ação de Continuidade de Negócios)	6.2		
PR-SGCN-006 – Procedimento Documentado de Competências, Treinamento e Conscientização de pessoas envolvidas no SGCN	7.2 e 7.3		
PL-SGCN-007 – Plano de Comunicação do Sistema de Gestão de Continuidade de Negócios	7.4		

Documentos e registros obrigatórios no SGCN	Número da cláusula na ISO 22301	Conformidade SIM ou NÃO	Observação
PR-SGCN-001 – Procedimento Documentado de Elaboração de Documentos do SGCN	7.5		
PR-SGCN-009 – Procedimento Documentado de Análise de Impacto no Negócio	8.2.1		
PR-SGCN-010 – Procedimento Documentado de Gestão de Riscos	8.2.1		
Relatório de Análise de Impacto no Negócio	8.2.2		
Relatório de Tratamento de Riscos	8.2.3		
PR-SGCN-011 – Procedimento Documentado de Estratégia de Continuidade de Negócios, incluindo opções estratégicas consideradas e a seleção das estratégias de continuidade de negócios aprovada e a estratégia escolhida implementada.	8.3		
Planos de Continuidade de Negócios	8.4.1		
Plano de Gerenciamento de Incidentes	8.4.2		
PL-SGCN-012 – Plano de Administração de Crises, Comunicação com partes interessadas, incluindo sistemas nacionais ou regionais de alerta sobre riscos	8.4.3		
Registros de informações importantes sobre incidentes, ações e decisões tomadas	8.4.3		
Planos de Continuidade de Negócios (PL-SGCN-014 – Plano de Continuidade Operacional e PL-SGCN-015 – Plano de Recuperação de Desastres)	8.4.4 e 8.4.5		
PL-SGCN-016 – Plano de Teste e Validação e Relatório de Exercícios e Testes	8.5		
Relatório de Avaliação de Desempenho dos Indicadores dos Objetivos de Continuidade de Negócios	9.1.1		
Relatório de Revisão após Incidente de Interrupção.	9.1.2		
Relatório da Auditoria Interna	9.2		

Documentos e registros obrigatórios no SGCN	Número da cláusula na ISO 22301	Conformidade SIM ou NÃO	Observação
PR-SGCN-018 – Procedimento Documentado Análise Crítica pela Alta Direção e Resultados de Análises Críticas pela Alta Direção	9.3		
PR-SGCN-019 – Procedimento Documentado de Tratamento de Não Conformidades e Ações Corretivas	10.1		
Não conformidades registradas e resultados de ações corretivas e de melhorias tratadas	10.1 e 10.2		

Além disso, a seguir descreve-se uma lista de outros documentos frequentemente utilizados para garantir a eficácia do SGCN. Contudo, não são documentos obrigatórios para a implementação:

Tabela 27. Documentos frequentemente utilizados, mas não obrigatórios, para a implementação do SGCN.

Documentos	Número da cláusula da ABNT NBR ISO 22301
PL-SGCN-005 – Plano de Ação de Continuidade de Negócios	6.2
PR-SGCN-002 – Procedimento Documentado de Controle de Registros do SGCN	7.5
Contratos e acordos de nível de serviços com fornecedores e prestadores de serviços	8.1
Cenários de incidentes de interrupção	8.5
Quadro de indicadores para monitoramento, medição, análise e avaliação dos indicadores do SGCN	9.1.1
PR-SGCN-017 – Procedimento Documentado de Auditoria Interna (Lista de Verificação, Programa de Auditoria, Plano de Auditoria e Relatório de Auditoria Interna)	9.2

Saídas e documentação mandatória: Relatório de Auditoria e ações para correção de não conformidades.

A seguir descreve-se um exemplo de modelo de Procedimento Documentado mandatório do SGCN que pode implementar a cláusula 9.2 da Norma ABNT NBR ISO 22301.

Tabela 28. Exemplo de modelo de Procedimento Documentado de Auditoria Interna contendo Lista de Verificação, Programa, Plano e Relatório de Auditoria Interna.

LOGOTIPO DA ORGANIZAÇÃO	Tipo: Procedimento Documentado	Código do Documento: PR – SGCN – 017
Procedimento Documentado de Auditoria Interna		**Autor:** Nome da pessoa ou grupo **Revisado em:** 10/01/2018 **Aprovador**: Nome da pessoa ou grupo **Versão:** 1.00 **Aprovação:** 10/02/2018

FINALIDADE

Estabelecer e manter o procedimento documentado para a realização da Auditoria Interna do Sistema de Gestão de Continuidade de Negócios – SGCN.

APLICABILIDADE

Este Procedimento Documentado se aplica ao escopo do Sistema de Gestão da Continuidade de Negócios (SGCN).

FUNÇÕES E RESPONSABILIDADES

Funcionários e partes interessadas:
- Participar das auditorias como auditados.
- Fornecer informações aos auditores sobre rotina de trabalho, normas e procedimentos de Continuidade de Negócios.

Auditor Líder de Continuidade de Negócios:
- Preparar o Programa e o Planejamento de Auditoria Interna.
- Executar a auditoria.
- Elaborar o Relatório de Auditoria.
- Enviar o relatório para a aprovação do Comitê.

Chefe de Continuidade de Negócios e sua equipe:
- Auxiliar a equipe de Auditoria.
- Revisar o relatório em conjunto com a equipe de Auditoria.

Alta Direção/Comitê de Continuidade de Negócios:
- Aprovar a realização de auditorias internas de Continuidade de Negócios.
- Aprovar o relatório de Auditoria Interna.
- Aprovar o tratamento das não conformidades elencadas no relatório de Auditoria Interna.

TERMOS E DEFINIÇÕES

As definições dos termos e expressões utilizados neste documento constam nos termos e definições das Normas ISO 22300, ABNT NBR ISO 22301 e ABNT NBR ISO 22313.

REGRAS E PROCEDIMENTOS

1 Aspectos gerais

Um programa de auditoria deve ser criado no início de cada ano contendo todas as auditorias programadas para o ano.

As auditorias internas devem ser programadas para ser realizadas pelo menos uma vez ao ano.

O auditor interno deve ser uma pessoa sem relação profissional com a equipe de Continuidade de Negócios, para não haver conflito de interesses.

Para a equipe do SGCN se preparar adequadamente para a auditoria interna, uma notificação com a programação da auditoria deve ser enviada com pelo menos 15 dias de antecedência.

2 Programa e planejamento de Auditoria Interna

O programa de auditoria anual deve ser elaborado pelo Chefe de Continuidade de Negócios e deve ser aprovado pelo Comitê.

O programa de auditoria anual pode sofrer alteração de agenda por necessidade do Chefe de Continuidade de Negócios, necessitando, assim, da devida aprovação do Comitê.

O programa de auditoria anual deve ser flexível para permitir alterações por particularidades de sua execução.

O programa de auditoria anual deve incluir:

- Escopo e objetivo das auditorias.
- Localidades a serem auditadas e seus respectivos representantes.
- Membros da equipe auditora.
- Data, hora e local da auditoria.
- Distribuição dos auditores em relação às localidades a serem auditadas.

3 Elementos da Auditoria Interna

3.1 Reunião de abertura

Antes do início do período de auditoria deve ser realizada uma reunião de abertura.

Para reunião de abertura deve ser convocada a presença do Auditor Líder da equipe auditora e dos representantes do SGCN a serem auditados.

Entre outros assuntos, a reunião de abertura de auditoria deve tratar obrigatoriamente os seguintes aspectos:

- Apresentações necessárias.
- Confirmação do objetivo e escopo da auditoria.
- A confirmação do Plano de Auditoria.
- Definição de recursos necessários.
- Esclarecimento e resolução de qualquer dúvida ou pendência.

3.2 Execução da Auditoria

Os auditores devem realizar a auditoria utilizando os seguintes documentos como base:

- Lista de Verificação: contém elementos específicos que devem ser auditados em determinada unidade.
- Lista de requisitos do SGCN: contém elementos relacionados com os requisitos do SGCN da ABNT NBR ISO 22301.
- Lista de requisitos de procedimentos documentados: contém elementos relacionados aos procedimentos que a organização elaborou e implementou, verificando se estão sendo cumpridos.

Os resultados de auditoria devem ser coletados através de entrevistas, análises de documentos e observações das atividades e devem ser anotados nas listas citadas no item anterior.

Evidências de não conformidades devem ser anotadas mesmo que não pareçam significantes. Recomendações ou observações que possam refletir positivamente sobre o SGCN também devem ser anotadas.

3.3 Relatório da Auditoria Interna

Para a elaboração do Relatório de Auditoria, os auditores devem fazer uma reunião de consolidação de evidências em conjunto com o Chefe de Continuidade de Negócios.

A equipe de auditores deve analisar todos os resultados obtidos e classificar cada evidência como não conformidades, recomendações ou observações.

A reunião de consolidação geral deve contemplar os seguintes aspectos:

- Análise dos resultados.
- Consolidação de todas as conclusões.
- Classificação das conclusões.
- Elaboração de relatório de recomendações e de auditoria.

A classificação dos resultados deve ser realizada com os seguintes critérios:

- Não conformidades maiores:
  - o Quando um requisito do SGCN não é atendido.
  - o Quando um ou mais requisitos da ABNT NBR ISO 22301 não é atendido.
  - o Quando um requisito não atendido tem influência direta no negócio.
- Não conformidades menores:
  - o Quando um ou mais requisitos da ABNT NBR ISO 22301 é parcialmente atendido.
- Recomendações:
  - o Quando um processo pode em algum contexto ferir algum requisito da ABNT NBR ISO 22301.
- Observações:
  - o Sugestões de melhorias no processo.

Os auditores devem seguir um código de conduta ao escrever suas conclusões, conforme os itens a seguir:

- O relatório deve ser conciso e apresentado de modo construtivo.
- Os resultados devem estar dentro do escopo de auditoria.
- O relatório deve ser imparcial.

As informações geradas pelas equipes de auditoria devem ser consolidadas pelo seu Auditor Líder.

As informações geradas pelos auditores devem ser consolidadas pelo Auditor Líder, gerando assim o Relatório de Auditoria Interna.

O relatório de auditoria deve ser mantido e controlado pelo Chefe de Continuidade de Negócios.

3.4 Reunião de fechamento da Auditoria Interna

O Auditor Líder presidirá a reunião de fechamento junto com sua equipe de auditores. Ele deverá expor a cada um dos participantes da reunião os resultados encontrados durante a auditoria.

Os pontos positivos devem ser citados antes dos pontos negativos.

Todos os participantes na reunião de fechamento devem garantir a confidencialidade dos itens tratados e assinar a ficha de presença.

Todas as dúvidas e esclarecimentos devem ser resolvidos durante a reunião.

3.5 Acompanhamento de ações corretivas

O Chefe de Continuidade de Negócios deve coordenar os gestores de áreas e setores da organização que, na necessidade de ações corretivas, devem elaborar um plano para solucioná-las.

O prazo para execução de ações corretivas deve ser acordado entre o Chefe de Continuidade de Negócios e o Auditor Líder.

A aprovação das ações corretivas deve ser realizada pelo Comitê de Continuidade de Negócios.

O Auditor Líder deve ficar responsável por validar se a ação corretiva foi realizada após o término de implantação.

O Auditor Líder deve fazer um segundo acompanhamento, três meses após a implantação da ação corretiva, para verificar sua eficácia.

4 Qualificação dos auditores

Os auditores devem possuir atributos pessoais que lhes permitam agir em conformidade com os princípios da auditoria. Além disso, cada auditor deve:

- Ser ético, justo, verdadeiro, sincero, honesto e discreto.
- Estar disposto a considerar ideias, alternativas ou pontos de vista.
- Ser diplomático, observador, perceptivo, versátil, persistente e decisivo.

Os auditores devem possuir conhecimentos e habilidades específicas para:

- aplicar princípios de auditoria;
- planejar e organizar os trabalhos;
- realizar auditoria dentro do prazo esperado;
- coletar informações de forma eficiente;
- preparar relatórios de auditoria;
- comunicar eficientemente.

Os auditores devem possuir treinamento sobre o Sistema de Gestão de Continuidade de Negócios, como, por exemplo:

Auditor Líder de Continuidade de Negócios	Auditor Interno
Educação em nível superior.	Educação em nível médio.
Curso de Auditor Líder na Norma ABNT NBR ISO 22301 reconhecido internacionalmente.	Curso de interpretação da Norma ABNT NBR ISO 22301.
Participação em pelo menos duas auditorias como auditor interno.	Participação em pelo menos duas auditorias como auditor observador.

Auditores externos podem ser contratados para realizar auditorias internas na organização. Eles devem possuir certificação de Auditor Líder na Norma ABNT NBR ISO 22301 e experiência comprovada em auditorias.

REFERÊNCIA NORMATIVA

ABNT NBR ISO 22301 – Cláusula 9.2 Auditoria Interna

ANEXOS

Anexo I – Exemplo de Programa de Auditoria Interna Anual
Este programa de auditoria interna é planejado para ser executado anualmente e elaborado para o período de [data] a [data].

O objetivo deste documento é descrever, num âmbito geral, as auditorias que serão realizadas para avaliar a conformidade da organização em relação às normas descritas no escopo do SGCN. Documentos detalhados das auditorias, denominados Planos de Auditorias, serão elaborados levando em consideração as particularidades de cada auditoria a ser realizada.

As auditorias internas de acordo com as Norma ABNT NBR ISO 22301 serão conduzidas da seguinte forma:

PROGRAMA DE AUDITORIA INTERNA

Sistema de Gestão de Continuidade de Negócios

Requisito e escopo da auditoria	Localidade	Auditores internos (iniciais)	Frequência (meses)	Status	Janeiro	Fevereiro	Março	Abril	Maio	Junho	Julho	Agosto	Setembro	Outubro	Novembro	Dezembro
				Programada												
				Realizada												

Legenda:

Requisito e escopo da auditoria – Escopo da auditoria, se é uma auditoria dos procedimentos documentados ou se é uma auditoria de conformidade com os requisitos da Norma.

Localidade – Ambiente físico que será auditado.

Auditores internos (iniciais) – Quais são os auditores responsáveis pela auditoria.

Frequência (meses) – A auditoria será mensal, trimestral, semestral ou anual?

Status – Programada ou Realizada – Se a auditoria está programada para ser executada ou se já foi realizada.

Janeiro – Informar se no mês há alguma auditoria programada ou se já foi realizada auditoria no mês indicado.

Anexo II – Exemplo de Plano de Auditoria

Cliente: Trinity Cyber Security.	

Endereço do Cliente: Rua General Almério de Moura, 131. Bairro Vasco da Gama – Rio de Janeiro – RJ

Norma de Gestão: Norma ABNT NBR ISO 22301 **Reunião de Abertura:** 27/11/2013 – 09:30 **Reunião de Encerramento:** 29/11/2013 – 17:30	**Equipe Auditor Líder:**	Sergio Manoel
	Representante do Cliente:	Hector Salamanca

Objetivos da Auditoria: Recertificação – Auditar a contínua adequabilidade do sistema de gestão no atendimento aos requisitos da norma ABNT NBR ISO 22301, políticas, objetivos, metas e procedimentos da organização. Avaliar os processos conforme definido previamente, assegurando que o certificado apresenta condição para ser obtido.

Escopo da Auditoria: fornecimento de soluções em Segurança da Informação e GRC – Governança, Riscos e Conformidade –, incluindo consultoria; treinamento; implementação e gerenciamento de sistemas de segurança na matriz e na filial do Rio de Janeiro.

O fornecedor mantém estrita confidencialidade sobre todas as informações obtidas durante a realização das auditorias. Uma cópia da declaração de confidencialidade do auditor está disponível mediante pedido. Essa auditoria será conduzida em português, salvo indicação contrária.

Data	Horário	Auditor	Processo/Área	Nº do requisito
16/12	09:00 as 10:30	Sergio Manoel	SGCN	4, 5, 6, 7, 9 e 10
	10:35 as 12:30	Sergio Manoel	Tecnologia	8
	14:00 as 16:00	Sergio Manoel	Infraestrutura	8
	16:05 as 17:55	Sergio Manoel	Sistemas	9

Assinado pelo Auditor Líder: Sergio Manoel

Aceito pelo Cliente:

Distribuição: 1 cópia do relatório de auditoria em meio eletrônico será entregue ao cliente no final da auditoria.

Data – **Revisão 02 (06/01/2013)**

Anexo III – Exemplo de Lista de Verificação				
LISTA DE VERIFICAÇÃO – Processo auditado – Recursos Humanos				
Requisito da ABNT NBR ISO 22301	**Fonte**	**Conformidade** **SIM ou NÃO**	**Evidências (buscar)**	**Observação**
Cláusula 4 – Contexto	Análise do contexto interno da organização. Quais responsabilidades dos requisitos legais.		Qual foi a saída da análise de contexto e como isso impacta o RH? Sobre quais requisitos legais o RH deveria estar ciente no evento de incidente?	
Cláusula 5 – Liderança	Política de Continuidade de Negócios		Como o RH está cumprindo as responsabilidades das Políticas?	
Cláusula 8.2.2 Análise de impacto no negócio	Documento com os resultados da Análise de Impacto no Negócio		Como o RH vai alocar pessoas suficientes para voltar à normalidade em apenas os dias descritos no RTO?	
8.2.3 Processo de avaliação de riscos	Resultados do processo de avaliação de riscos		Qual é o apetite aos riscos da organização e como isso afeta o papel do RH?	

Anexo IV – Exemplo de Relatório de Auditoria Interna		
Relatório de Auditoria Interna		
Data:		**Área Auditada:**
Síntese: (Resumo do conteúdo – visão rápida dos principais pontos do relatório)		
Dados da Auditoria: (Objetivo, metodologia utilizada, equipe auditora, auditor líder, período da auditoria, equipe auditada, mencionar auditorias anteriores)		
Falhas detectadas: (resumo de falhas, citar pontos positivos, pontos negativos) anexar não conformidades.		

Exemplo de não conformidades.

Não conformidade	Número 001	Classificação Maior
Referência	Área/Processo	Cláusula
ABNT NBR ISO 22301	Política de Continuidade de Negócios	5.3
Detalhes	Não foi evidenciado o documento de Política de Continuidade de Negócios	
Requisitos	A organização deve manter informações documentadas sobre a Política de Continuidade de Negócios.	
Evidência objetiva:	Não foi encontrado o documento.	

Conclusão:

4.3 Análise crítica pela Alta Direção – Cláusula 9.3

Entradas: Resultados da Avaliação de Monitoração e Medição dos Objetivos de Continuidade de Negócios, Resultados de Auditorias, Resultados de Reuniões de melhoria do SGCN, Sugestões de funcionários, a necessidade de mudanças do SGCN, inclusive Política e Objetivos, novos procedimentos que possam ser incluídos no SGCN, Relatório de Exercícios, Testes dos Planos de Continuidade de Negócios, Lições Aprendidas, ações decorrentes de incidentes que causem interrupção e ações de acompanhamento de análises críticas anteriores pela Alta Direção e PR-SGCN-018 – Procedimento Documentado de Análise Crítica pela Alta Direção.

A análise crítica visa a assegurar que o SGCN esteja sendo executado conforme planejado e que o escopo permaneça eficaz e adequado ao negócio da organização, incluindo o atendimento à Política e aos Objetivos de Continuidade de Negócios, possibilitando a identificação de melhorias para os processos envolvidos.

A coleta de evidências da realização da análise crítica é obrigatória pela Norma ABNT NBR ISO 22301 e a sua definição adequada da periodicidade de realização da revisão gerencial. A Norma estabelece que ocorra uma análise crítica pelo menos uma vez ao ano, para garantir que o SGCN permaneça adequado e implementando sistematicamente o processo de melhoria contínua.

Os resultados dessas análises críticas devem ser claramente documentados e os registros devem ser mantidos armazenados de forma adequada pela organização. Na maioria das vezes é realizada uma reunião de análise crítica com a Alta Direção, sendo gerada uma Ata de Reunião que deve ser mantida e registrada pelo Chefe de Continuidade de Negócios.

As entradas da análise crítica são as informações mínimas necessárias para avaliar se o SGCN atingiu o sucesso pretendido. Sem essas informações não é possível avaliar como está o desempenho do sistema de gestão.

Como implementar:

Conforme citado anteriormente, a maneira mais simples de implementar esse item é através das reuniões do Comitê de Continuidade de Negócios. O comitê irá desempenhar todas as responsabilidades da Alta Direção, e entre suas funções está a obrigatoriedade de se reunir bimestralmente para discutir as ações de sua responsabilidade para o SGCN.

Nessas ações é de suma responsabilidade executar a análise crítica das atividades que foram implementadas, avaliando a sua eficiência e eficácia de acordo com os requisitos da Norma ABNT NBR ISO 22301. Os requisitos da Norma podem ser implementados, assegurando que:

✓ A Alta Direção analise criticamente o SGCN em intervalos planejados, para garantir sua melhoria contínua, adequação e eficácia.

 ➢ Essa análise pode ser realizada nas reuniões de trabalho do Comitê de Continuidade de Negócios.

- ✓ A análise crítica da gestão leve em consideração aspectos apropriados ao seu conteúdo, tais como:
  - ➤ O status das ações de análises críticas pelas Direções anteriores.
    - todas as atas de reunião devem ser numeradas de acordo com o PR-SGCN-002 – Procedimento Documentado de Controle de Registros.
  - ➤ As mudanças em questões internas e externas que são relevantes para o SGCN.
    - O processo de gestão de mudanças deve ser implementado para atuar em conjunto com o SGCN.
  - ➤ Informação do desempenho da Continuidade dos Negócios, inclusive tendências em:
    - Não conformidades e ações corretivas de acordo com o resultado da auditoria interna.
    - Resultados da avaliação de monitoração e medição de acordo com o resultado do monitoramento, da medição, da análise e da avaliação.
  - ➤ Identificação das oportunidades de melhoria contínua do SGCN.
    - Esses critérios fazem parte da reunião do Comitê que irá avaliar o desempenho do SGCN.
- ✓ As análises críticas pela Alta Direção considerem o desempenho da organização, incluindo os seguintes itens:
  - a) ações de acompanhamento de análises críticas pelas Direções anteriores;
  - b) a necessidade de mudanças do SGCN, inclusive a Política de Continuidade de Negócios e os seus objetivos;
  - c) identificação das oportunidades de melhoria;
  - d) resultados das auditorias internas e análises críticas do SGCN, incluindo aquelas dos fornecedores e prestadores de serviços, quando apropriado;
  - e) status de ações corretivas;
  - f) resultados de exercícios e testes de acordo com o Plano de Teste e Validação;

g) identificação de riscos ou questões não endereçadas adequadamente no Processo de Avaliação de Riscos executado;

h) quaisquer mudanças que possam afetar o SGCN, tanto internas quanto externas ao seu escopo;

i) lições aprendidas e ações decorrentes de incidentes que causem interrupção.

Saídas e documentação mandatória: Atas de Reunião das Análises Críticas.

A seguir descreve-se um exemplo de modelo de Procedimento Documentado mandatório do SGCN que pode implementar a cláusula 9.3 da Norma ABNT NBR ISO 22301.

Tabela 29. Exemplo de modelo de Procedimento Documentado de Análise Crítica pela Alta Direção.

LOGOTIPO DA ORGANIZAÇÃO	**Tipo:** Procedimento Documentado	**Código do Documento:** PR – SGCN – 018
Procedimento Documentado de Análise Crítica pela Alta Direção		**Autor:** Nome da pessoa ou grupo **Revisado em:** 10/01/2018 **Aprovador:** Nome da pessoa ou grupo **Versão:** 1.00 **Aprovação:** 10/02/2018

FINALIDADE

Estabelecer e manter o procedimento documentado para a realização da análise crítica pela Alta Direção do Sistema de Gestão de Continuidade de Negócios – SGCN.

APLICABILIDADE

Aplica-se ao Comitê de Continuidade de Negócios e ao Chefe de Continuidade de Negócios e sua equipe.

FUNÇÕES E RESPONSABILIDADES

Chefe de Continuidade de Negócios:
- Elaboração de pauta e convocação dos participantes da reunião de análise crítica
- Condução da reunião
- Elaboração da Ata de Reunião
- Registrar e manter a Ata de Reunião das reuniões de análise crítica
- Monitoramento das ações decorrentes da Ata de Reunião

Alta Direção/Comitê de Continuidade de Negócios:
- Participar da reunião de análise crítica
- Aprovar a Ata de Reunião

TERMOS E DEFINIÇÕES

As definições dos termos e expressões utilizados neste documento constam nos termos e definições das Normas ISO 22300, ABNT NBR ISO 22301 e ABNT NBR ISO 22313.

REGRAS E PROCEDIMENTOS

1 Preparação para a reunião de análise crítica

Pelo menos uma semana antes da realização da reunião de análise crítica, o Chefe de Continuidade de Negócios deverá elaborar a pauta da reunião de análise crítica e enviar para todos os membros da Alta Direção e outros gestores de áreas e setores da organização que julgar necessário. Essa pauta poderá ser enviada por e-mail ou meio equivalente e deverá conter todos os assuntos da convocação para a reunião e o questionamento sobre quais pontos os participantes desejam incluir na pauta.

Na pauta da reunião deverão constar os principais pontos a serem analisados no SGCN, incluindo no mínimo:

- A revisão da Política e dos Procedimentos de Continuidade de Negócios.
- Resultados da Avaliação de Monitoração e Medição dos Objetivos de Continuidade de Negócios.
- Resultados de Auditorias.
- Resultados de reuniões de melhoria do SGCN.
- Sugestões de colaboradores, a necessidade de mudanças do SGCN.
- Novos procedimentos que possam ser incluídos no SGCN.
- Resultados de exercícios e testes dos Planos de Continuidade de Negócios.
- Lições aprendidas e ações decorrentes de incidentes que causem interrupção e ações de acompanhamento pela Alta Direção de análises críticas anteriores.
- Não conformidades e ações de melhorias.
- As mudanças em questões internas e externas que são relevantes para o SGCN.

2 Ata da reunião de análise crítica

Após analisar todas essas entradas e obter as informações de desempenho e evolução do SGCN, serão produzidas as saídas da análise crítica, que são as ações planejadas para assegurar que o SGCN alcance os resultados pretendidos:

- Quais são as oportunidades de melhoria.
- Quais são as necessidades de mudanças.
- Qual a necessidade de aquisição de recursos para executar isso tudo.

Os resultados da reunião de análise crítica deverão ser descritos em uma Ata de Reunião que todos os presentes deverão assinar imediatamente após o fim da reunião, em um prazo máximo de cinco dias. Porém, todos devem assinar a lista de presença no decorrer da reunião. Esse documento é o registro para evidências de execução da análise crítica. Além disso, devem ser comunicados os resultados da análise para as partes interessadas de acordo com o Plano de Comunicação do SGCN.

As orientações da Ata devem incluir decisões relacionadas a oportunidades de melhoria contínua e a possível necessidade de mudanças do SGCN. São compostas por:

- variações e atualizações do escopo do SGCN;
- melhoria da eficácia do SGCN;
- atualização do processo de Avaliação de Riscos, Análise de Impacto no Negócio, Planos de Continuidade de Negócios e processos relacionados;

- atualização dos procedimentos de Continuidade de Negócios e dos controles que afetem a Segurança da Informação, quando necessário, para responder aos incidentes de interrupção que possam impactar no SGCN, incluindo as mudanças de:
  - requisitos operacionais e dos processos de negócio;
  - requisitos e controles de Segurança da Informação;
  - novos processos de negócio que afetem os requisitos de negócio existentes;
  - requisitos legais ou regulamentares que a organização é obrigada a cumprir;
  - obrigações contratuais com os clientes e com os fornecedores que estão no escopo do SGCN;
  - quais foram os níveis de riscos e/ou critérios de aceitação de riscos que foram acordados durante a reunião de análise crítica;
  - justificativa para aquisição de recursos financeiros para inclusão no orçamento da organização;
- melhorias sobre o processo de avaliação de desempenho do SGCN e de como a eficácia dos controles implementados estão sendo medidos:
  - a organização deve manter informações documentadas como registro e evidência dos resultados das análises críticas pela Alta Direção.

Ao fim da reunião do Comitê deve ser gerada uma Ata de Reunião como forma de registro para evidências de execução da análise crítica.

A organização comunicará os resultados da análise crítica pela Alta Direção para as partes interessadas.

O envio da Ata de Reunião da análise crítica deve estar endereçado no Plano de Comunicação do SGCN.

A organização realizará ações apropriadas para os resultados.

Como forma de buscar sistematicamente a melhoria contínua do SGCN, a organização deve corrigir os desvios implementando ações de correções conforme aprovadas na Ata de Reunião das análises críticas.

A Ata da Reunião com a Alta Direção (Comitê de Continuidade de Negócios), deve conter no mínimo os itens a seguir:

- recomendações de melhoria;
- atualizações na Política de Continuidade de Negócios e/ou em outros procedimentos;
- identificação e tratamento de novos riscos;
- variações do escopo do SGCN;
- melhorias a serem implementadas no SGCN;
- atualização dos procedimentos de Continuidade de Negócios;
- aprovação de recursos financeiros pela Alta Direção.

Esses registros e evidências normalmente estão em forma de atas de reunião. Os documentos devem incluir todos os recursos que foram incluídos na reunião da Alta Direção, assim como todas as decisões que foram tomadas. As atas podem estar em formulário de papel ou digital, mas devem ser numeradas de acordo com o procedimento de registro de evidências.

3 Acompanhamento das ações de melhorias

Como forma de buscar sistematicamente a melhoria contínua do SGCN, a organização deve corrigir os desvios implementando ações de correções conforme aprovadas na Ata de Reunião das análises críticas.

É de responsabilidade do Chefe de Continuidade de Negócios monitorar e acompanhar as ações de melhorias decorrentes da reunião de análise crítica que tiverem impacto em suas atividades, bem como abrir as ações que se fizerem necessárias. Cada ação deve ter o responsável pela sua implementação, prazo de conclusão, indicadores para medir se a ação surtiu efeito desejado e o custo de investimento de cada recurso implementado na ação corretiva.

REFERÊNCIA NORMATIVA

ABNT NBR ISO 22301 – Cláusula 9.3 Analise crítica pela Direção

ANEXOS

Anexo I – Modelo de Ata de Reunião de Análise Crítica

Local: Sala de Reunião/7º Andar – sala 7 – sede localizada na cidade do Rio de Janeiro – RJ
A Reunião de Análise Crítica do SGCN foi realizada durante Reunião de Diretoria no dia 16/06/2018 – Hora: das 09:30h às 12:10h e o acompanhamento das ações de melhoria previstas na Reunião de Análise Crítica foi realizada em 20/11/2018.

1 Participantes:

Nome	Área	Telefone/Ramal	E-mail	Assinatura

2 Pauta:

Nº	Descrição
1.	
2.	

3 Assuntos tratados:

Nº	Descrição	Status
1.		
2.		
3.		
4.		
5.		

Legenda: Apresentado (A); Pendente (P); Tomada de Decisão (T)

4 Proposta de Plano de Ação e ações de melhorias:

Assuntos tratados[2]	Plano de Ação/Ações Melhorias	Responsável	Prazo	Investimento	Status

Legenda: Notificado (N); Iniciado (I); Em andamento (A); Concluído (C)

5 Conclusão

O Sistema de Gestão de Continuidade de Negócios está funcionando adequadamente e atende aos objetivos previstos pela Alta Direção.

É muito importante a manutenção do SGCN para a garantia da continuidade e operações dos produtos e serviços da organização.

_____

Alta Direção

4.4 Resumo de estudo para certificação Fundamentos em Gestão de Continuidade de Negócios

A seguir são descritos os tópicos deste capítulo que fazem parte da prova de certificação. O candidato deve:

✓ conhecer o processo de monitoramento, medição, análise e avaliação do SGCN e seu objetivo;

✓ conhecer o processo de auditoria interna e como garantir a conformidade;

✓ conhecer o objetivo da análise crítica pela Alta Direção.

_____

[2] Fazer a referência ao tópico 3 – Assuntos tratados na tabela anterior.

Capítulo 5 – Manter e Melhorar Continuamente o SGCN

"Não creio que tempos melhores já existiram. Creio que estamos continuadamente construindo o melhor de nossos tempos!"

Ssmaia Abdul

5.1 Melhoria contínua do Sistema de Gestão de Continuidade de Negócios – Cláusula 10

Existe um pensamento da filosofia *Kaizen* que diz: "hoje melhor do que ontem, amanhã melhor do que hoje", ou seja, melhorar sempre, retroceder nunca. Esse é o pensamento da melhoria contínua do Sistema de Gestão de Continuidade de Negócios. Desde o primeiro momento em que o ciclo do PDCL se inicia, a intenção é melhorar em busca da perfeição. Mesmo sabendo que a perfeição não existe, a sua busca nunca pode parar.

Esta seção descreve as ações corretivas de não conformidade apresentando diretrizes para controlar, corrigir e lidar com suas consequências e seu impacto. Ela também trata da melhoria contínua, descrevendo a eficácia e eficiência do SGCN, e a diretriz que a organização deve continuamente melhorar. Todas as ações descritas devem ter a sua informação documentada para posterior análise crítica e implantação das ações de melhoria contínua.

Se você acha que tem que encontrar novas maneiras de melhorar seu sistema de Continuidade de Negócios todos os dias, para o resto da vida, relaxe. A melhoria contínua é um estado de espírito, ou seja, ela vem naturalmente. Se você trabalhou duro na implementação até aqui do seu SGCN, siga todos os requisitos da Norma ABNT NBR ISO 22301 e automaticamente a melhoria contínua será executada no SGCN.

O Sistema de Gestão de Continuidade de Negócios está focado no ciclo do PDCL, sendo o L de *Learn* (aprender) a fase que cabe melhorar continuamente o seu sistema de gestão. Esse ciclo tem como objetivo estabelecer, implementar, operar, monitorar, exercitar, manter e melhorar a eficácia do SGCN.

A melhoria contínua diz respeito ao requisito da fase de "Manter e melhorar continuamente o SGCN (*Learn*)", onde os controles implementados pela organização podem ser melhorados. Realizar a melhoria de performance do SGCN deve levar em consideração os indicadores de desempenho estabelecidos na fase de execução (*Do*) e monitorados na fase de verificação (*Check*), além do resultado da análise crítica da Alta Direção e do relatório de auditoria interna. A cada ciclo de execução do PDCL, este será depurado e consequentemente o nível de maturidade da Continuidade de Negócios será melhorado, mas deve-se entender que alguns fatores podem impedir a melhoria de desempenho do SGCN, e deve-se trabalhar para que não prejudiquem, como, por exemplo:

✓ A falta de recursos para execução de análises de riscos, a implementação da estratégia adequada e as revisões dos Planos de Continuidade de Negócios publicados.

✓ A falta de investimento em treinamentos, a educação e a conscientização das pessoas sob o escopo do SGCN, incluindo as demais partes interessadas.

✓ A falta de acompanhamento e o patrocínio da Alta Direção para o desenvolvimento de projetos de melhoria.

✓ A visão geral de que os benefícios obtidos com a implementação do SGCN proporcionam a sensação de total proteção e atrapalham a clara percepção de necessidade de uma avaliação de desempenho e melhoria contínua.

Por isso, é importante que essas situações sejam tratadas o mais rápido possível pelo Chefe de Continuidade de Negócios, pois todo o cuidado é pouco, e pode-se colocar tudo a perder caso o profissional não a trate devidamente.

5.1.1 Não conformidade, ações corretivas e a melhoria contínua do SGCN – Cláusulas 10.1 e 10.2

Entradas: Relatório de Auditoria Interna, Relatório de Análise Crítica da Alta Direção, Plano de ações corretivas dos indicadores dos Objetivos de Continuidade de Negócios e PR-SGCN-019 – Procedimento Documentado de Tratamento de Não Conformidades e Ações Corretivas.

As ações corretivas devem ser executadas para evitar as causas de não conformidades e sua reincidência, contribuindo para a melhoria do processo e da implementação dos requisitos do Sistema de Gestão de Continuidade de Negócios. A documentação do procedimento formaliza o método para o tratamento das não conformidades, além de servir como evidência da natureza das não conformidades e quaisquer ações subsequentes tomadas, e de resultados de qualquer ação corretiva.

A prioridade de execução das ações corretivas deve ser determinada com base nos resultados da avaliação de riscos e análise de impacto no negócio.

Como implementar:

Processo de gestão de mudanças integrado na melhoria contínua do SGCN

Uma vez que os Planos de Continuidade de Negócios foram testados, o papel do estágio de manutenção torna-se crítico. As mudanças internas e externas frequentes são ocorrências comuns para as empresas, ainda mais para os planos da área de Tecnologia da Informação – a tecnologia evolui diariamente, e muitas vezes as mudanças ocorrem mensalmente. A maioria dessas alterações podem potencialmente invalidar um Plano de Continuidade de Negócios, a menos que seja continuamente ajustado e modificado para refletir essas mudanças.

Se a área de gestão de mudanças não estiver integrada com os responsáveis pelo SGCN, é muito provável que as mudanças irão ocorrer sistematicamente e não serão comunicadas. Por isso, uma boa prática é o Chefe de Continuidade de Negócios fazer parte do Comitê de Gestão de Mudanças. Assim ele poderá, com sua experiência, opinar sobre as mudanças que podem afetar a área de Continuidade de Negócios, fazendo a integração entre as duas áreas.

O objetivo principal dessa integração é assegurar que o SGCN permaneça sempre atual, completo, preciso e em estado pronto para sua operação. Sem essa integração, a manutenção dos artefatos do SGCN se torna muito difícil. Um processo de gestão de mudanças aborda dois dos aspectos mais desafiadores da manutenção do SGCN: mudanças internas e em seu ambiente externo, como, por exemplo, os contratos com parceiros e fornecedores.

Nas reuniões de gestão de mudanças é necessário identificar potenciais impactos no SGCN. Conforme apresentado na figura a seguir, as mudanças na organização podem ocorrer em vários níveis nas principais categorias de processos, pessoas e recursos.

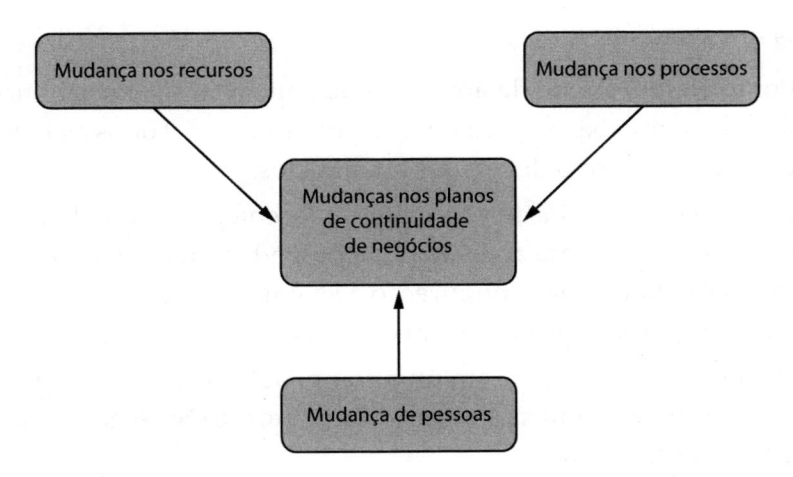

Figura 34. Fluxo de gestão de mudanças.

Qualquer alteração em processos, pessoas e recursos poderá potencialmente exigir mudanças em certas partes do SGCN. Por exemplo, uma mudança relacionada ao processo pode afetar as prioridades de recuperação; uma mudança relacionada a pessoas pode afetar equipes de Continuidade de Negócios ou procedimentos de notificação; e uma mudança relacionada a recursos pode afetar os requisitos de recuperação para sistemas de Tecnologia da Informação. Os exemplos a seguir demonstram possíveis mudanças internas e externas relacionadas a processos, pessoas e recursos que podem afetar o seu plano.

Impactos nos processos

✓ Um novo produto estratégico é introduzido e, como resultado, novos procedimentos são adicionados às unidades de negócios afetadas.

✓ Um fornecedor mudou de processamento manual de pedidos para o processamento automático de pedidos.

Impactos nas pessoas

✓ Um pacote de aposentadoria antecipada é dado aos funcionários e, como resultado, alguns funcionários seniores deixaram a organização.

✓ Vários membros importantes da equipe de recuperação técnica de Tecnologia da Informação foram promovidos para diferentes departamentos e não desempenham mais as mesmas funções.

Impactos nos recursos

✓ Por exemplo, a rede de área local que apoia os sistemas críticos mudou de rede cabeada para uma arquitetura *wi-fi*. Todos os planos que utilizam esse ativo devem ser atualizados.

✓ O fornecedor do *site* de contingência recentemente atualizou seu sistema *mainframe* para acomodar clientes adicionais e isso resultou em certas mudanças de configuração. Devem ser revisados e atualizados todos os planos que compõem o SGCN.

A saída desta etapa consiste em uma compilação de mudanças monitoradas que podem potencialmente afetar os artefatos do Sistema de Gestão de Continuidade de Negócios.

Dicas:

1. Participe do comitê de Gestão de Mudanças e revise as mudanças aprovadas.

2. Revise mais uma vez os resultados dos exercícios e testes dos Planos de Continuidade de Negócios.

3. Revise o Relatório de Avaliação de Desempenho dos Indicadores do SGCN.

4. Revise o Relatório da Análise Crítica da Alta Direção.

5. Revise o Relatório de Auditoria Interna.

Desse modo você assegura que ações corretivas sejam apropriadas aos efeitos das não conformidades encontradas e também a guarda das documentações para evidências da natureza e tratamento das não conformidades e quaisquer ações decorrentes, além de resultados de qualquer ação corretiva.

5.1.2 Melhoria contínua – Cláusula 10.2

Devemos comunicar as ações e melhorias a todas as partes interessadas com o nível de detalhamento apropriado para as circunstâncias e, se relevante, obter a concordância delas sobre como proceder, assegurando que se melhorem continuamente a pertinência, a adequação e a eficácia do SGCN.

Os elementos básicos para melhoria contínua do Sistema de Gestão de Continuidade de Negócios consistem em tomar decisões baseadas em dados e informações, e procurar as causas básicas dos problemas ou incidentes permanentes em vez de recorrer a emendas rápidas.

As estratégias básicas da abordagem científica para solução dos principais problemas do SGCN e melhoria contínua são:

✓ coletar informações e dados significativos e confiáveis;

✓ identificar as causas-raiz dos problemas;

✓ criar soluções apropriadas de acordo com o nível de recursos que temos, de acordo com os critérios de custo e benefício;

✓ planejar, participar do comitê de gestão de mudanças, aprovar e implementar as mudanças.

Responsabilidades pela melhoria contínua do SGCN

Aplicando a mesma filosofia da melhoria de processos que diz que os responsáveis pelos bons resultados dos processos são os seus executores, o sucesso da implementação do Sistema de Gestão de Continuidade de Negócios não depende das organizações que as aplicam, mas das pessoas que cumprem a Política, os procedimentos documentados e as suas funções e responsabilidades no seu dia a dia.

Observando o nível hierárquico dos envolvidos no SGCN você tem a seguinte visão de participação nos processos de manutenção, melhoria e desenvolvimento do SGCN, em percentuais:

Tabela 30. Estimativa de porcentagem de esforço de trabalho do SGCN.

Responsáveis	Planejamento	Operação	Verificação	Melhoria
Comitê de Continuidade de Negócios	35%	10%	25%	5%
Chefe de Continuidade de Negócios	60%	50%	60%	70%
Pessoas envolvidas no SGCN	5%	40%	15%	25%

Este quadro representa o nível de envolvimento dos responsáveis por funções e responsabilidades do SGCN. Os dados foram coletados via comparação entre algumas organizações de diferentes setores. O processo demonstra que a melhoria contínua é responsabilidade de todos em maior ou menor grau.

Continuidade de Negócios é também responsabilidade de todos!

Saídas e documentação mandatória: não conformidades registradas e resultados de ações corretivas e de melhorias tratadas.

A seguir descreve-se um exemplo de modelo de Procedimento Documentado mandatório do SGCN que pode implementar as cláusulas 10.1 e 10.2 da Norma ABNT NBR ISO 22301.

Tabela 31. Exemplo de modelo de Procedimento Documentado de Tratamento de Não Conformidades e Ações Corretivas.

LOGOTIPO DA ORGANIZAÇÃO	Tipo: Procedimento Documentado	Código do Documento: PR – SGCN – 019
Procedimento Documentado de Tratamento de Não Conformidades e Ações Corretivas		**Autor:** Nome da pessoa ou grupo **Revisado em:** 10/01/2018 **Aprovador:** Nome da pessoa ou grupo **Versão:** 1.00 **Aprovação:** 10/02/2018

FINALIDADE

Estabelecer procedimentos para tratamento de não conformidades, assim como a implantação de ação corretiva, a fim de eliminar as causas das não conformidades reais ou potenciais. Além disso, também estabelece uma metodologia para implantar ações de melhoria e verificar sua eficácia para o Sistema de Gestão de Continuidade de Negócios – SGCN.

APLICABILIDADE

Este Procedimento Documentado se aplica ao escopo do Sistema de Gestão de Continuidade de Negócios (SGCN).

FUNÇÕES E RESPONSABILIDADES

Funcionários e partes interessadas:
- Identificar e providenciar o registro de uma não conformidade ou uma melhoria nos processos do SGCN.

Responsáveis pelas áreas ou setores na organização:
- Registrar as não conformidades ou melhorias nos processos do SGCN.
- Avaliar as não conformidades registradas e definir o melhor tratamento com a implantação de ações corretivas em conjunto com o Chefe de Continuidade de Negócios.

Chefe de Continuidade de Negócios e sua equipe:
- Registrar as não conformidades sob a sua responsabilidade.
- Avaliar as não conformidades registradas e definir as que serão tratadas com ações corretivas.
- Elaborar e executar o Plano de Ação de tratamento de não conformidades.
- Verificar a eficácia das ações corretivas em conjunto com o Auditor Líder responsável pela Auditoria Interna.

Alta Direção/Comitê de Continuidade de Negócios:
- Aprovar o Plano de Ação de tratamento de não conformidades.
- Aprovar ações de melhoria contínua.

TERMOS E DEFINIÇÕES

As definições dos termos e expressões utilizados neste documento constam nos termos e definições das Normas ISO 22300, ABNT NBR ISO 22301 e ABNT NBR ISO 22313.

REGRAS E PROCEDIMENTOS

1 Aspectos gerais

Uma não conformidade é considerada um não atendimento a um requisito especificado da Norma ABNT NBR ISO 22301 ou a um dos procedimentos documentados do SGCN.

A ação corretiva é utilizada para eliminar a causa de uma não conformidade identificada ou outra situação indesejável. Tem a finalidade de impedir a sua repetição.

Qualquer funcionário pode identificar uma não conformidade e informar para seu líder imediato. Para isso, ele deve ter recebido treinamento adequado, conforme descrito no PR-SGCN-005 – Procedimento Documentado de Competências, Treinamento e Conscientização de pessoas envolvidas no SGCN.

Os gestores das áreas e dos setores da organização que estão contemplados no escopo do SGCN devem registrar não conformidades quando identificá-las ou registradas no relatório de auditoria interna. São também responsáveis por definir o melhor tratamento com a implantação de ações corretivas em conjunto com o Chefe de Continuidade de Negócios.

Em conjunto com todos os gestores da organização e o Comitê, cabem ao Chefe de Continuidade de Negócios o registro e o tratamento de todas as não conformidades do SGCN. Sem o devido tratamento não é possível implementar o ciclo de melhoria contínua do SGCN.

As não conformidades relativas ao descumprimento de legislações, à Política e aos procedimentos documentados são consideradas riscos com impacto negativo no SGCN e devem ser tratadas.

Cabe ao Chefe de Continuidade de Negócios avaliar a necessidade para a eliminação das causas de não conformidades, de modo que não ocorra em outro lugar, através da:

    a) análise crítica da não conformidade;

    b) determinação das causas da não conformidade;

    c) determinação se existe uma não conformidade similar ou que potencialmente possa ocorrer;

    d) avaliação da necessidade de ações corretivas das não conformidades de modo que elas não aconteçam novamente ou em outro lugar;

    e) determinação e implantação de ações corretivas necessárias;

    f) análise crítica da eficácia de qualquer ação corretiva tomada;

    g) mudanças no SGCN, se necessário.

O Plano de Ação de tratamento de não conformidades deve ser aprovado pelo Comitê, pois as implantações de ações podem custar algum investimento para a organização. Esse investimento deve ser aprovado por quem tem autoridade, ou seja, o Comitê de Continuidade de Negócios.

É importante frisar que toda e qualquer implementação deve ser executada seguindo o planejamento do processo de gestão de mudanças.

As evidências do tratamento devem ser armazenadas e mantidas pelo Chefe de Continuidade de Negócios. Ele também deve verificar a efetividade da ação corretiva, analisando os resultados e se realmente a causa da não conformidade identificada foi eliminada, registrando os resultados obtidos. Caso o tratamento não tenha sido eficaz, reanalise as causas, reveja as ações a serem tomadas e replaneje a sua execução.

2 Plano de ação

As ações corretivas necessárias para a eliminação das não conformidades constituem um Plano de Ação.

Nesta etapa deve ser elaborado o documento Plano de Ação de tratamento de não conformidades com as seguintes informações:

    o Quem serão os responsáveis pela implementação da ação corretiva.

    o O que deverá ser executado para eliminar a causa-raiz da não conformidade.

    o Quais serão os recursos necessários. É necessária a aquisição de algum software, hardware ou a contratação de um fornecedor para eliminar a não conformidade?

    o Quando a execução será concluída; qual o cronograma de atividades de execução, quando começa e termina a implementação das ações do Plano.

        ▪ Utilize um critério para medir o prazo, pois para fazer uma perfeita avaliação de quanto tempo um projeto será executado é necessária uma gestão de projetos, embora muitas vezes só se execute essa gestão quando da execução dos projetos. Como você não tem esse tempo disponível para elaborar o Plano de Ação e começar a executar os projetos, estabeleça um critério para o prazo. Ele é o seguinte:

- Curto prazo – Até 3 meses
- Médio prazo – Até 6 meses
- Longo prazo – Até 12 meses

o Como os resultados serão avaliados se a ação implementada cumpriu com o seu objetivo de eliminar a não conformidade, a avaliação pode ser medida através de indicadores.

Nesta etapa está definida que toda e qualquer implementação deve ser executada seguindo o planejamento do processo de gestão de mudanças.

Para que as evidências de implementação sejam aceitas, o auditado deve fornecer evidências suficientes de que o Plano está sendo implementado como descrito e dentro do prazo determinado.

3 Melhoria contínua

Os processos de liderança, planejamento e avaliação de desempenho do SGCN devem ser utilizados para alcançar o aprimoramento do sistema de gestão, pois os seus resultados contribuem para a melhoria contínua do SGCN.

Questionamentos e sugestões surgidos em reuniões periódicas ou mesmo individualmente devem ser enviados para o Chefe de Continuidade de Negócios e registrados visando à sua implementação.

Aprovada a sugestão de melhoria pelo Comitê de Continuidade de Negócios, ela poderá ser implementada imediatamente ou, caso seja necessário, determinando um Plano de Ação com a escolha de um responsável pela sua implementação e pelo seu acompanhamento.

REFERÊNCIA NORMATIVA

ABNT NBR ISO 22301 – Cláusulas 10.1 Não conformidade e ações corretivas e 10.2 Melhoria contínua.

ANEXOS

Anexo I – Exemplo de Registro de Não Conformidade

Não Conformidade	Número 001	Classificação maior
Referência	Área/Processo	Cláusula
ABNT NBR ISO 22301	Ausência da Política de Continuidade de Negócios	5.3
Detalhes	Não foi evidenciado o documento de Política de Continuidade de Negócios, documento este obrigatório para a implantação do SGCN.	
Requisitos	A organização deve manter informações documentadas sobre a Política de Continuidade de Negócios.	
Evidência objetiva:	A organização não elaborou e publicou o documento.	

Anexo II – Exemplo de Plano de Ação de tratamento de não conformidade. Para cada não conformidade deve ter um Plano de Ação.	
Não conformidade 001:	• Ausência da Política de Continuidade de Negócios – Cláusula 5.3 da Norma ABNT NBR ISO 22301.
Ações (o que deverá ser executado, quando a execução será concluída e quem serão os responsáveis):	• Elaborar a Política de Continuidade de Negócios para obter conformidade na implementação do Sistema de Gestão de Continuidade de Negócios.
Indicadores genéricos (como os resultados serão avaliados):	• Quantidade de pessoas que receberam a Política para leitura (meta de 100% de pessoas envolvidas no SGCN). • Quantidade de pessoas que deram aceite no documento da Política de Continuidade de Negócios (aceite de 100% das pessoas envolvidas no SGCN).
Quem serão os responsáveis pela implementação da ação corretiva:	• Elaboração do documento é de responsabilidade do Chefe de Continuidade de Negócios e aprovação do Comitê de Continuidade de Negócios.
Prazo de execução:	• Esta ação deverá ser executada em curto prazo, em até três meses.
Recursos envolvidos:	• Recursos de pessoal: Chefe de Continuidade de Negócios. • Recursos financeiros estimados: está em cotação.

5.2   Resumo de estudo para certificação Fundamentos em Gestão de Continuidade de Negócios

A seguir estão descritos os tópicos deste capítulo que fazem parte da prova de certificação. O candidato deve:

✓   conhecer a importância de agir em relação às não conformidades e de tomar ações corretivas;

✓   saber elaborar um Plano de Ação para corrigir as não conformidades.

Capítulo 6 – Estudos de Casos

6.1 Estudos de casos

Neste capítulo são descritos alguns estudos de casos de organizações internacionais e nacionais que conquistaram a certificação da Norma ABNT NBR ISO 22301. São histórias que servem de inspiração para que as empresas brasileiras se tornem competitivas em seus mercados de negócio e usufruam de todos os benefícios que a certificação pode trazer para a organização.

6.1.1 Lettergold Plastics

Endereço eletrônico – **<http://www.lettergold.co.uk/>**

Mostra como a certificação da ABNT NBR ISO 22301 pode impulsionar pequenas e grandes empresas a conquistar novos clientes.

"O SGCN é um excelente resseguro, ou seja, é um seguro realizado por empresa seguradora, no qual o segurador se responsabiliza, total ou parcialmente, pelo risco de uma operação já coberta por outro segurador. Por ter um SGCN implementado é possível acionar os Planos de Continuidade para mitigar os incidentes rapidamente se eles ocorrerem. Por exemplo, conseguimos identificar um abastecimento de água alternativo e um gerador de *backup* de eletricidade para mitigar os incidentes, coisas que nós não teríamos identificado sem a implementação do SGCN", disse Andy Drummond, diretor administrativo da Lettergold Plastics.

Contexto do cliente

A empresa Lettergold Plastics Ltd. é uma companhia estabelecida há bastante tempo no mercado de engenharia, especializada em moldagem por injeção, embalagens e produtos de tratamento de água. Opera a partir de uma unidade autônoma na zona industrial de Newmarket, onde emprega cerca de 25 funcionários e se orgulha de formar parcerias com seus valiosos clientes no modelo B2B – *Business to business* –, que é a denominação do comércio estabelecido entre empresas ("de empresa para empresa").

A empresa é certificada como investidora em pessoas e é forte em inovação, possuindo muitas patentes, desenhos registrados e marcas registradas.

Os benefícios conquistados para os clientes com a certificação ISO 22301 são:

- ✓ Fornece para a empresa métodos previamente testados para minimizar os efeitos de um impacto negativo.
- ✓ Minimiza o impacto de um incidente nas suas operações, bem como protege os interesses dos seus clientes.
- ✓ Reforça a confiança de clientes e partes interessadas na certeza do fornecimento de seus serviços e produtos.
- ✓ Aumenta a resiliência e minimiza o impacto de uma interrupção de negócios.
- ✓ Capacidade melhorada para cumprir os requisitos de negócio e conquistar novos negócios.
- ✓ Adota uma mentalidade de gerenciamento de riscos.

Por que a certificação?

A empresa Lettergold considera o SGCN um instrumento importante para alcançar sucesso em seus objetivos estratégicos e não menos significativo para ajudar a manter parcerias duradouras com seus clientes e fornecedores no país e no estrangeiro. Durante vários anos a empresa obteve certificação no padrão de gestão da qualidade ISO 9001, o padrão ambiental ISO 14001 e as normas de saúde e segurança padrão OHSAS 18001. Em maio de 2008, a Lettergold tornou-se apenas a terceira empresa no Reino Unido em se certificar no SGCN na Norma BS 25999 e recentemente fez a transição na adequação da Norma ISO 22301:2012.

Andy Drummond, gerente de Lettergold, explica que o catalisador da certificação para o padrão do SGCN veio de possíveis clientes: "originalmente buscamos a certificação para satisfazer um cliente, e isso aconteceu outras vezes, os clientes solicitam e perguntam se somos certificados em Continuidade de Negócios".

"O SGCN é uma grande garantia para os clientes e para nós mesmos. Anteriormente, a recuperação dos processos de negócio provavelmente só existia na minha cabeça", diz Drummond.

A empresa Lettergold utiliza o seu Sistema de Gestão de Continuidade de Negócios para garantir o acesso aos seus produtos essenciais, testando a força de trabalho de sua cadeia de suprimentos de materiais especializados. Por exemplo, foram testadas fontes alternativas de contratação de fornecedores para os produtos químicos que são normalmente importados da Bélgica. "Fizemos um exercício real, agindo como se nossa fábrica de fornecedores belgas tivesse sofrido um incêndio", explica Drummond. "Nós testamos uma fonte alternativa de contingência norte-americana, que é também um produto aceitável, embora o exercício tenha confirmado que acrescentaria duas semanas à nossa oferta no prazo de execução". Drummond acredita que o teste tenha sido válido, pois permitiu que a empresa estivesse bem preparada para tratar um incidente de interrupção no futuro.

Quanto ao futuro, Drummond está confiante que Lettergold estará mais bem preparada para interrupções inesperadas em seus processos de negócio. "Agora sempre que é introduzido algo novo em nossos processos de negócio, consideramos quais são as implicações para a Gestão de Continuidade de Negócios, nós nos perguntamos como a Continuidade de Negócios pode ser útil para a nossa mentalidade de gestão de riscos".

6.1.2 Braspag

Endereço eletrônico – **<http://www.braspag.com.br/>**

A Braspag, empresa pertencente ao grupo Cielo, líder de mercado em soluções de pagamento para *e-commerce* no Brasil e na América Latina, conquistou a certificação na Norma ABNT NBR ISO 22301, que garante a capacidade da organização em continuar a entrega de produtos ou serviços em um nível aceitável previamente definido após incidentes de interrupção ou desastres.

O processo de implementação durou cerca de um ano e foi contratada uma entidade certificadora independente e reconhecida internacionalmente, que ficou responsável por realizar as auditorias de certificação e pelas avaliações para a recomendação do certificado. Entre as atividades de auditorias estão a avaliação dos itens: Processo de Avaliação de Riscos, BIA (Análise de Impacto no Negócio), identificação de vulnerabilidades e ameaças internas e externas, avaliação dos Planos de Continuidade de Negócios, Estratégia de Continuidade de Negócios etc. Durante esse período de auditoria foram realizadas diversas simulações, além de testes e ajustes para melhorar a eficiência operacional em toda a organização.

Entre as melhorias que foram implementadas estão os treinamentos de gestão de crise, procedimentos de recuperação dos processos de negócio, comunicação aos clientes e às partes interessadas, entre outras.

O Sistema de Gestão de Continuidade de Negócios auxiliou a empresa a compreender o impacto de cada risco em seu processo de negócio e a se preparar da melhor maneira para o tratamento desse risco em todos os processos e Planos de Continuidade de Negócios necessários. Além disso, elevou o nível de confiança de acionistas, parceiros, clientes e funcionários, ou seja, todas as partes interessadas, garantindo que as indisponibilidades dos serviços sejam mitigadas e tratadas e sua recuperação ocorra no menor tempo possível de acordo com os resultados da Análise de Impacto no Negócio. Esse sistema de gestão já é comum em países estrangeiros, principalmente nos que sofrem catástrofes naturais e desastres com maior frequência do que no Brasil. Entretanto, a certificação não se baseia somente nesses tipos de eventos, pois prevê também a recuperação dos negócios em casos de crises financeiras, operacionais, legais e de imagem para a organização.

"Com a ABNT NBR ISO 22301, a Braspag fortalece a sua governança corporativa e demonstra o compromisso sustentável e responsável com seus clientes e parceiros, tendo sempre a maior disponibilidade possível e oferecendo excelência em seus produtos e serviços. Com a garantia da continuidade dos negócios, a empresa assegura ainda mais a eficiência das transações, trazendo tranquilidade também ao membro mais importante dessa cadeia mercadológica, o consumidor", explica Gastão Mattos, CEO da Braspag.

O selo de certificação da ABNT NBR ISO 22301 da Braspag está em vigor desde 2015 e tem validade de três anos. A conquista dessa importante certificação do mercado brasileiro marca o aniversário de dez anos da empresa, celebrado em abril, e reforça o pioneirismo da empresa Braspag em estar sempre alinhada a normas internacionais que validem a sua preocupação em oferecer qualidade e segurança em todos os seus produtos e serviços para os seus clientes.

6.1.3 Banco Nossa Caixa

O Banco Nossa Caixa foi o primeiro banco do mundo certificado em Continuidade de Negócios na Norma BS 25.999-2, garantindo a sua capacidade em continuar a entrega de produtos ou serviços em um nível aceitável previamente definido após incidentes de interrupção. O escopo da certificação foram os ativos de informação e toda a infraestrutura técnica que suporta o atendimento ao SPB (Sistema de Pagamentos Bancário), considerado missão crítica e obrigatório para todos os bancos no Brasil. A certificação foi concedida por uma empresa de consultoria que também realizou a auditoria, orientada por padrões internacionais de excelência.

Para Milton Luiz de Melo Santos, presidente do Banco Nossa Caixa, a certificação é um reconhecimento à preocupação do banco com a segurança de suas transações financeiras. "O selo de certificação demonstra que estamos alinhados às melhores e mais modernas práticas adotadas pelo mercado", afirma. "Com isso, agregamos novas vantagens competitivas para atrair e assegurar clientes".

A certificação confirmou que o Banco Nossa Caixa está preparado para manter os processos e os ativos de informação do Sistema de Pagamentos Bancário em casos de incidentes de interrupção originados por vulnerabilidades internas ou por ameaças externas, como, por exemplo, inundações, desastres, falha de energia elétrica, incêndios etc. Dessa forma, o banco assegura a confiabilidade de seus processos e a disponibilidade do serviço de SPB sempre que solicitado por seus clientes.

O Plano para a certificação foi elaborado pela área de Tecnologia da Informação do banco a partir do processo de avaliação de riscos de interrupção no SPB e seus impactos nos processos de negócios. Todos os procedimentos no escopo do SPB foram submetidos a exercícios e testes de confiabilidade e, agora, devem ser refeitos a cada seis meses, conforme orientação do Banco Central. Os ambientes do SPB da Nossa Caixa – produção, homologação e contingência – funcionam 24 horas por dia em sistema de alta disponibilidade, durante todos os dias da semana.

As atividades implementadas:

- ✓ Apoio na definição do escopo.
- ✓ Realização de análises de riscos cíclicas no ambiente – escopo.
- ✓ Criação do BIA no ambiente escopo.
- ✓ Suporte a todo o processo.
- ✓ Realização de duas pré-auditorias.
- ✓ Capacitação das áreas envolvidas.
- ✓ Acompanhamento dos momentos de auditoria com o auditor da BSI.

Em 2002, o Banco Nossa Caixa realizou aproximadamente 119 mil operações de TED; em 2007, foram mais de 1,7 milhão de operações, número que corresponde a quase 3% do total de TEDs realizadas pelo mercado brasileiro.

Por ter a certificação em Continuidade de Negócios, o Banco Nossa Caixa foi vendido em 2008 por um preço acrescido de 7% do seu valor.

O banco foi vendido por 5,38 bilhões de reais para o Banco do Brasil.

6.1.4 CIP – Câmara Interbancária de Pagamentos

Endereço eletrônico – **<https://www.cip-bancos.org.br/SitePages/Home.aspx>**

A Câmara Interbancária de Pagamentos (CIP), uma associação civil sem fins lucrativos, integra o Sistema de Pagamentos Brasileiro (SPB). Com mais de 15 anos de existência, possui em seu portfólio soluções, produtos e serviços que contribuem para o desenvolvimento do mercado financeiro e da sociedade brasileira. Somente no ano 2015, a CIP processou mais de 3,2 bilhões de transações no Brasil, totalizando mais de R$ 7,7 trilhões liquidados, o que corresponde a 1,31% do PIB brasileiro.

Criada em 10 de abril de 2001 como *Clearingban*, a Câmara Interbancária de Pagamentos iniciou suas operações com o sistema conhecido pelo nome de SITRAF (Sistema de Transferência de Fundos) para a compensação de liquidação de TEDs (Transferência Eletrônica Disponível). Na época, com a crescente globalização da economia mundial e a interdependência dos mercados financeiros, passaram a exigir bases mais rigorosas para o Sistema de Pagamentos Brasileiro. Por isso, as soluções, produtos e serviços da CIP provêm confiabilidade, disponibilidade e requisitos de Segurança da Informação ao mercado financeiro e a todos os seus sistemas que estão sendo monitorados constantemente.

A CIP possui uma estratégia de redundância com alta disponibilidade de seus ambientes e é certificada pela Norma brasileira ABNT NBR ISO/IEC 27001:2013 – Segurança da Informação e pela Norma ABNT NBR ISO 22301 – Continuidade de Negócios, sendo uma das primeiras organizações a garantir essas certificações no Brasil.

Em 25 de abril de 2014, a CIP foi certificada na Norma internacional de Continuidade de Negócios ABNT NBR ISO 22301.

Para reforçar a Segurança da Informação e alcançar alta disponibilidade dos serviços, a CIP se apoia na redundância completa de seus ambientes de processamento com computadores, programas, redes de telecomunicações em locais físicos diferentes e com equipes preparadas e treinadas para executar um atendimento de prontidão.

O seu escopo é escrito a seguir:

- ✓ Transferência e Liquidação Eletrônica de Fundos – SITRAF
- ✓ Compensação e liquidação diferida das transferências interbancárias de ordens de crédito – SILOC
- ✓ Serviço de processamento em contingência para o SILOC-REPROC
- ✓ Serviços de apresentação eletrônica de bloqueios de cobrança – DDA (Débito Direto Autorizado)
- ✓ Sistema de controle de garantias para a indústria de cartões de crédito – SCG
- ✓ Serviços de administração de garantias – SIAG
- ✓ Processamento do registro e liquidação de cessões de crédito – C3
- ✓ Serviços de consulta sobre situação de cheques para pessoas físicas e jurídicas – CHEQUE LEGAL
- ✓ Serviços de transporte de dados para o novo cadastro – STD

✓ Serviço de controle de consignação – SCC

✓ Central de Transferência de Crédito – CTC

Além do monitoramento de negócios e suporte de TI no ambiente de contingência com as seguintes atividades:

✓ Recursos de monitoramento de sistemas de negócio

✓ Serviços de suporte de TI

✓ Funções de administração e coordenação da Continuidade de Negócios

A ABNT NBR ISO 22301 é a transição da Norma britânica BS 25999-2:2007 na qual a CIP era certificada desde 17 de junho de 2013.

A implementação de um Sistema de Gestão de Continuidade de Negócios garante que a CIP adote mecanismos que minimizam impactos negativos provenientes de desastres, desvios ou circunstâncias inesperadas, preservando vidas humanas e mantendo ativos de informação e os seus processos de negócios.

6.2 Importância da certificação em Continuidade de Negócios

Segundo o site da ISO.org, até 2017 apenas 22 organizações brasileiras estavam certificadas em ABNT NBR ISO 22301.

Somente para um critério de comprovação, no Brasil, no mesmo período, existem 170 organizações certificadas em ABNT NBR ISO/IEC 27001:2013 – Segurança da Informação e 17.165 organizações certificadas em ABNT NBR ISO 9001:2015 – Qualidade.

Fazendo uma incursão tímida pesquisando o período de 2014 a 2017, constata-se que a ABNT NBR ISO 22301 para a Gestão de Continuidade de Negócios já mostra alguma melhoria no número de organizações certificadas, com honrosos 4.281 certificados relatados. No topo das paradas está a Índia, com 1.678 certificados, seguida pelo Reino Unido, com 700, e pelo Japão, com 216. No mundo incerto de hoje, com organizações preparadas para adversidades, como um desastre ou incidente de interrupção, percebem-se os benefícios da implementação na Norma ABNT NBR ISO 22301. Consequentemente, pode-se olhar para o futuro com bons olhos, apesar da falta de reconhecimento em relação às organizações certificadas e profissionais que trabalham com Continuidade de Negócios.

A seguir descreve-se o quadro comparativo com o número de certificações por país da América Central e América do Sul.

Tabela 32. Número de certificações na América Central e América do Sul.

Ano	2014	2015	2016	2017
Países	**8**	**15**	**44**	**56**
Antilhas Holandesas	0	0	0	1
Argentina	0	0	1	1
Bolívia	0	0	0	1
Brasil	**2**	**5**	**22**	**22**
Chile	3	6	9	11
Colômbia	0	0	3	3
Costa Rica	0	1	3	8
Equador	0	0	1	1
Guatemala	1	1	2	1
Peru	0	1	1	4
Porto Rico	1	0	1	1
Suriname	0	0	0	1
Venezuela	0	0	1	1

A seguir está descrito o *top* 10 dos países com mais certificados em 2017:

Tabela 33. Países mais certificados em 2017.

Países	Quantidade de certificados
Índia	1678
Reino Unido	700
Japão	216
EUA	211
Emirados Árabes Unidos	153
Coreia do Sul	148
Cingapura	121
Grécia	84
Espanha	82
China	73

Quando uma organização conquista o selo de certificação na ABNT NBR ISO 22301, significa que o seu sistema de gerenciamento de Continuidade de Negócios foi certificado em relação às melhores práticas e está aprovado pelo período de três anos, o tempo de validade da certificação.

Resumidamente, o processo de certificação é dividido em três estágios:

- ✓ **Primeiro estágio:** o responsável pelo Sistema de Continuidade de Negócios coordena uma auditoria interna. Ela pode ser realizada pelos auditores internos da organização. As recomendações de não conformidades devem ser tratadas.

- ✓ **Segundo estágio:** é realizada a revisão sobre a existência e completude da documentação-chave dos requisitos de Continuidade de Negócios implementados no SGCN, como, por exemplo, a Análise de Impacto no Negócio e Planos de Continuidade de Negócios (PCN).

- ✓ **Terceiro estágio:** é realizado um detalhamento do que foi comprovado no segundo estágio, com uma auditoria em profundidade pela empresa de acreditação envolvendo a existência e a efetividade dos controles mandatórios da ABNT NBR ISO 22301.

O selo de certificação deve ser emitido por um órgão de certificação que possui acreditação para isso, comprovando que foram tomadas as medidas necessárias para proteger as informações críticas e garantir a capacidade da organização em continuar a entrega de produtos ou serviços em um nível aceitável previamente definido após incidentes de interrupção.

Imagine, por exemplo, se um banco conquista essa certificação. As informações de milhares de clientes estarão protegidas por um sistema que está em constante melhoria nos seus processos, garantindo aquilo que é mais importante para o cliente. As suas informações críticas – incluindo o seu dinheiro – estão asseguradas, mediante o ciclo do PDCL. Além de reduzir o risco de que um incidente de interrupção aconteça, como um roubo de dados ou de bens dos seus clientes, a imagem que esse banco passará para seus clientes é muito positiva, pois estará preocupado em implantar controles de Continuidade de Negócios para proteger informações confidenciais, mantendo a disponibilidade dos dados.

A conquista da certificação ABNT NBR ISO 22301 deve agregar os seguintes benefícios:

- ✓ Ganho de marketing institucional com a conquista de um selo internacional.
- ✓ Clara vantagem competitiva em decorrência de empresas concorrentes que não façam uso de um SGCN.
- ✓ Confiança na execução dos processos de Gestão de Continuidade de Negócios.
- ✓ Garantia de uma auditoria independente, sem conflito de interesses.
- ✓ Conformidade e melhoria do desempenho da Gestão de Continuidade de Negócios.
- ✓ Melhora da imagem da organização no mercado em que atua e uma reputação melhor.
- ✓ Maior transparência sobre todas as operações de negócio.
- ✓ Melhor planejamento e controle sobre os riscos a que a organização está suscetível.
- ✓ Melhora no planejamento de gestão de mudanças, diminuindo o número de falhas em operações críticas de Tecnologia da Informação.
- ✓ Aumento do desempenho operacional, mediante a realização dos procedimentos de trabalho de forma segura.
- ✓ Proteção das informações críticas e relevantes da organização.

Referências Bibliográficas

O conhecimento adquirido em livros, melhores práticas, *web sites* e legislações descritos nesta seção contribuiu direta ou indiretamente para que o autor escrevesse este livro e para os seus diversos trabalhos realizados na área de Tecnologia da Informação, Continuidade de Negócios e Segurança da Informação nos últimos 20 anos de sua carreira profissional.

Livros

ALEVATE, William. **Gestão da Continuidade de Negócios**. Rio de Janeiro: Elsevier, 2014.

ARAÚJO, Márcio Tadeu; FERREIRA, Fernando Nicolau Freitas. **Política de Segurança da Informação:** guia prático para elaboração e implementação. 2. ed. Rio de Janeiro: Ciência Moderna, 2008.

FONTES, Edison. **Praticando a Segurança da Informação.** Rio de Janeiro: Brasport, 2008.

GUINDANI, Alexandre. **Deus é Brasileiro:** o guia da gestão de continuidade de negócios. Rio de Janeiro: Ciência Moderna, 2011.

MANOEL, Sergio. **Governança de Segurança da Informação:** como criar oportunidades para o seu negócio. Rio de Janeiro: Brasport, 2014.

SÊMOLA, Marcos. **Gestão da Segurança da Informação:** uma visão executiva. Rio de Janeiro: Elsevier, 2002.

TZU, Sun. **A arte da guerra.** Rio de Janeiro: Ediouro, 2009.

Melhores práticas

ASSOCIAÇÃO BRASILEIRA DE NORMAS TÉCNICAS. ABNT NBR ISO 19011:2012 – Diretrizes para auditoria de sistemas de gestão. Rio de Janeiro, 2012.

ASSOCIAÇÃO BRASILEIRA DE NORMAS TÉCNICAS. ABNT NBR ISO 31000 Gestão de riscos – Princípios e diretrizes. Rio de Janeiro, 2018.

ASSOCIAÇÃO BRASILEIRA DE NORMAS TÉCNICAS. NBR ISO/IEC 22301 – Segurança da sociedade – Sistema de gestão de continuidade de negócios – Requisitos. Rio de Janeiro, 2013.

ASSOCIAÇÃO BRASILEIRA DE NORMAS TÉCNICAS. ABNT NBR ISO 22313 Segurança da sociedade – Sistemas de gestão de continuidade de negócios – Orientações. Rio de Janeiro, 2015.

ASSOCIAÇÃO BRASILEIRA DE NORMAS TÉCNICAS. ABNT NBR ISO/IEC 27031 Tecnologia da informação – Técnicas de segurança – Diretrizes para a prontidão para a continuidade dos negócios da tecnologia da informação e comunicação. Rio de Janeiro, 2015.

ASSOCIAÇÃO BRASILEIRA DE NORMAS TÉCNICAS. NBR ISO/IEC 27001 Sistemas de gestão de segurança da informação – Requisitos. Rio de Janeiro, 2013.

INTERNATIONAL ORGANIZATION FOR STANDARDIZATION. ISO 22300 Security and resilience – Vocabulary. London, 2018.

INTERNATIONAL ORGANIZATION FOR STANDARDIZATION. ISO/TS 22317:2015 – Societal security – Business continuity management systems – Guidelines for business impact analysis (BIA). London, 2015.

INTERNATIONAL ORGANIZATION FOR STANDARDIZATION. ISO 22316 Security and resilience – Organizational resilience – Principles and attributes. London, 2017.

INTERNATIONAL ORGANIZATION FOR STANDARDIZATION. ISO/TS 22317 Societal security – Business continuity management systems – Guidelines for business impact analysis (BIA). London, 2015.

INTERNATIONAL ORGANIZATION FOR STANDARDIZATION. ISO 22320 Societal security – Emergency management – Requirements for incident response. London, 2011.

INTERNATIONAL ORGANIZATION FOR STANDARDIZATION. ISO 22398 Societal security – Guidelines for exercises. London, 2013.

NATIONAL INSTITUTE OF STANDARDS AND TECHNOLOGY. 800-34 Rev. 1. Contingency Planning Guide for Federal Information Systems. EUA, 2010.

Web sites

✓ Revista Plano de Contingência: <http://planodecontingencia.com.br/>

✓ Gestão de Crises e Continuidade dos Negócios: <http://www.gcnbrasil.com/index.php>

✓ *Disaster Recovery Institute International* (DRI International): <https://www.drii.org/>

✓ *The Business Continuity Institute*: <http://www.thebci.org/>

✓ *International Association of Emergency Managers* (IAEM): <http://www.iaem.com/home.cfm>

✓ *Association of Continuity Professionals* – USA: <https://www.acp-international.com/>

✓ *National Institute of Standards and Technology*: <http://www.nist.gov/>

✓ *Emergency preparation, response and recovery* (UK): <https://www.gov.uk/government/policies/emergency-planning>

✓ *The Emergency Planning Society*: <https://www.the-eps.org/>

✓ *Business Resilience Certification Consortium International*: <http://www.brcci.org/>

✓ *The Centre for Excellence in Emergency Preparedness* (Canadá): <http://www.ceep.ca/>

✓ *Department of Homeland Security*: <http://www.dhs.gov/>

✓ *Federal Emergency Management Agency*: <http://www.fema.gov/>

✓ *Global Disaster Alert and Coordination System*: <http://www.gdacs.org/>

✓ EXIN: <https://www.exin.com/br/pt/certifications/exin-business-continuity-management-foundation-exam>

✓ *British Standards Institution*: <https://www.bsigroup.com>

✓ Observatório dos desastres naturais: <http://www.desastres.cnm.org.br/>

✓ *International Organization for Standardization*: <https://www.iso.org/the-iso-survey.html>

✓ CIP – Câmara Interbancária de Pagamentos: <https://www.cip--bancos.org.br/SitePages/Home.aspx>

✓ Lettergold: <http://www.lettergold.co.uk/>

✓ CSO Online: <https://www.csoonline.com>

✓ *Institute for Crisis Management*: <https://crisisconsultant.com>

Parabéns!

VOUCHER DESCONTO PARA EXAMES ATRAVÉS DO EXIN ANYWHERE. BOA SORTE!

Acesse https://www.exin.com/br-pt/#exin-anywhere e confira:

- ✓ Vídeos instrucionais (legendas em português) – dicas sobre o registro e resgate do voucher. Saiba o que fazer (e não fazer) durante seu exame
- ✓ Passo a passo para registro e pagamento
- ✓ Exame em casa com monitoramento remoto
- ✓ Teste de configuração

CÓDIGO
D567.1931.0738

Atenção:

- ✓ Desconto de **6%** para a maioria dos exames EXIN (consulte eventuais pré-requerimentos para alguns exames)
- ✓ Válido até **31/12/2019** (consulte o EXIN após este prazo)
- ✓ Válido apenas para resgate no **EXIN Anywhere**
- ✓ Ao resgatar seu Voucher e efetuar o pagamento, você tem até **21 dias** para realizar seu exame.

Desde 1984, o EXIN é um instituto independente de certificação e exame, tendo certificado milhões de profissionais no domínio digital. O EXIN tem mais de 1000 parceiros credenciados em mais de 165 países em todo o mundo. Os serviços flexíveis e inovadores do EXIN permitem que os candidatos façam exames em muitos idiomas.

O EXIN possibilita a **transformação digital** através da avaliação e validação de competências, oferecendo uma ampla gama de certificações relevantes e muito exigidas no domínio do Gerenciamento de Serviços, como **VeriSM ™ e ITSM, Agile Scrum, DevOps, SIAM ™, Segurança da Informação ISO27001, Privacidade e Proteção de Dados (baseado em GDPR e LGPD), Cyber Security, Data Center Management e Cloud Computing** entre outros. Consulte nossos programas de qualificação disponíveis para alavancar sua carreira. **https://www.exin.com/BR/pt/exames/**

"EXIN® é uma marca registrada da EXIN Holding BV".